AF568004

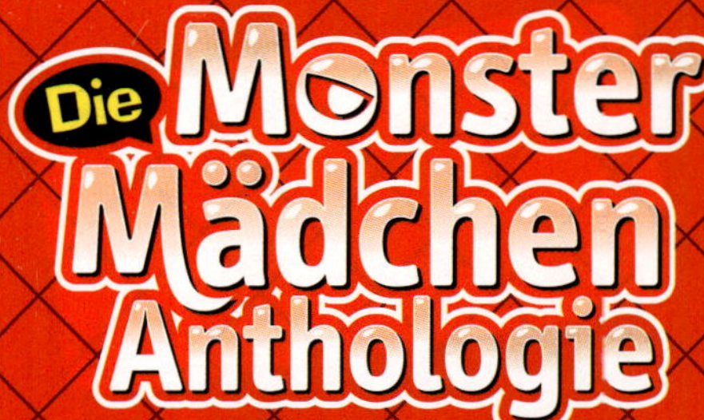
Die Monster Mädchen Anthologie

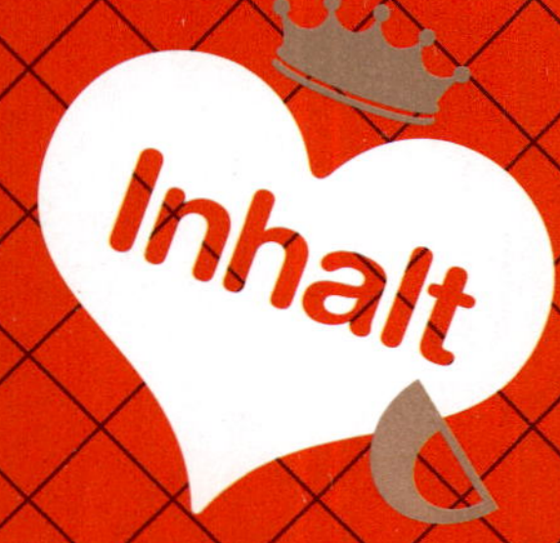
Inhalt

003: 221 .... Manakos Gefühle
019: coolkyousinnjya ...... Geheime Videos
027: ennorei .... Endlose Romantik
037: Tottori-saQ .... Zeit mit Manako
051: kurokawa otogi ...... Schmutzig steht dir nicht
061: aruse yuushi .... Spass mit Rachne
071: SHIRAHA MATO ..... Die Frauenpower der Monster Mädchen
081: stealth kaigyou ...... Verwandlung in Mini-Darling
091: 7010 .... Ach ... nicht?
097: kanemaki thomas .. Monster Mädchen Mahlzeit
105: kenkoucross .... Kulturaustausch (beim Zocken)
109: U-temo .... Peaceful Monster Mädchen Theater
123: jingaimodoki .... Die Geister-Mädchen
???: SHAKE-O

SCHON WIEDER

ALSO, ÄHM ... ICH HÄTTE DA EINE BITTE ...
...

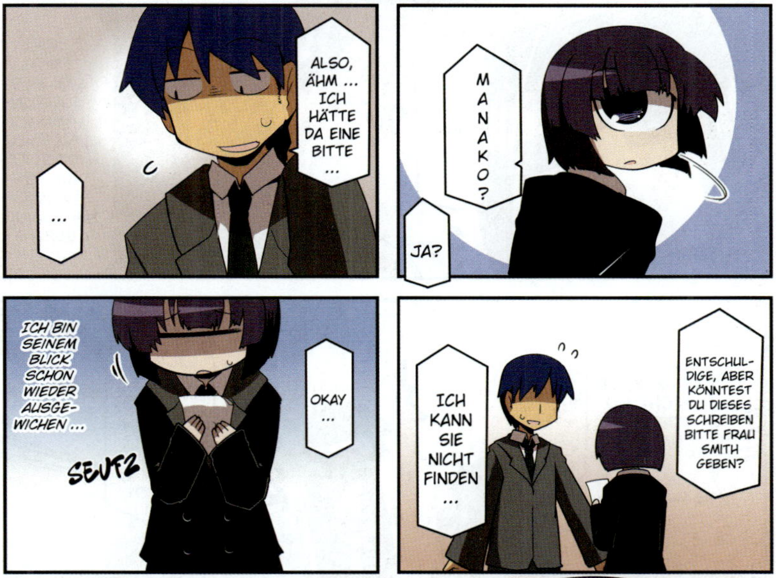

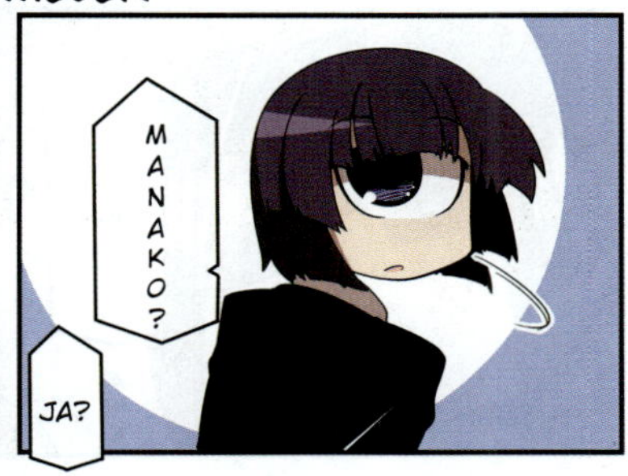
MANAKO?
JA?

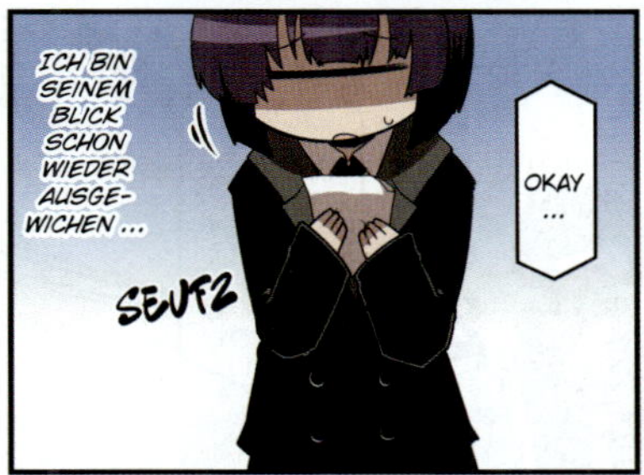
OKAY ...
ICH BIN SEINEM BLICK SCHON WIEDER AUSGE-WICHEN ...
SEUFZ

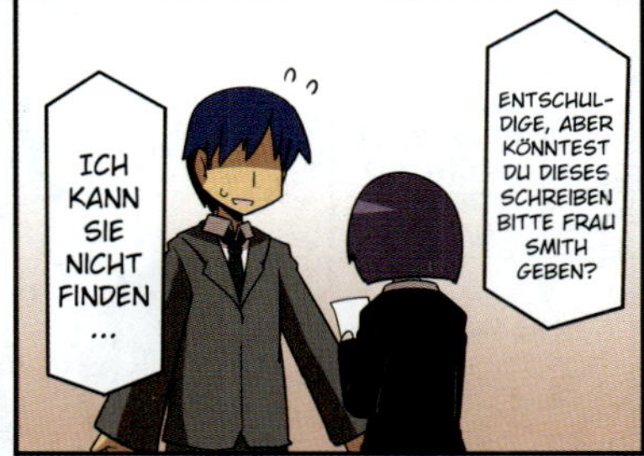
ENTSCHUL-DIGE, ABER KÖNNTEST DU DIESES SCHREIBEN BITTE FRAU SMITH GEBEN?
ICH KANN SIE NICHT FINDEN ...

Manakos Gefühle von 221

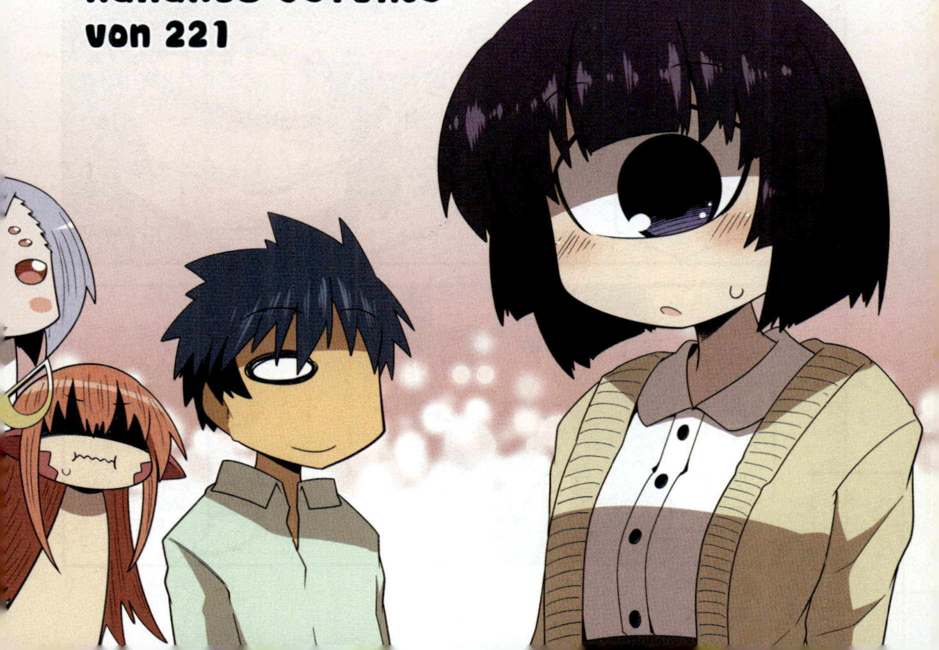

DAMIT?

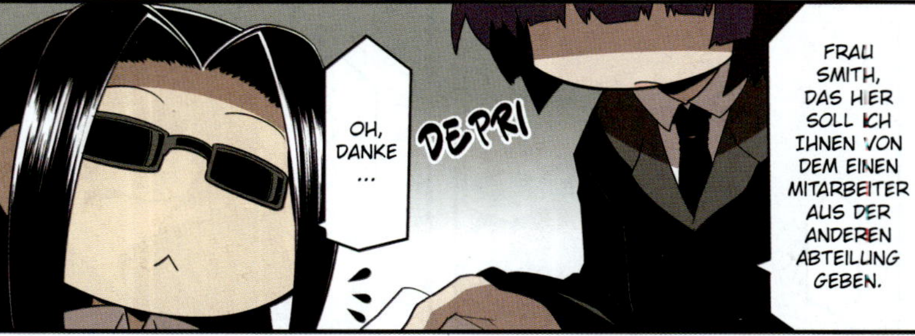
FRAU SMITH, DAS HIER SOLL ICH IHNEN VON DEM EINEN MITARBEITER AUS DER ANDEREN ABTEILUNG GEBEN.
DEPRI
OH, DANKE ...

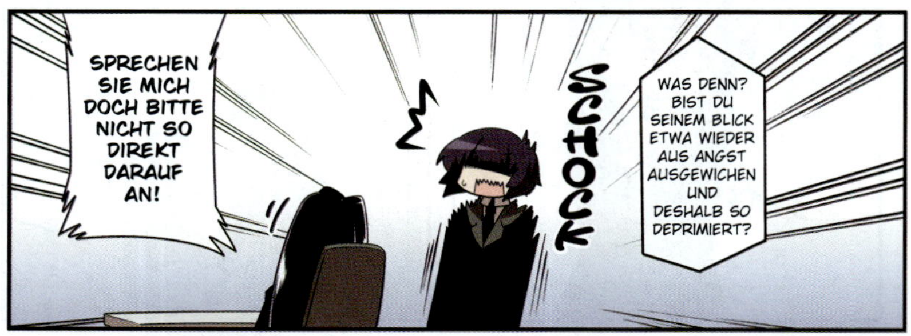
WAS DENN? BIST DU SEINEM BLICK ETWA WIEDER AUS ANGST AUSGEWICHEN UND DESHALB SO DEPRIMIERT?
SCHOCK
SPRECHEN SIE MICH DOCH BITTE NICHT SO DIREKT DARAUF AN!

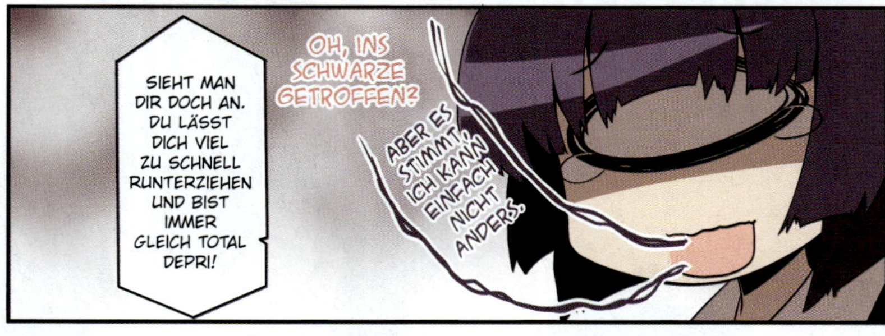
OH, INS SCHWARZE GETROFFEN?
ABER ES STIMMT. ICH KANN EINFACH NICHT ANDERS.
SIEHT MAN DIR DOCH AN. DU LÄSST DICH VIEL ZU SCHNELL RUNTERZIEHEN UND BIST IMMER GLEICH TOTAL DEPRI!

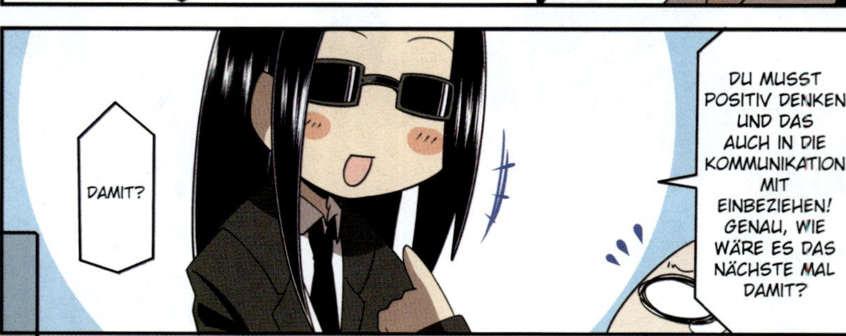
DU MUSST POSITIV DENKEN UND DAS AUCH IN DIE KOMMUNIKATION MIT EINBEZIEHEN! GENAU, WIE WÄRE ES DAS NÄCHSTE MAL DAMIT?
DAMIT?

SCHWERER KAMPF

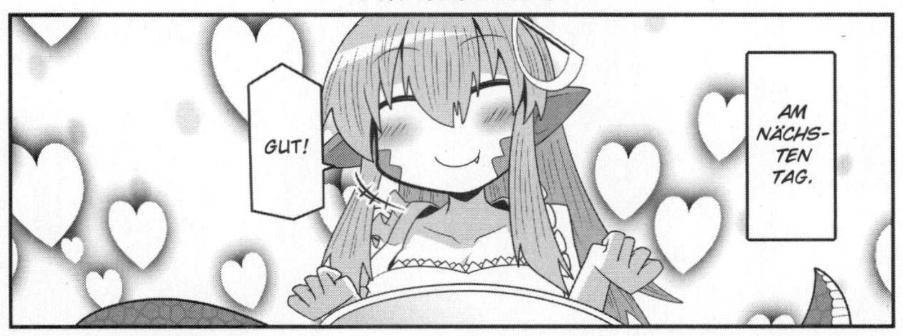
AM NÄCHSTEN TAG.
GUT!

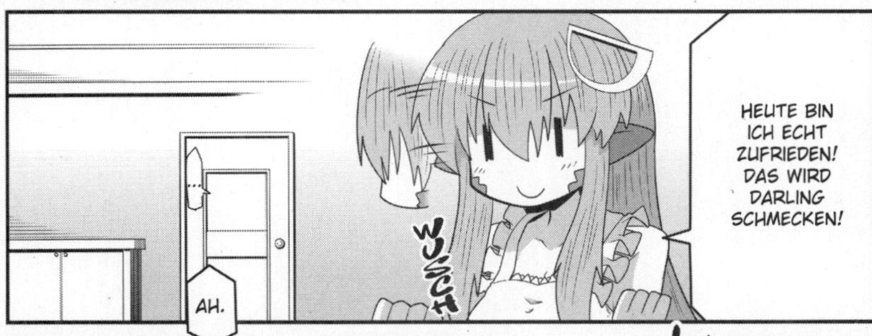
HEUTE BIN ICH ECHT ZUFRIEDEN! DAS WIRD DARLING SCHMECKEN!
WUSCH
...
AH.

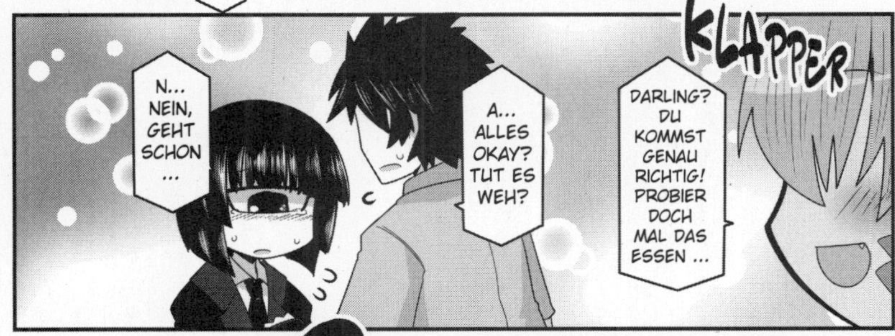
KLAPPER
DARLING? DU KOMMST GENAU RICHTIG! PROBIER DOCH MAL DAS ESSEN ...
A... ALLES OKAY? TUT ES WEH?
N... NEIN, GEHT SCHON ...

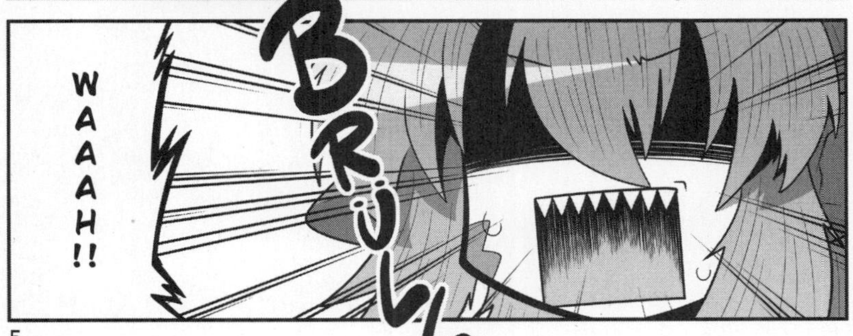
BRÜLL
WAAAAH!!

DANACH GAB'S PRÜGEL

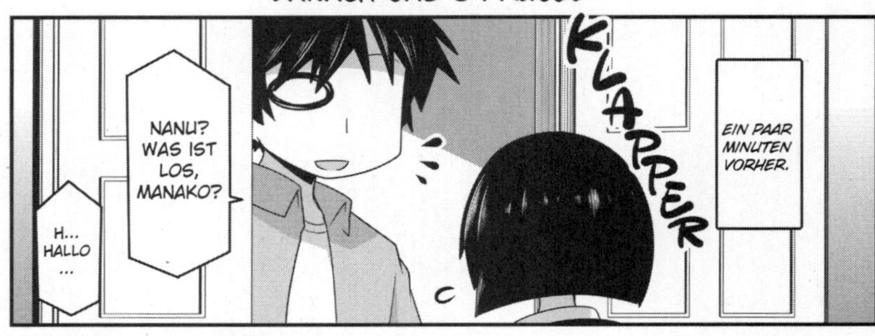
EIN PAAR MINUTEN VORHER.
KLAPPER
NANU? WAS IST LOS, MANAKO?
H... HALLO ...

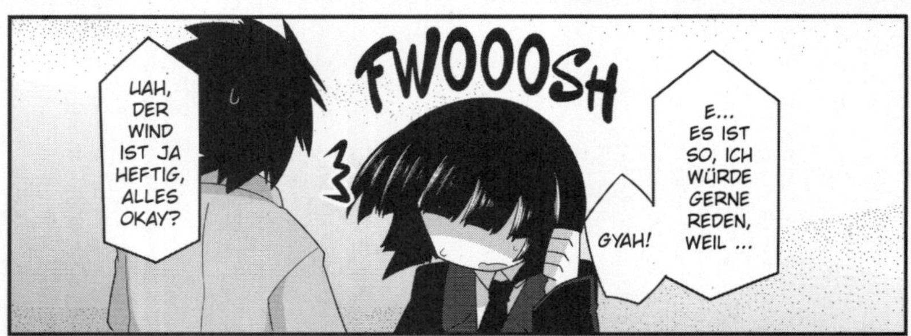
FWOOOSH
E... ES IST SO, ICH WÜRDE GERNE REDEN, WEIL ...
GYAH!
UAH, DER WIND IST JA HEFTIG, ALLES OKAY?

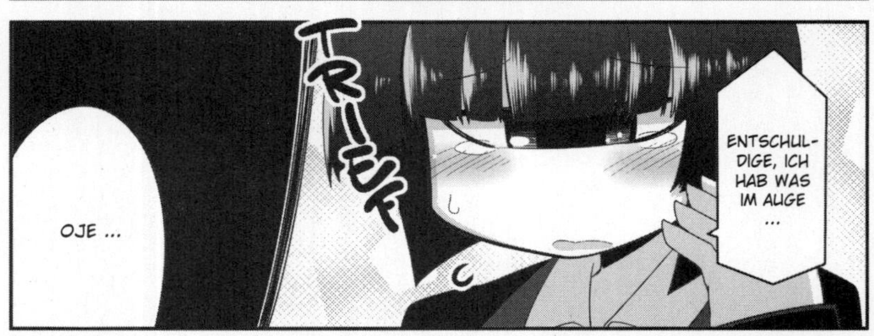
TRIEF
ENTSCHULDIGE, ICH HAB WAS IM AUGE ...
OJE ...

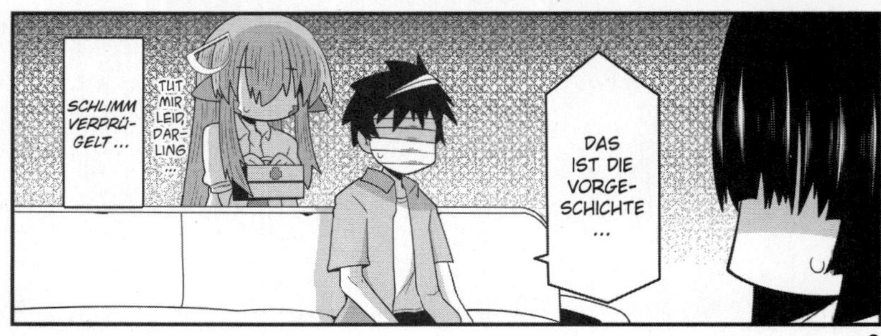
DAS IST DIE VORGESCHICHTE ...
TUT MIR LEID, DARLING ...
SCHLIMM VERPRÜGELT ...

ERFAHRUNG

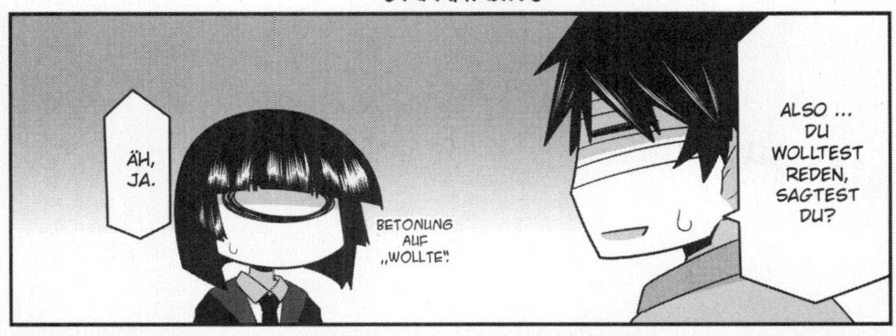
ALSO … DU WOLLTEST REDEN, SAGTEST DU?
ÄH, JA.
BETONUNG AUF „WOLLTE".

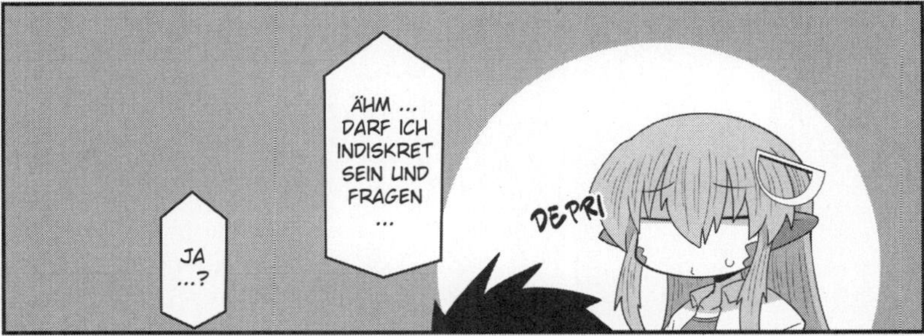
ÄHM … DARF ICH INDISKRET SEIN UND FRAGEN …
JA …?
DEPRI

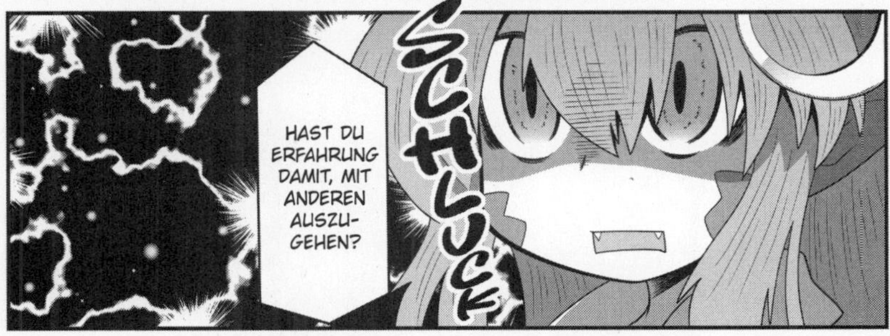
SCHLUCK
HAST DU ERFAHRUNG DAMIT, MIT ANDEREN AUSZU-GEHEN?

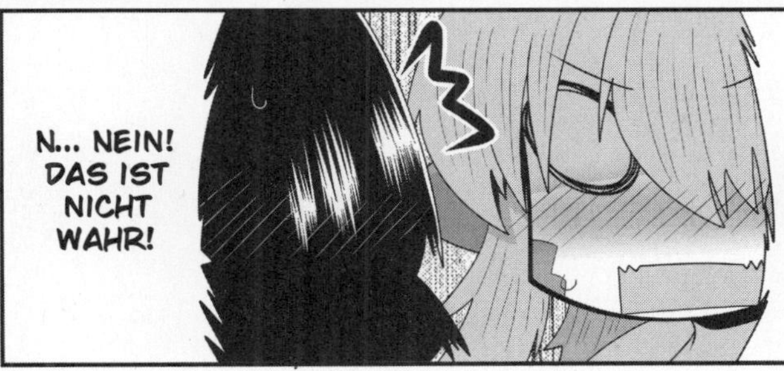
W... W... WUSSTE ICH'S DOCH, DU HAST EIN AUGE AUF DARLING GEWORFEN!
N... NEIN! DAS IST NICHT WAHR!

REDEN

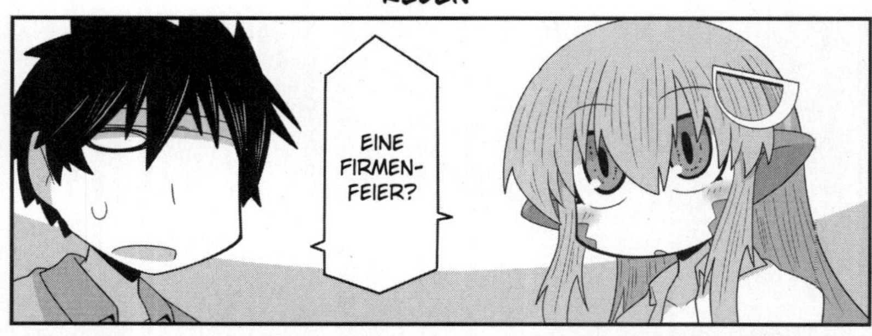
EINE FIRMEN-FEIER?

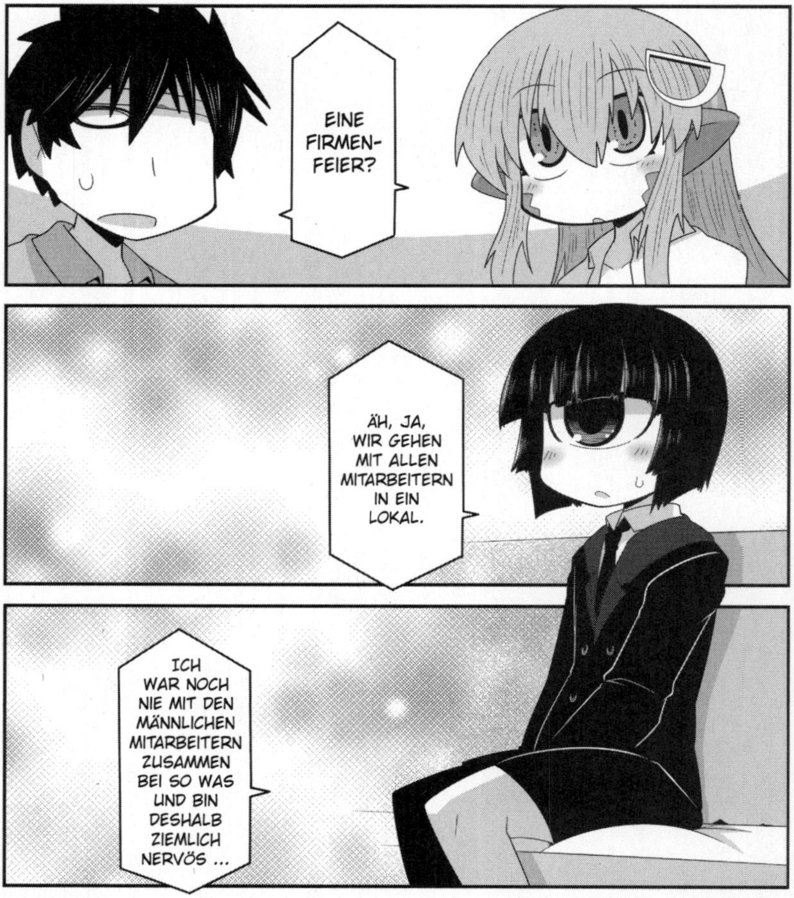

ÄH, JA, WIR GEHEN MIT ALLEN MITARBEITERN IN EIN LOKAL.

ICH WAR NOCH NIE MIT DEN MÄNNLICHEN MITARBEITERN ZUSAMMEN BEI SO WAS UND BIN DESHALB ZIEMLICH NERVÖS ...

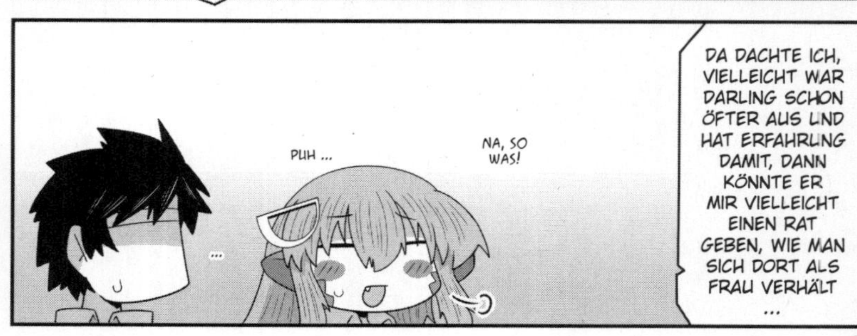
DA DACHTE ICH, VIELLEICHT WAR DARLING SCHON ÖFTER AUS UND HAT ERFAHRUNG DAMIT, DANN KÖNNTE ER MIR VIELLEICHT EINEN RAT GEBEN, WIE MAN SICH DORT ALS FRAU VERHÄLT ...
NA, SO WAS!
PUH ...
...

DIE RICHTIGE

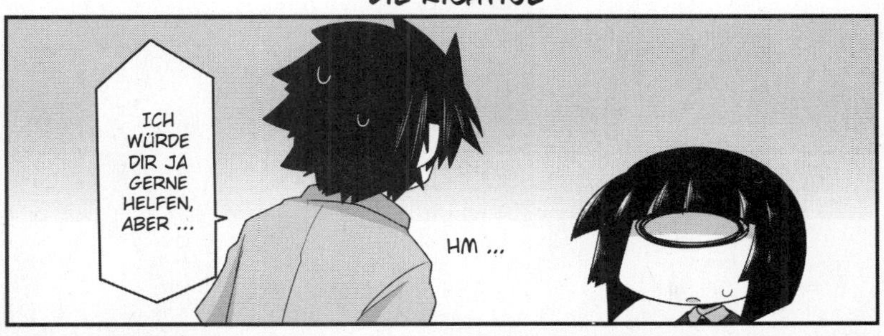
ICH WÜRDE DIR JA GERNE HELFEN, ABER ...
HM ...

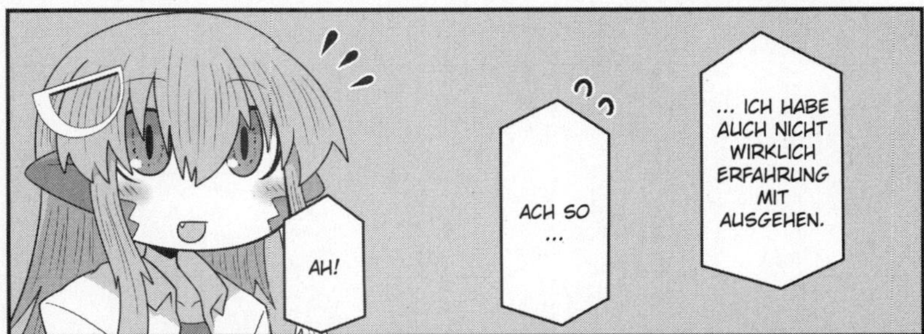
... ICH HABE AUCH NICHT WIRKLICH ERFAHRUNG MIT AUSGEHEN.
ACH SO ...
AH!

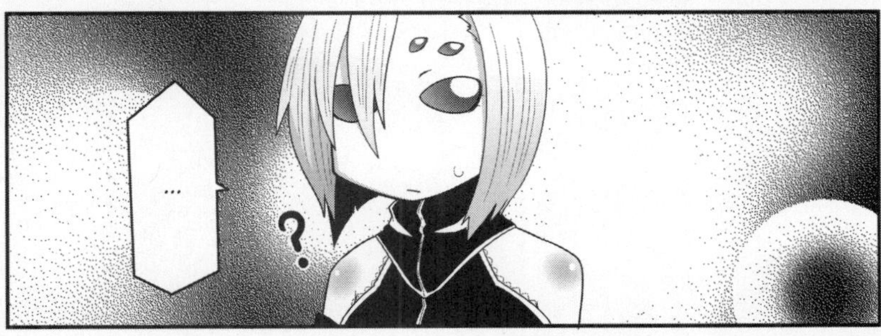
...
?

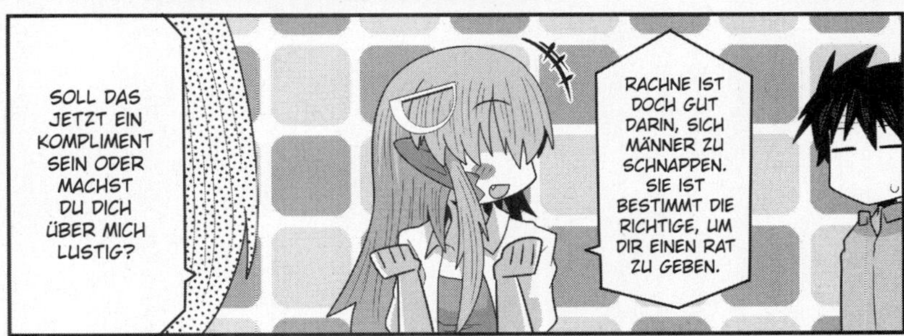
RACHNE IST DOCH GUT DARIN, SICH MÄNNER ZU SCHNAPPEN. SIE IST BESTIMMT DIE RICHTIGE, UM DIR EINEN RAT ZU GEBEN.
SOLL DAS JETZT EIN KOMPLIMENT SEIN ODER MACHST DU DICH ÜBER MICH LUSTIG?

UNERWARTET

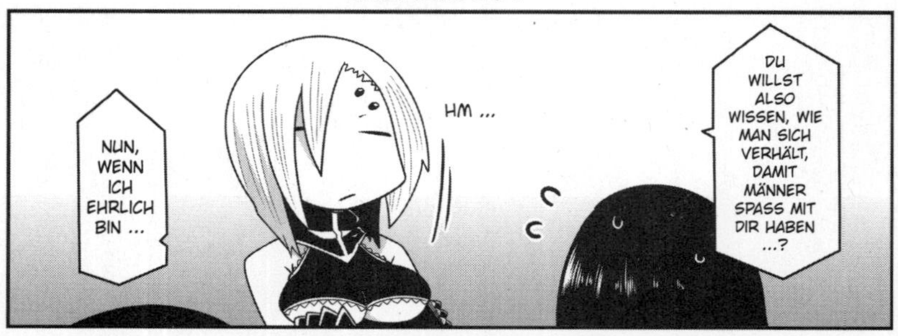
DU WILLST ALSO WISSEN, WIE MAN SICH VERHÄLT, DAMIT MÄNNER SPASS MIT DIR HABEN ...?
HM ...
NUN, WENN ICH EHRLICH BIN ...

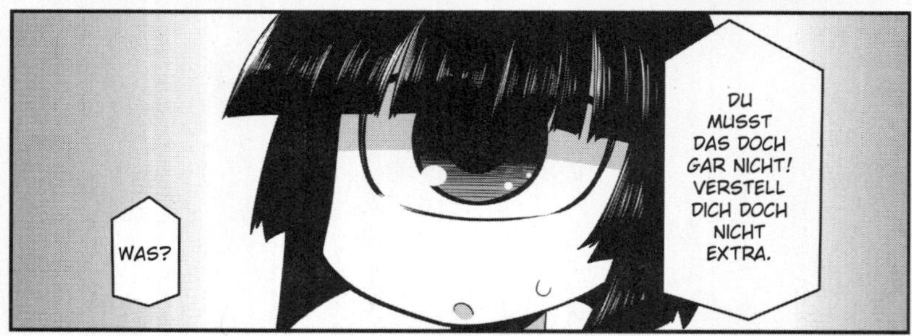
DU MUSST DAS DOCH GAR NICHT! VERSTELL DICH DOCH NICHT EXTRA.
WAS?

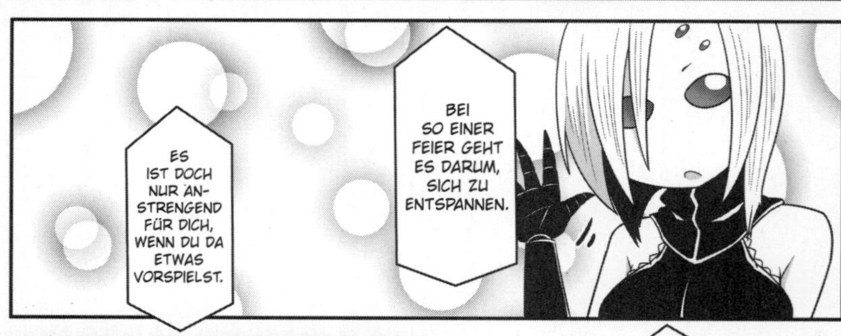
BEI SO EINER FEIER GEHT ES DARUM, SICH ZU ENTSPANNEN.
ES IST DOCH NUR AN-STRENGEND FÜR DICH, WENN DU DA ETWAS VORSPIELST.

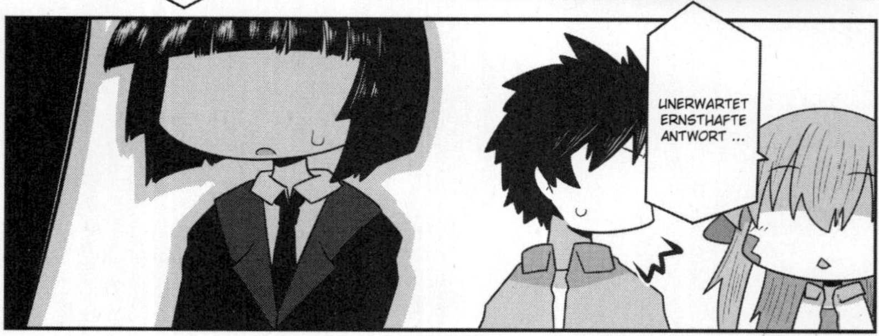
UNERWARTET ERNSTHAFTE ANTWORT ...

KUMMER

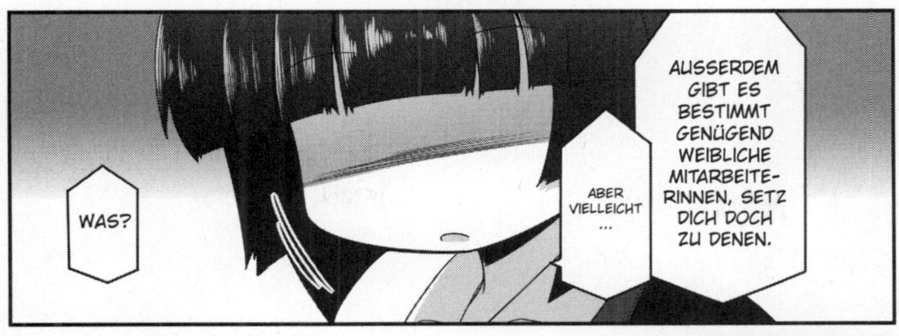
AUSSERDEM GIBT ES BESTIMMT GENÜGEND WEIBLICHE MITARBEITE-RINNEN, SETZ DICH DOCH ZU DENEN.
ABER VIELLEICHT ...
WAS?

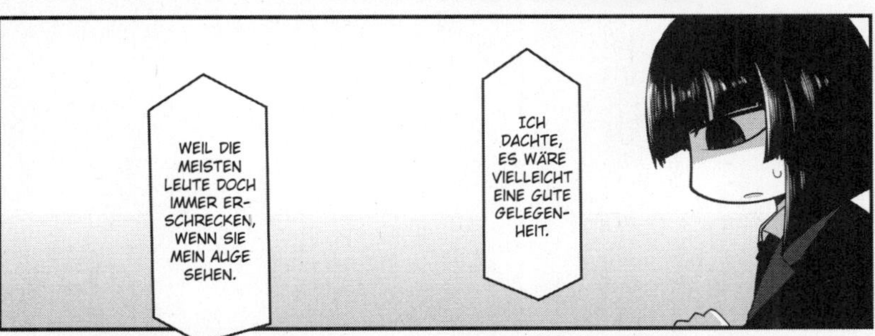
ICH DACHTE, ES WÄRE VIELLEICHT EINE GUTE GELEGEN-HEIT.
WEIL DIE MEISTEN LEUTE DOCH IMMER ER-SCHRECKEN, WENN SIE MEIN AUGE SEHEN.

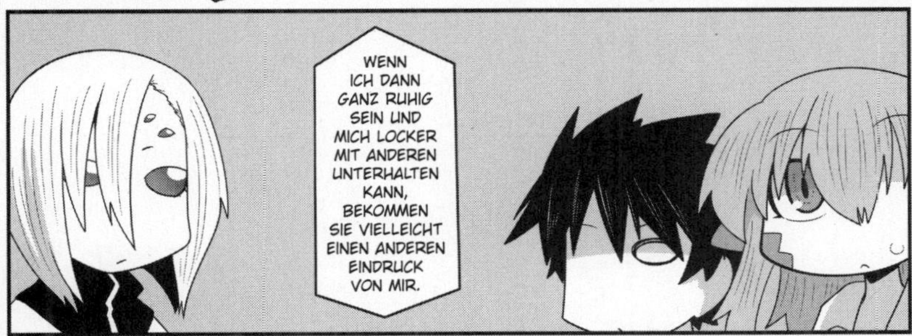
WENN ICH DANN GANZ RUHIG SEIN UND MICH LOCKER MIT ANDEREN UNTERHALTEN KANN, BEKOMMEN SIE VIELLEICHT EINEN ANDEREN EINDRUCK VON MIR.

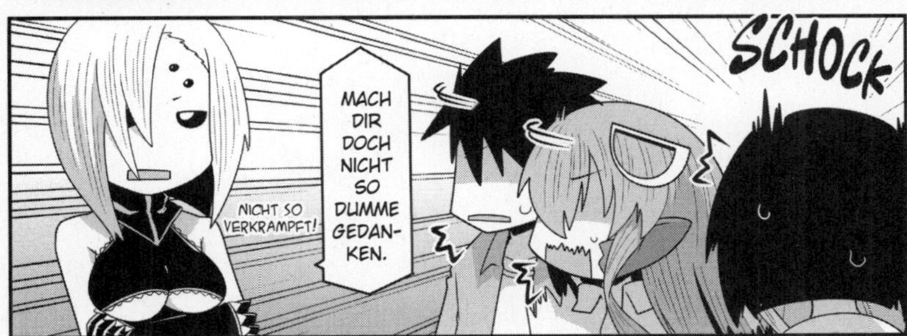
SCHOCK
MACH DIR DOCH NICHT SO DUMME GEDAN-KEN.
NICHT SO VERKRAMPFT!

GANZ LOCKER

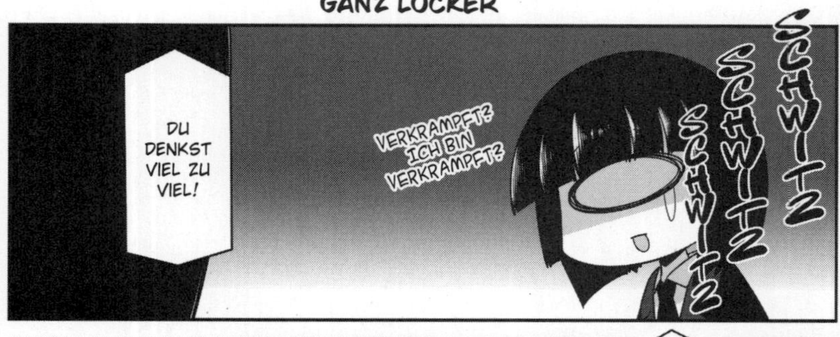
SCHWITZ
SCHWITZ
SCHWITZ
VERKRAMPFT? ICH BIN VERKRAMPFT?
DU DENKST VIEL ZU VIEL!

WENN DU DICH SELBST SO PESSIMISTISCH SIEHST, DREHST DU DICH DOCH NUR IM KREIS!

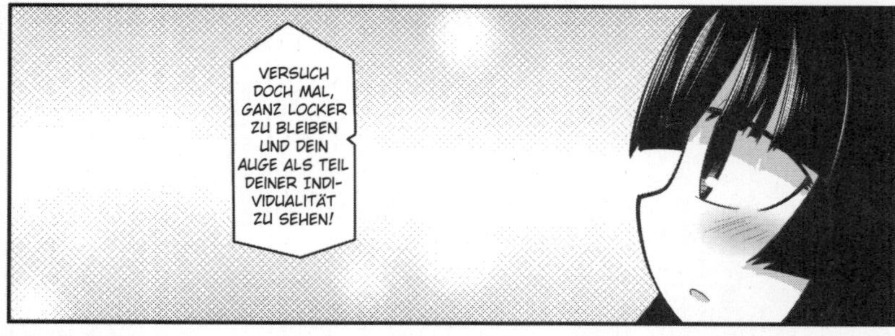
VERSUCH DOCH MAL, GANZ LOCKER ZU BLEIBEN UND DEIN AUGE ALS TEIL DEINER INDI-VIDUALITÄT ZU SEHEN!

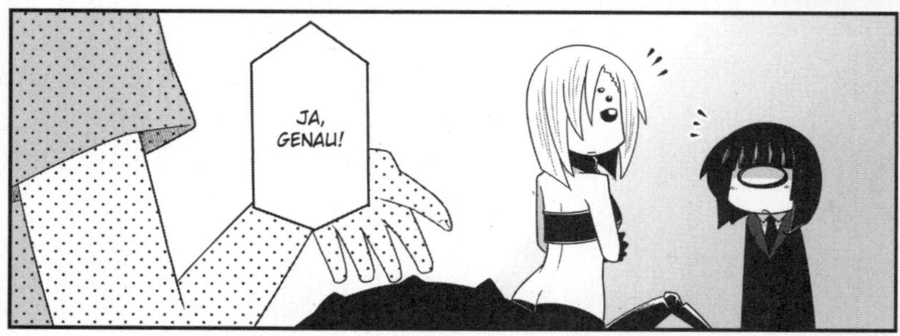
JA, GENAU!

SCHÖN

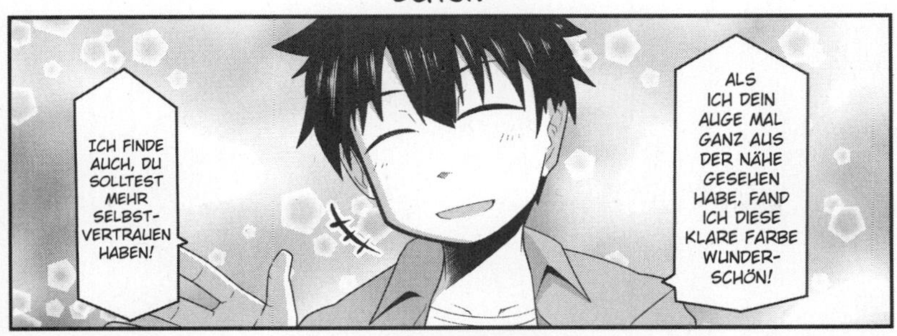
ALS ICH DEIN AUGE MAL GANZ AUS DER NÄHE GESEHEN HABE, FAND ICH DIESE KLARE FARBE WUNDERSCHÖN!
ICH FINDE AUCH, DU SOLLTEST MEHR SELBSTVERTRAUEN HABEN!

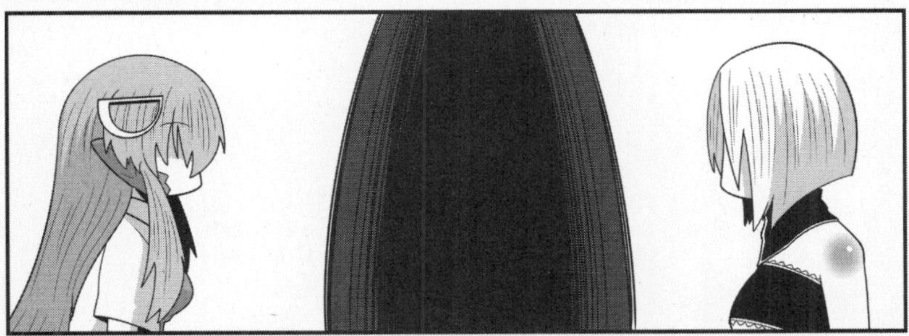

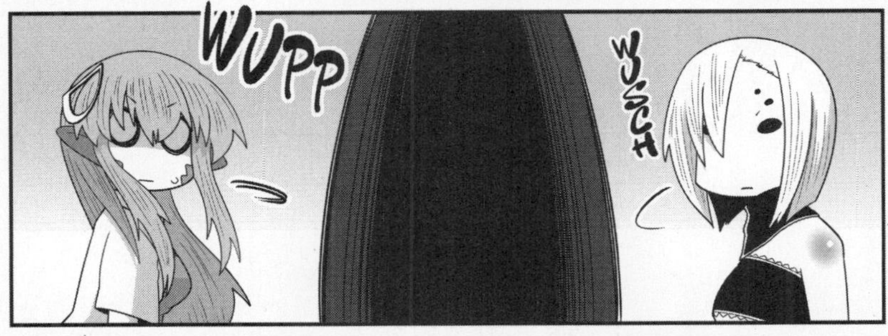
WUSCH
WUPP

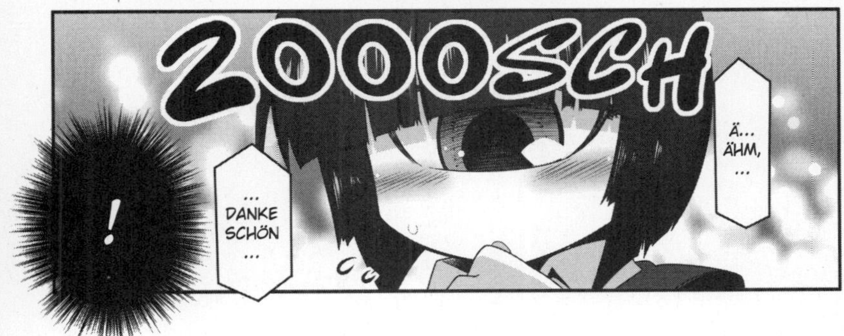
ZOOOSCH
Ä... ÄHM, ...
... DANKE SCHÖN ...
!

ERKLÄR ES

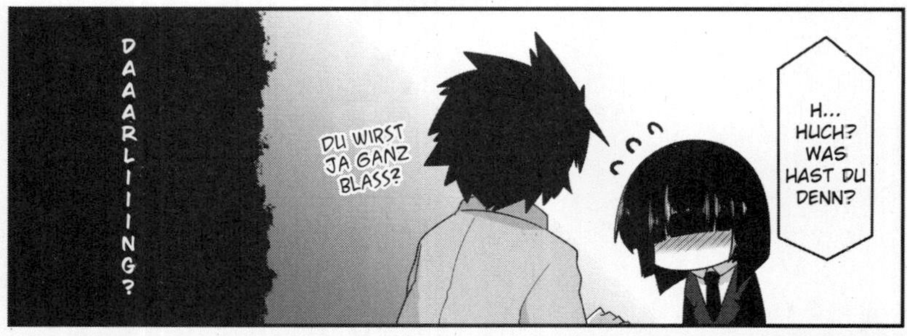
H... HUCH? WAS HAST DU DENN?
DU WIRST JA GANZ BLASS?
DAAARLIIING?

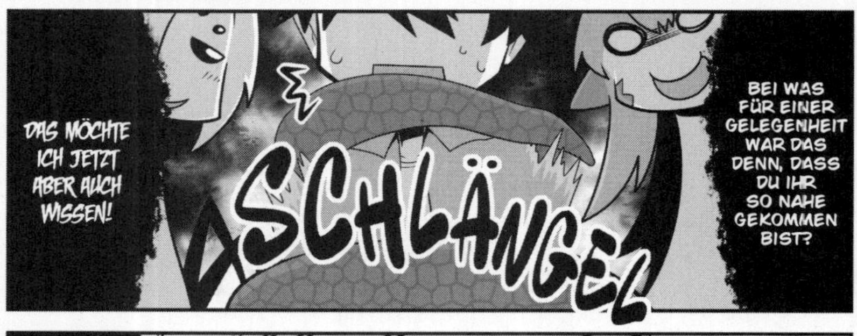
BEI WAS FÜR EINER GELEGENHEIT WAR DAS DENN, DASS DU IHR SO NAHE GEKOMMEN BIST?
SCHLÄNGEL
DAS MÖCHTE ICH JETZT ABER AUCH WISSEN!

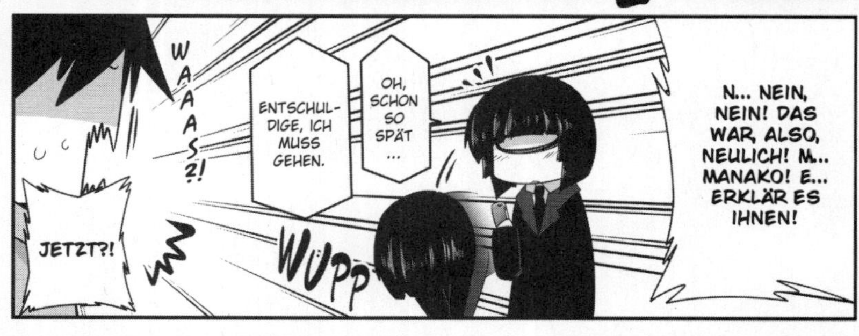
N... NEIN, NEIN! DAS WAR, ALSO, NEULICH! M... MANAKO! E... ERKLÄR ES IHNEN!
OH, SCHON SO SPÄT ...
ENTSCHULDIGE, ICH MUSS GEHEN.
WUPP
WAAAAS?!
JETZT?!

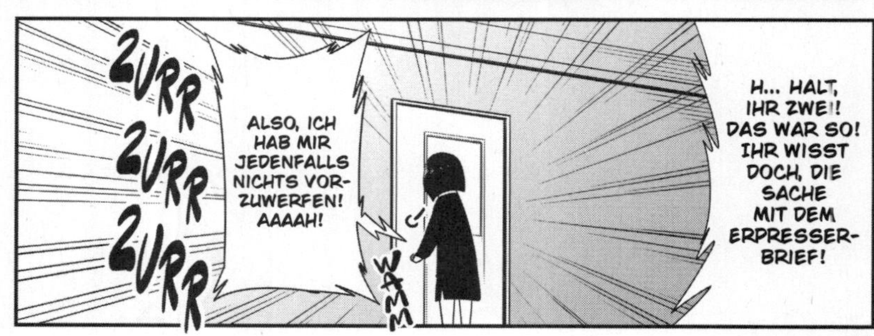
H... HALT, IHR ZWEI! DAS WAR SO! IHR WISST DOCH, DIE SACHE MIT DEM ERPRESSERBRIEF!
WAMM
ALSO, ICH HAB MIR JEDENFALLS NICHTS VORZUWERFEN! AAAAH!
ZURR ZURR ZURR

SCHON WIEDER PRÜGEL

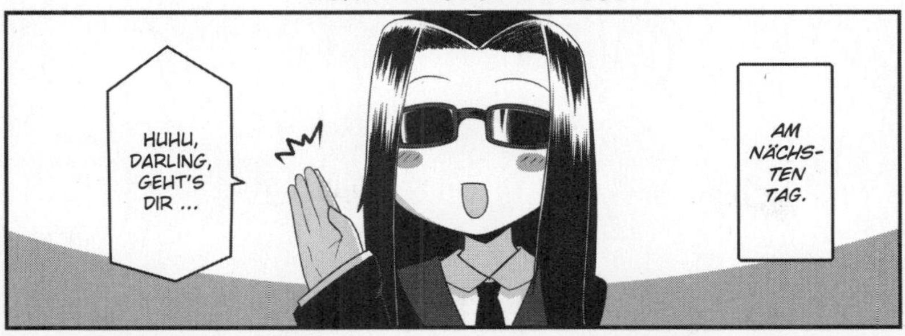
AM NÄCHSTEN TAG.
HUHU, DARLING, GEHT'S DIR …

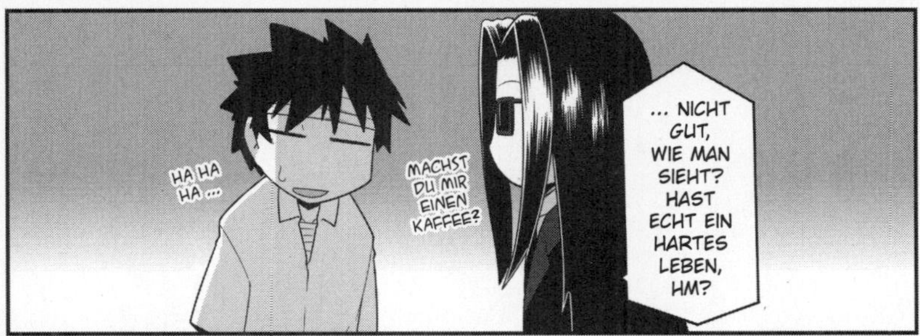
… NICHT GUT, WIE MAN SIEHT? HAST ECHT EIN HARTES LEBEN, HM?
MACHST DU MIR EINEN KAFFEE?
HA HA HA …

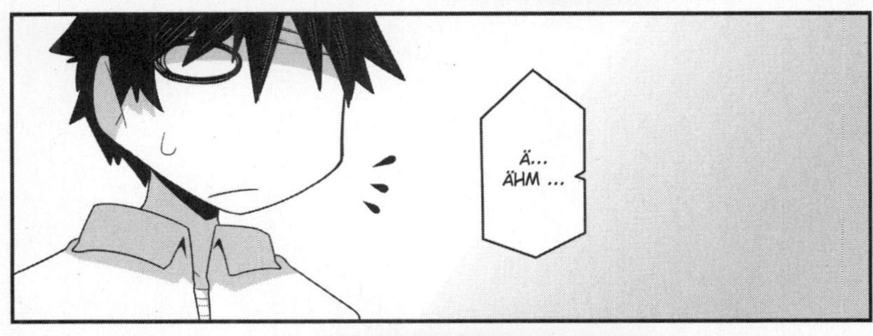
Ä… ÄHM …

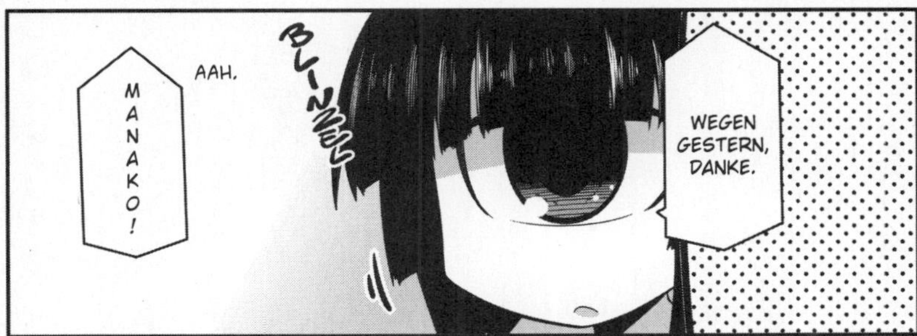
WEGEN GESTERN, DANKE.
BLINZEL
AAH.
MANAKO!

ERGEBNIS

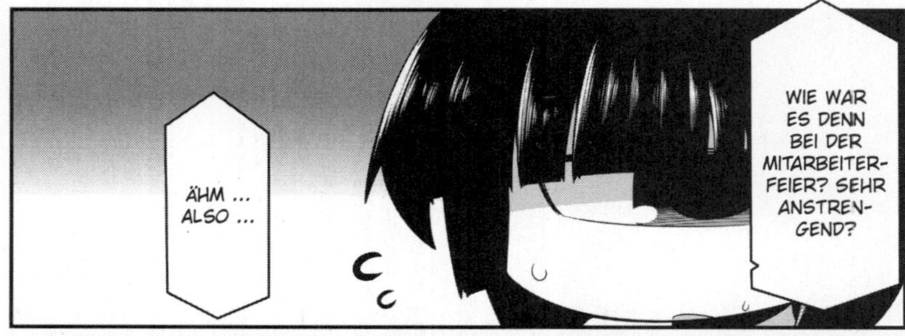
WIE WAR ES DENN BEI DER MITARBEITER-FEIER? SEHR ANSTREN-GEND?
ÄHM ... ALSO ...

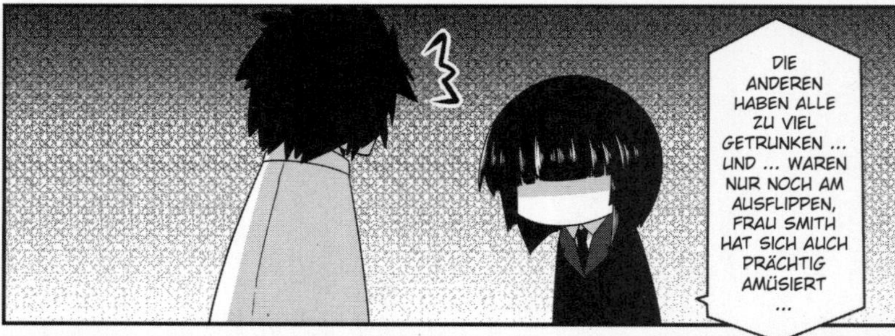
DIE ANDEREN HABEN ALLE ZU VIEL GETRUNKEN ... UND ... WAREN NUR NOCH AM AUSFLIPPEN, FRAU SMITH HAT SICH AUCH PRÄCHTIG AMÜSIERT ...

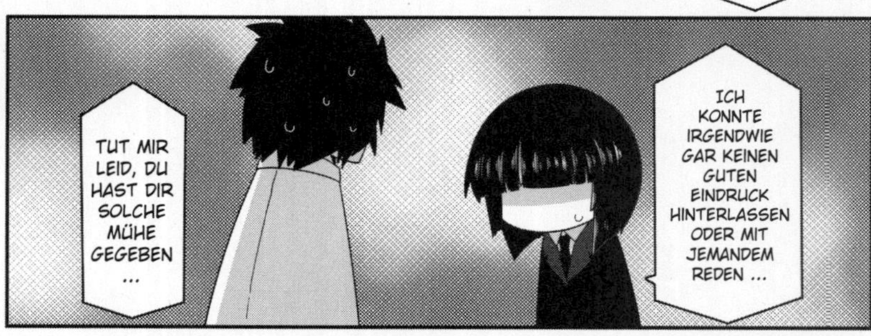
ICH KONNTE IRGENDWIE GAR KEINEN GUTEN EINDRUCK HINTERLASSEN ODER MIT JEMANDEM REDEN ...
TUT MIR LEID, DU HAST DIR SOLCHE MÜHE GEGEBEN ...

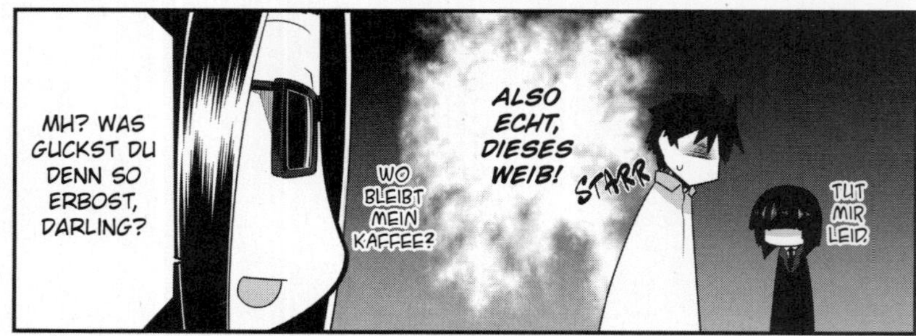
TUT MIR LEID.
STARR
ALSO ECHT, DIESES WEIB!
WO BLEIBT MEIN KAFFEE?
MH? WAS GUCKST DU DENN SO ERBOST, DARLING?

Die Monster Mädchen Anthologie

AUSTAUSCH-BERICHT

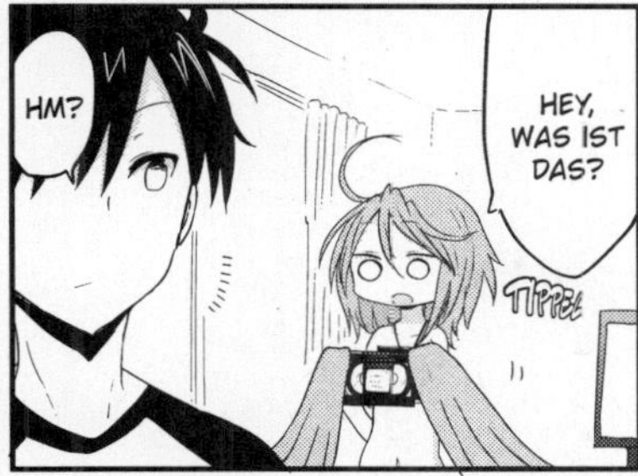
HEY, WAS IST DAS?
HM?
TIPPEL

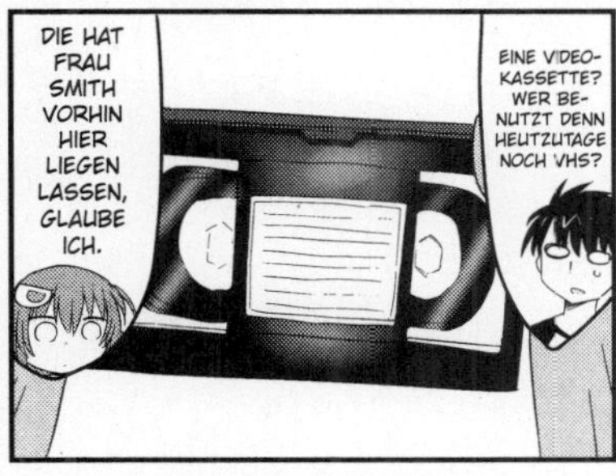
EINE VIDEO-KASSETTE? WER BE-NUTZT DENN HEUTZUTAGE NOCH VHS?
DIE HAT FRAU SMITH VORHIN HIER LIEGEN LASSEN, GLAUBE ICH.

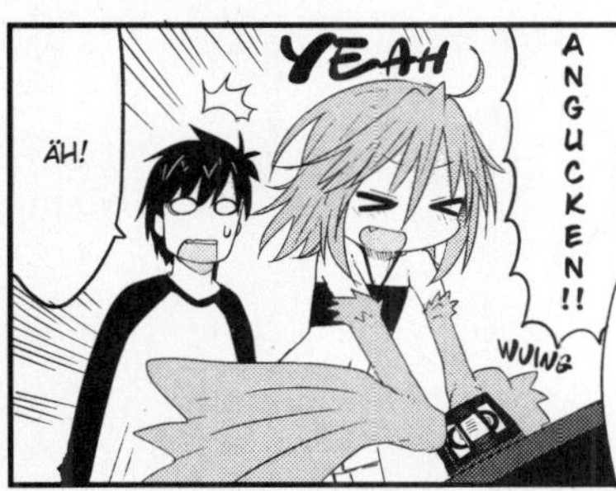
ANGUCKEN!!
YEAH
WUING
ÄH!

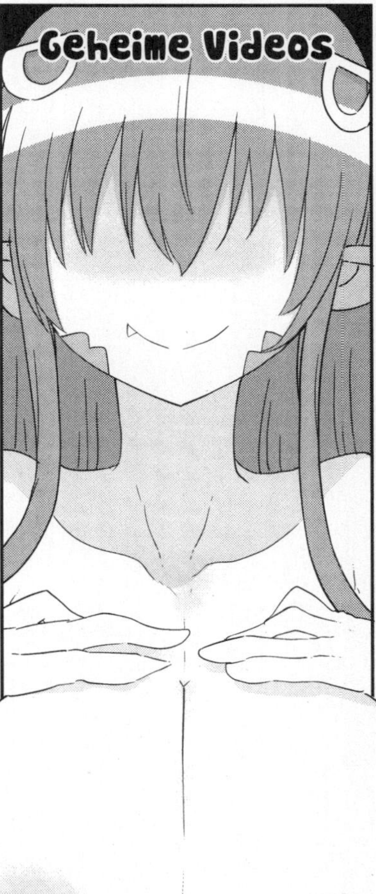

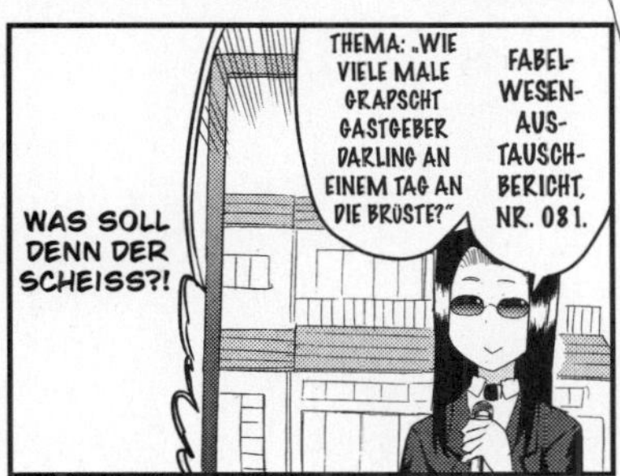
FABEL-WESEN-AUS-TAUSCH-BERICHT, NR. 081.
THEMA: „WIE VIELE MALE GRAPSCHT GASTGEBER DARLING AN EINEM TAG AN DIE BRÜSTE?"
WAS SOLL DENN DER SCHEISS?!

Geheime Videos

von coolkyousinnjya

PROFI-WRESTLING AM MORGEN

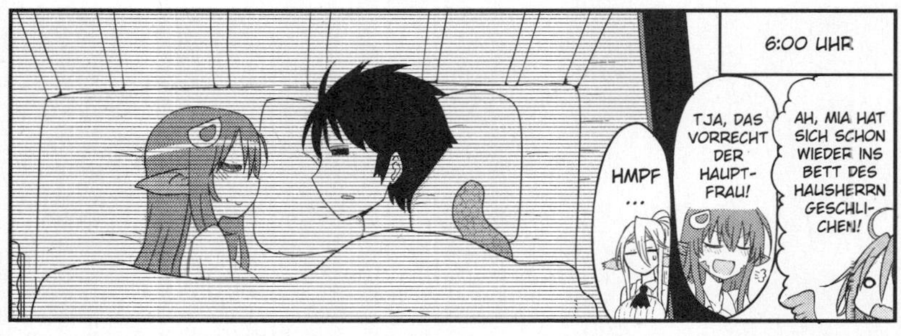
6:00 UHR
AH, MIA HAT SICH SCHON WIEDER INS BETT DES HAUSHERRN GESCHLICHEN!
TJA, DAS VORRECHT DER HAUPTFRAU!
HMPF ...

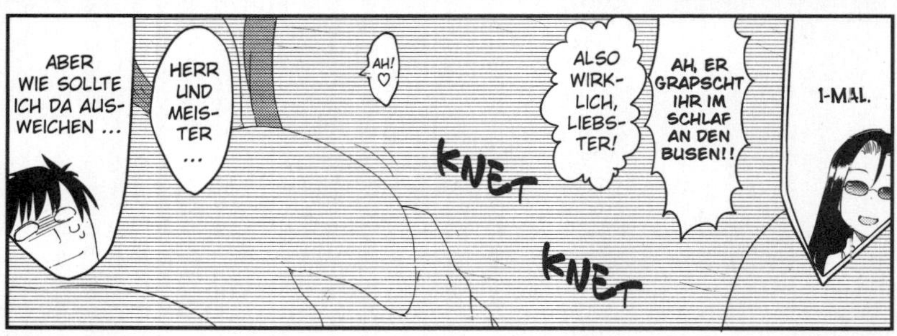
1-MAL.
AH, ER GRAPSCHT IHR IM SCHLAF AN DEN BUSEN!!
ALSO WIRKLICH, LIEBSTER!
AH! ♡
KNET
KNET
HERR UND MEISTER ...
ABER WIE SOLLTE ICH DA AUSWEICHEN ...

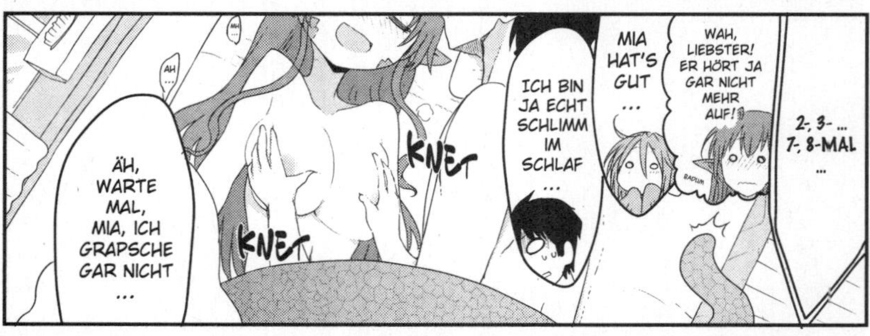
2-, 3- ... 7-, 8-MAL ...
WAH, LIEBSTER! ER HÖRT JA GAR NICHT MEHR AUF!
MIA HAT'S GUT ...
ICH BIN JA ECHT SCHLIMM IM SCHLAF ...
KNET
KNET
AH ...
ÄH, WARTE MAL, MIA, ICH GRAPSCHE GAR NICHT ...

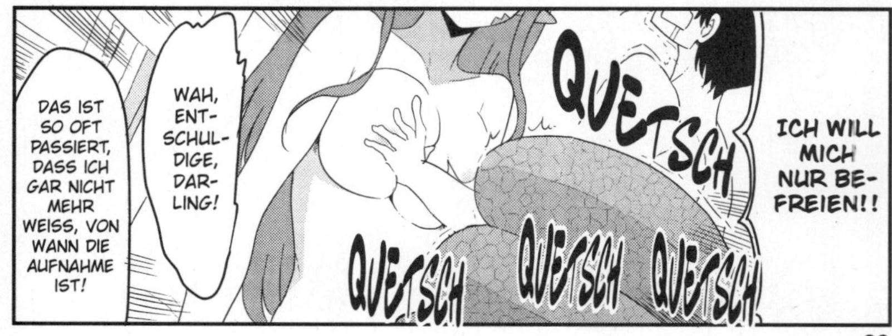
ICH WILL MICH NUR BEFREIEN!!
QUETSCH
QUETSCH
QUETSCH
QUETSCH
WAH, ENTSCHULDIGE, DARLING!
DAS IST SO OFT PASSIERT, DASS ICH GAR NICHT MEHR WEISS, VON WANN DIE AUFNAHME IST!

OHNE ES ZU MERKEN

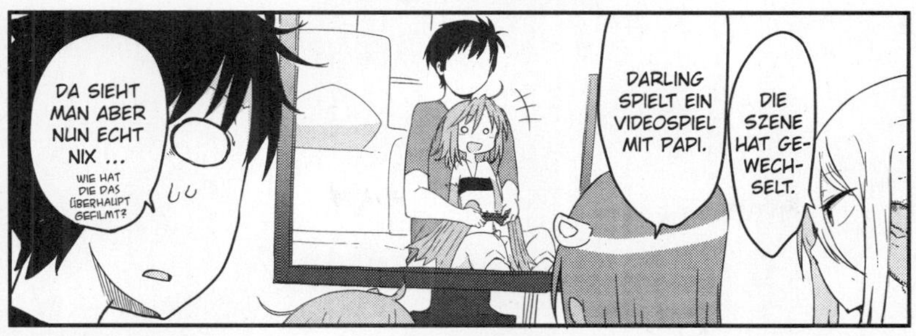
DIE SZENE HAT GEWECHSELT.
DARLING SPIELT EIN VIDEOSPIEL MIT PAPI.
DA SIEHT MAN ABER NUN ECHT NIX …
WIE HAT DIE DAS ÜBERHAUPT GEFILMT?

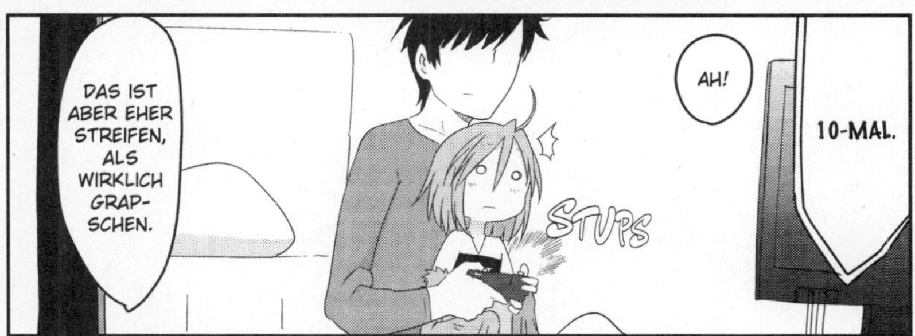
10-MAL.
AH!
STUPS
DAS IST ABER EHER STREIFEN, ALS WIRKLICH GRAPSCHEN.

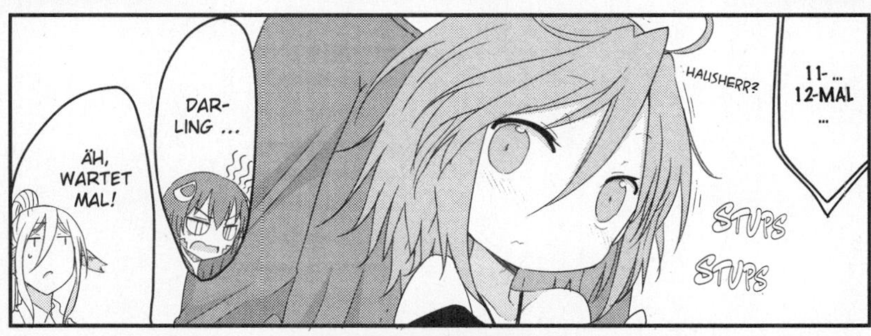
11- … 12-MAL …
HAUSHERR?
STUPS
STUPS
DARLING …
ÄH, WARTET MAL!

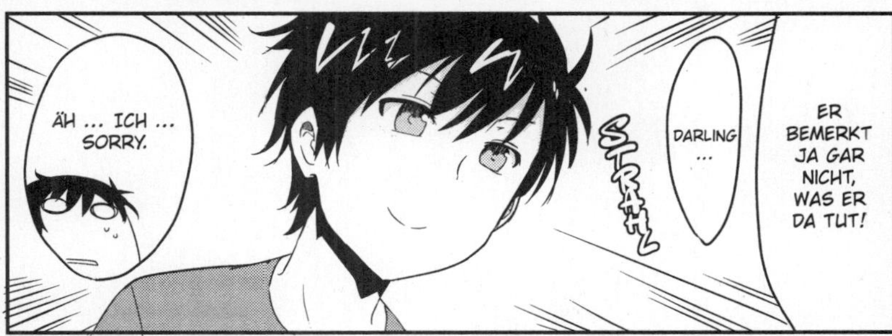
ER BEMERKT JA GAR NICHT, WAS ER DA TUT!
DARLING …
STRAHL
ÄH … ICH … SORRY.

STANDBILD

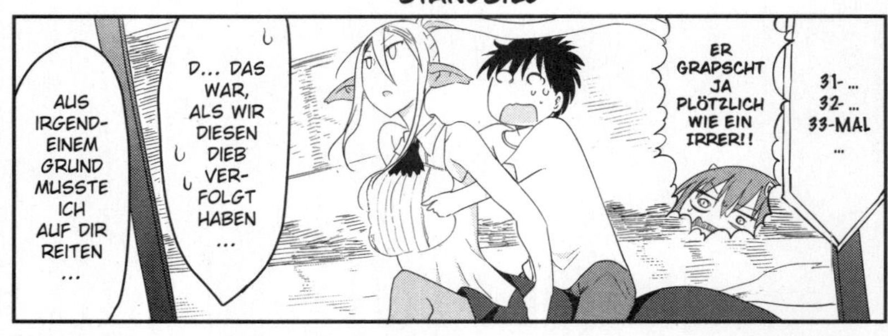
31-... 32-... 33-MAL ...
ER GRAPSCHT JA PLÖTZLICH WIE EIN IRRER!!
D... DAS WAR, ALS WIR DIESEN DIEB VERFOLGT HABEN ...
AUS IRGEND-EINEM GRUND MUSSTE ICH AUF DIR REITEN ...

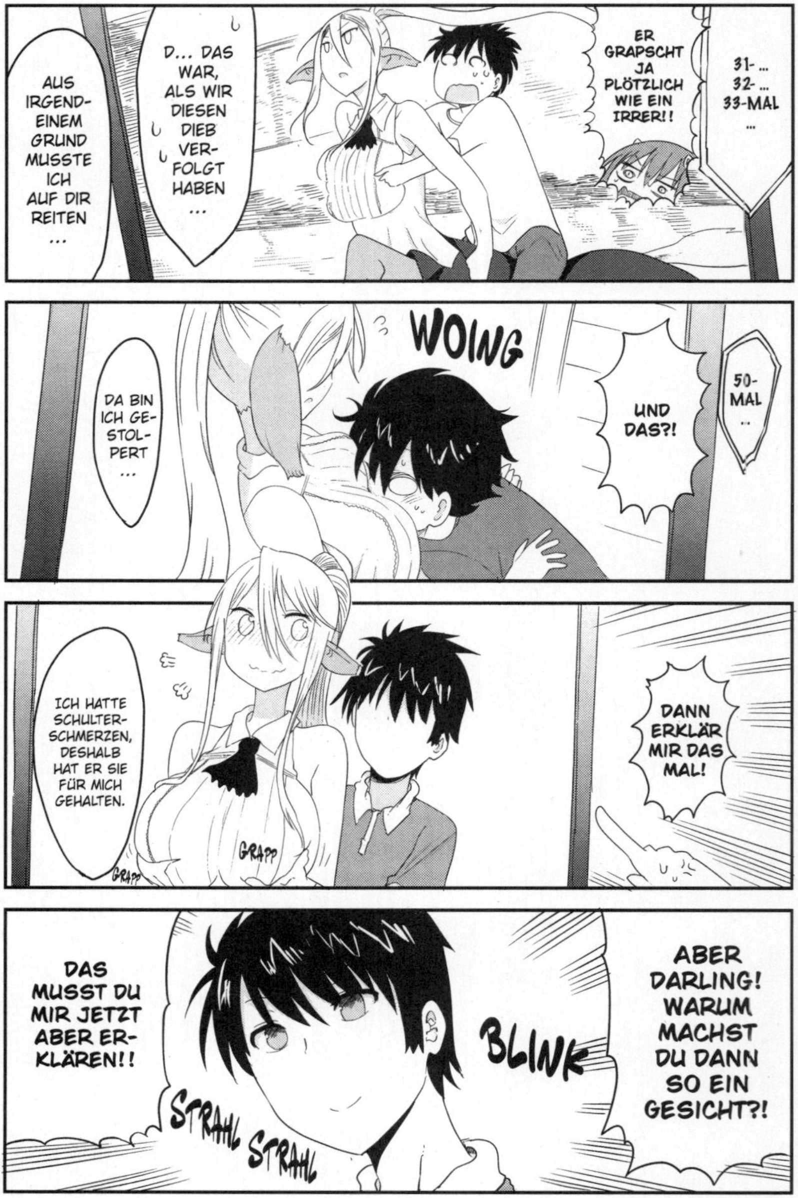

50-MAL ...

WOING

UND DAS?!

DA BIN ICH GESTOLPERT ...

DANN ERKLÄR MIR DAS MAL!

ICH HATTE SCHULTERSCHMERZEN, DESHALB HAT ER SIE FÜR MICH GEHALTEN.

GRAPP

GRAPP

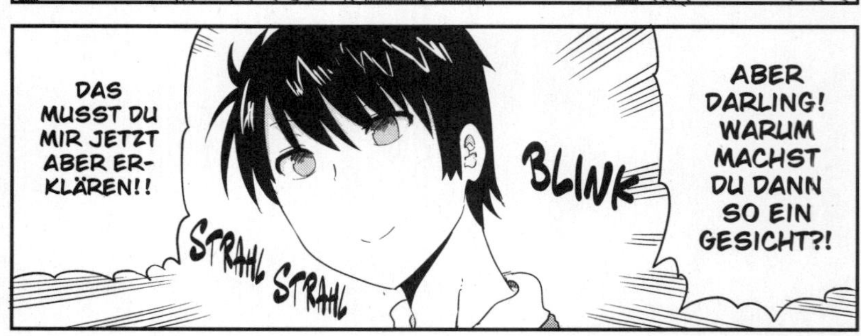
ABER DARLING! WARUM MACHST DU DANN SO EIN GESICHT?!
BLINK
DAS MUSST DU MIR JETZT ABER ERKLÄREN!!
STRAHL STRAHL

DIE 100 VOLL

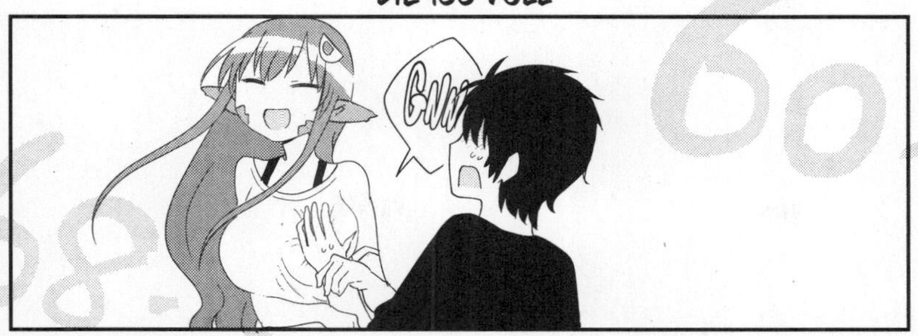

60...
GNN
68...

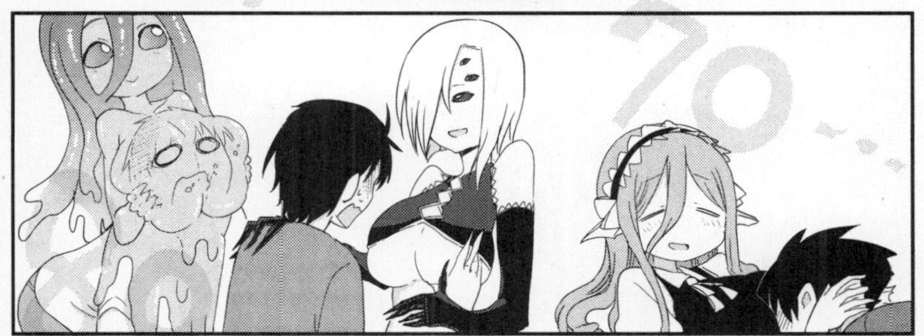

70...

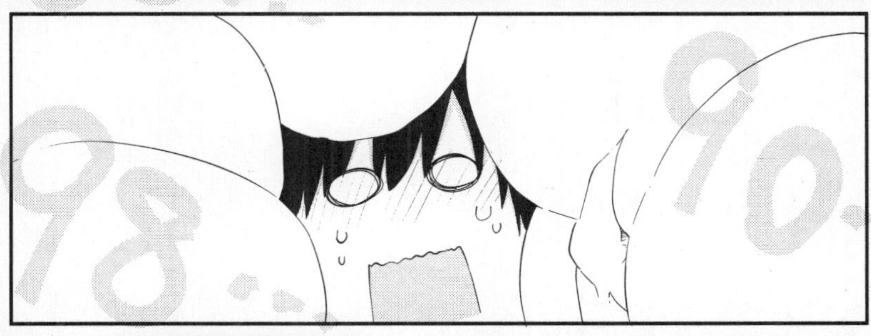

90...
98...

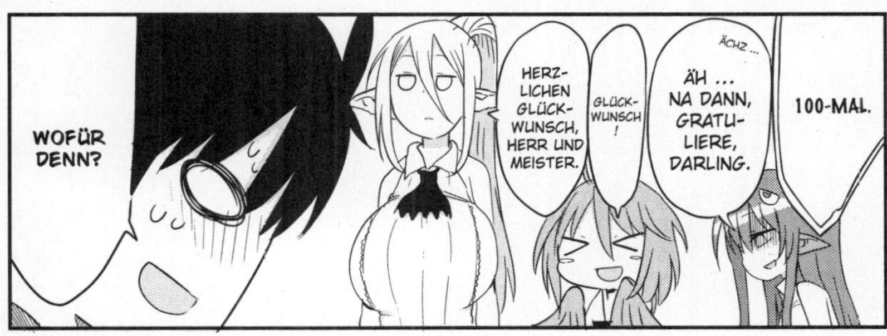

100-MAL.
ÄCHZ ...
ÄH ... NA DANN, GRATULIERE, DARLING.
GLÜCKWUNSCH!
HERZLICHEN GLÜCKWUNSCH, HERR UND MEISTER.
WOFÜR DENN?

SO KANN MAN ES AUCH SEHEN

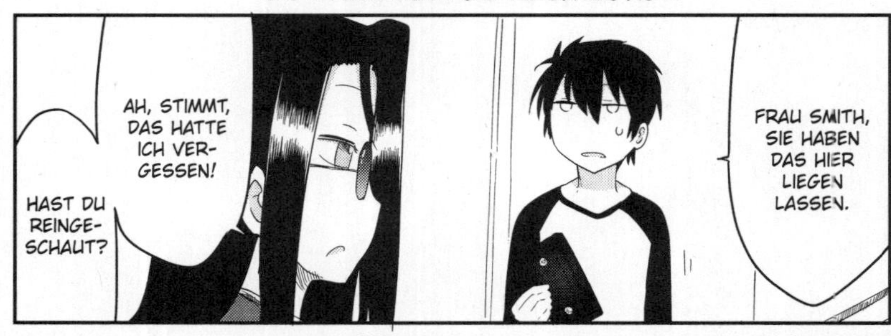

FRAU SMITH, SIE HABEN DAS HIER LIEGEN LASSEN.
AH, STIMMT, DAS HATTE ICH VERGESSEN!
HAST DU REINGESCHAUT?

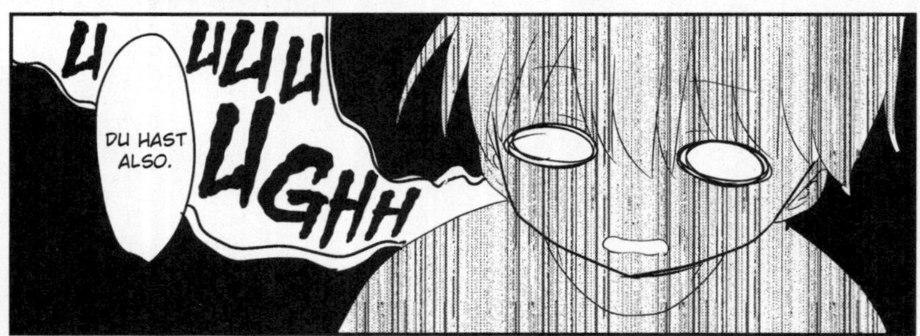

UUUU UGHH
DU HAST ALSO.
U

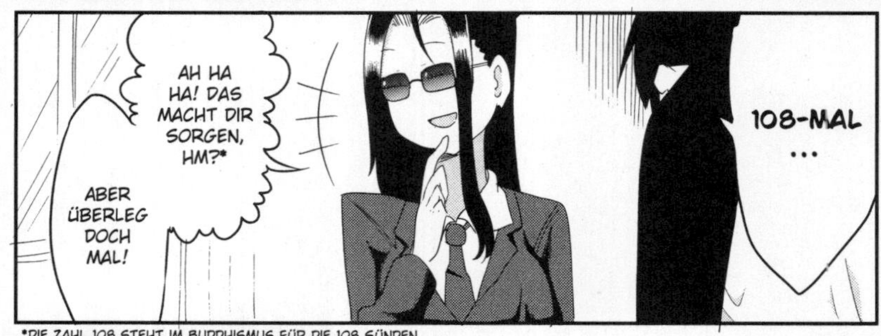

108-MAL …
AH HA HA! DAS MACHT DIR SORGEN, HM?*
ABER ÜBERLEG DOCH MAL!

*DIE ZAHL 108 STEHT IM BUDDHISMUS FÜR DIE 108 SÜNDEN.

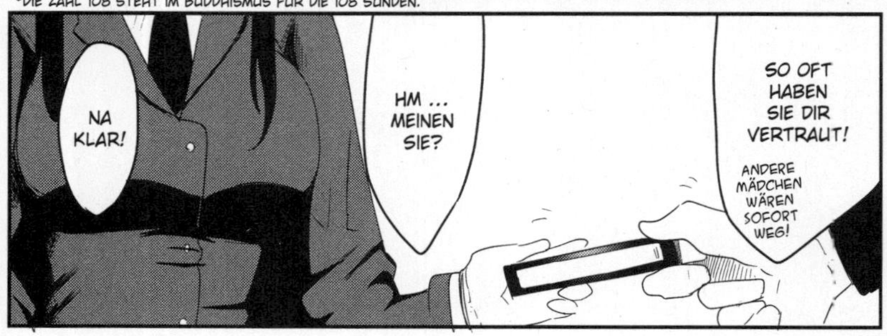

SO OFT HABEN SIE DIR VERTRAUT!
ANDERE MÄDCHEN WÄREN SOFORT WEG!
HM … MEINEN SIE?
NA KLAR!

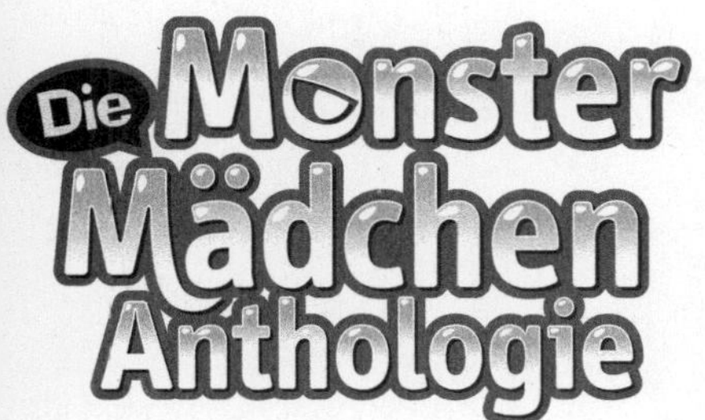
Die Monster
Mädchen
Anthologie

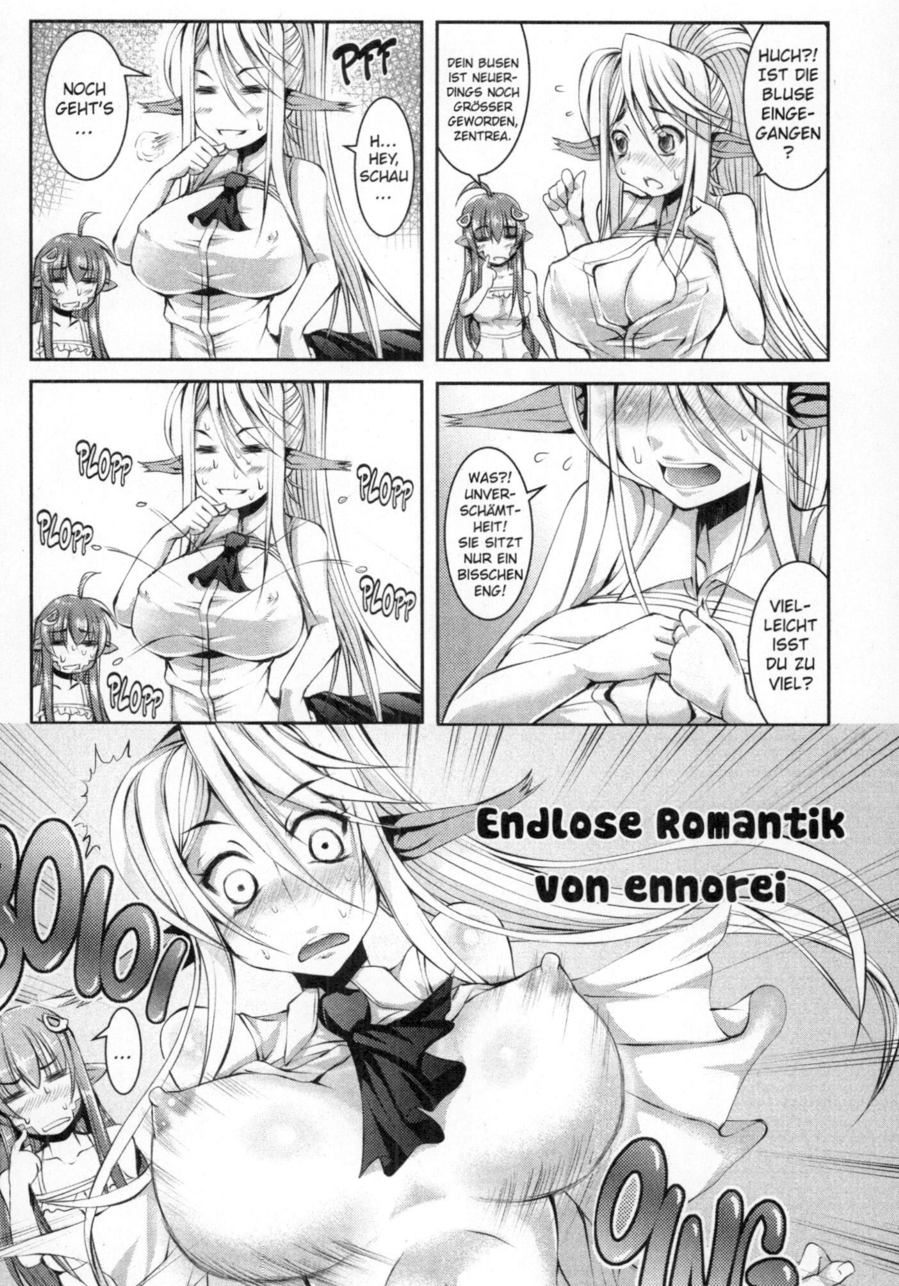
HUCH?! IST DIE BLUSE EINGE-GANGEN?
DEIN BUSEN IST NEUER-DINGS NOCH GRÖSSER GEWORDEN, ZENTREA.
H... HEY, SCHAU ...
PFF
NOCH GEHT'S ...
VIEL-LEICHT ISST DU ZU VIEL?
WAS?! UNVER-SCHÄMT-HEIT! SIE SITZT NUR EIN BISSCHEN ENG!
PLOPP
PLOPP
PLOPP
PLOPP
PLOPP
Endlose Romantik von ennorei
BOIOI
OING
...

BUSEN-MINIMIZER

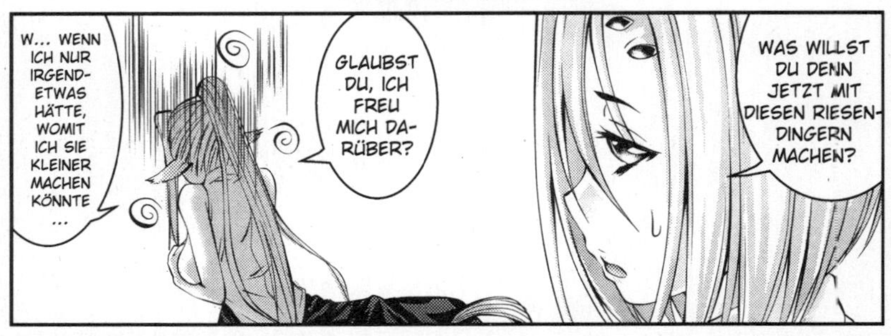
WAS WILLST DU DENN JETZT MIT DIESEN RIESEN-DINGERN MACHEN?
GLAUBST DU, ICH FREU MICH DA-RÜBER?
W... WENN ICH NUR IRGEND-ETWAS HÄTTE, WOMIT ICH SIE KLEINER MACHEN KÖNNTE ...

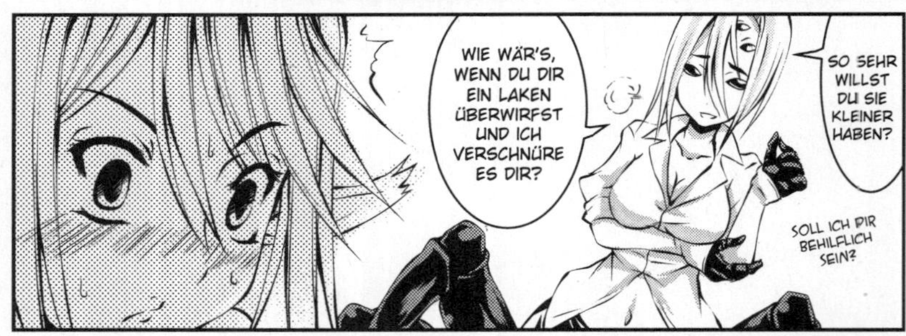
SO SEHR WILLST DU SIE KLEINER HABEN?
SOLL ICH DIR BEHILFLICH SEIN?
WIE WÄR'S, WENN DU DIR EIN LAKEN ÜBERWIRFST UND ICH VERSCHNÜRE ES DIR?

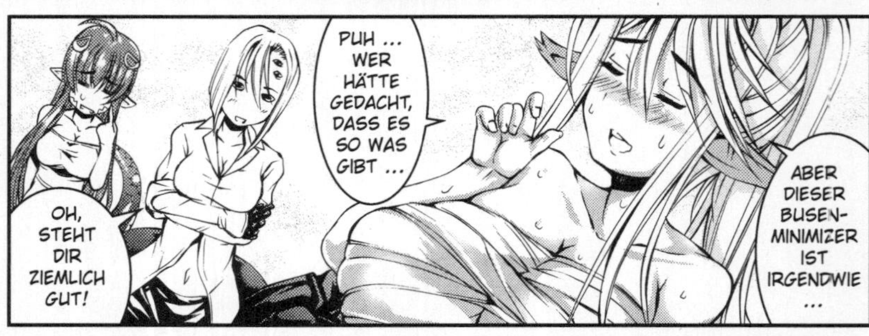
PUH ... WER HÄTTE GEDACHT, DASS ES SO WAS GIBT ...
ABER DIESER BUSEN-MINIMIZER IST IRGENDWIE ...
OH, STEHT DIR ZIEMLICH GUT!

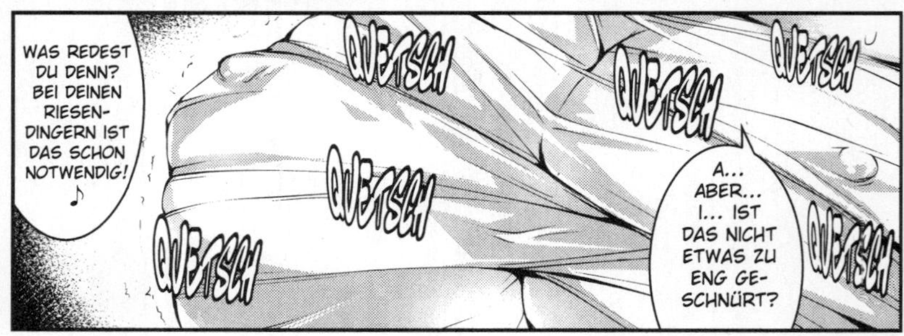
QUETSCH
QUETSCH
QUETSCH
A... ABER... I... IST DAS NICHT ETWAS ZU ENG GE-SCHNÜRT?
QUETSCH
QUETSCH
WAS REDEST DU DENN? BEI DEINEN RIESEN-DINGERN IST DAS SCHON NOTWENDIG! ♪
QUETSCH

NOCH GRÖSSER!

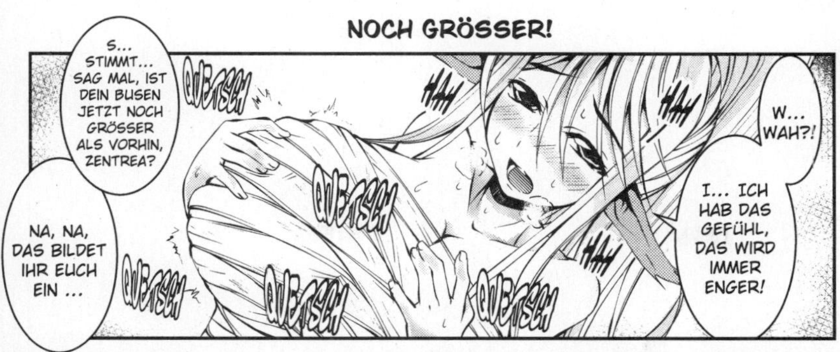

HAH
HAH
W... WAH?!
I... ICH HAB DAS GEFÜHL, DAS WIRD IMMER ENGER!
HAH
S... STIMMT... SAG MAL, IST DEIN BUSEN JETZT NOCH GRÖSSER ALS VORHIN, ZENTREA?
QUETSCH
QUETSCH
NA, NA, DAS BILDET IHR EUCH EIN ...
QUETSCH
QUETSCH
QUETSCH

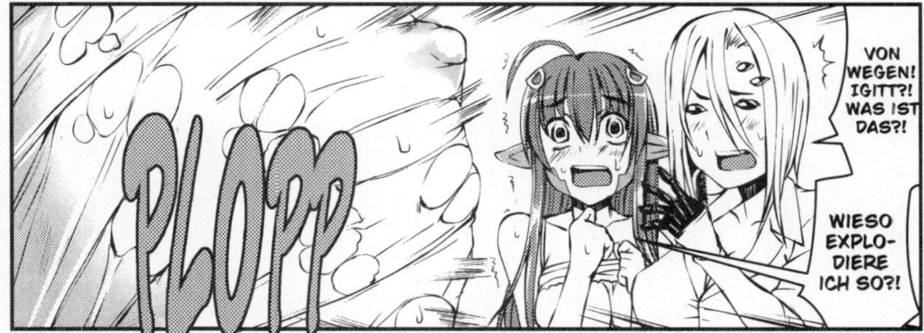

VON WEGEN! IGITT?! WAS IST DAS?!
WIESO EXPLO-DIERE ICH SO?!
PLOPP

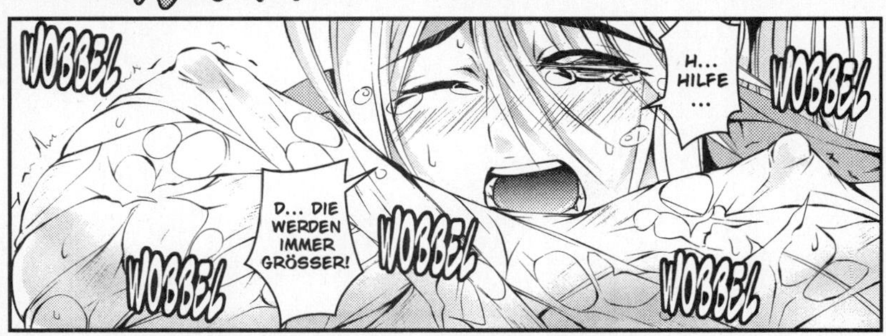

WOBBEL
H... HILFE ...
WOBBEL
D... DIE WERDEN IMMER GRÖSSER!
WOBBEL
WOBBEL
WOBBEL

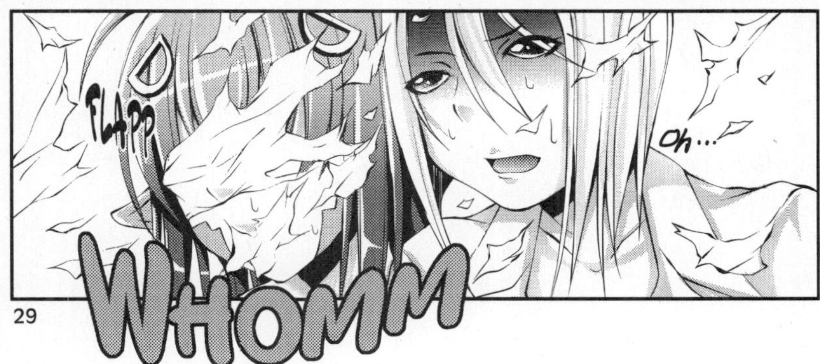

Oh...
FLAPP
WHOMM

GLAUB MIR, ICH GLAUBE AN DICH!

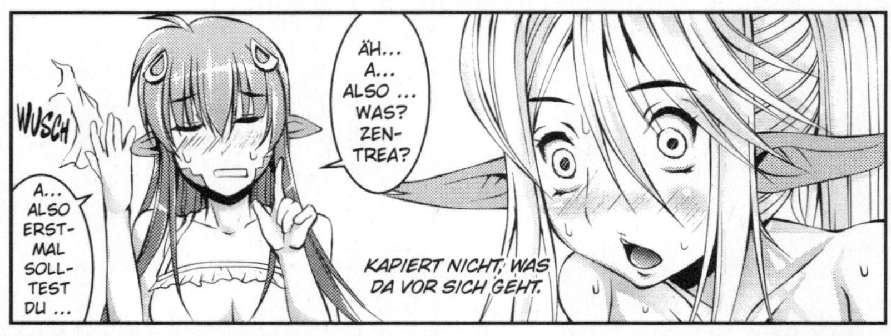
ÄH… A… ALSO … WAS? ZENTREA?
KAPIERT NICHT, WAS DA VOR SICH GEHT.
WUSCH
A… ALSO ERSTMAL SOLLTEST DU …

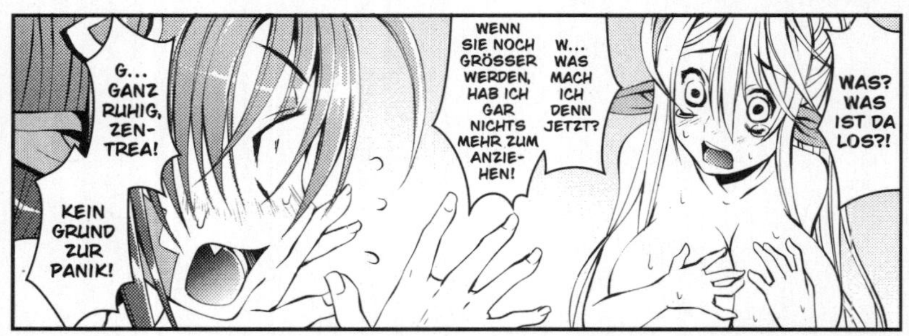
WAS? WAS IST DA LOS?!
W… WAS MACH ICH DENN JETZT?
WENN SIE NOCH GRÖSSER WERDEN, HAB ICH GAR NICHTS MEHR ZUM ANZIEHEN!
G… GANZ RUHIG, ZENTREA!
KEIN GRUND ZUR PANIK!

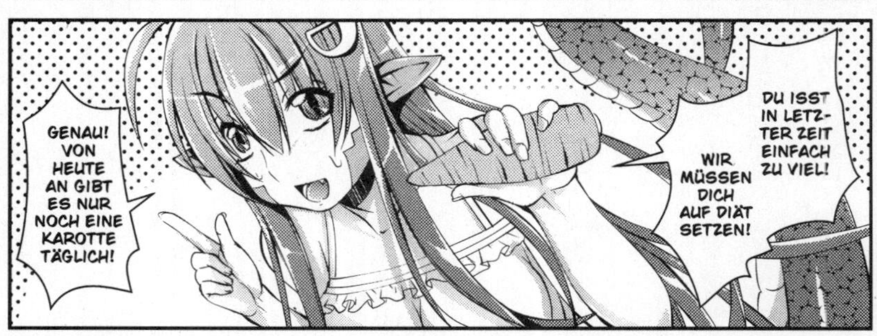
DU ISST IN LETZTER ZEIT EINFACH ZU VIEL!
WIR MÜSSEN DICH AUF DIÄT SETZEN!
GENAU! VON HEUTE AN GIBT ES NUR NOCH EINE KAROTTE TÄGLICH!

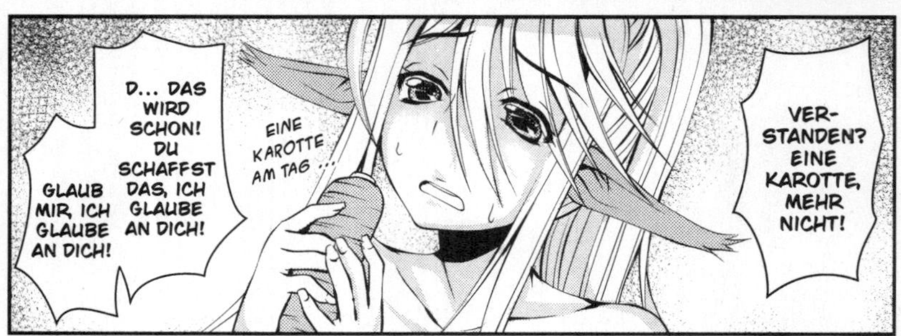
VERSTANDEN? EINE KAROTTE, MEHR NICHT!
EINE KAROTTE AM TAG …
D… DAS WIRD SCHON! DU SCHAFFST DAS, ICH GLAUBE AN DICH!
GLAUB MIR, ICH GLAUBE AN DICH!

DURCHGEHALTEN! TOLL!!

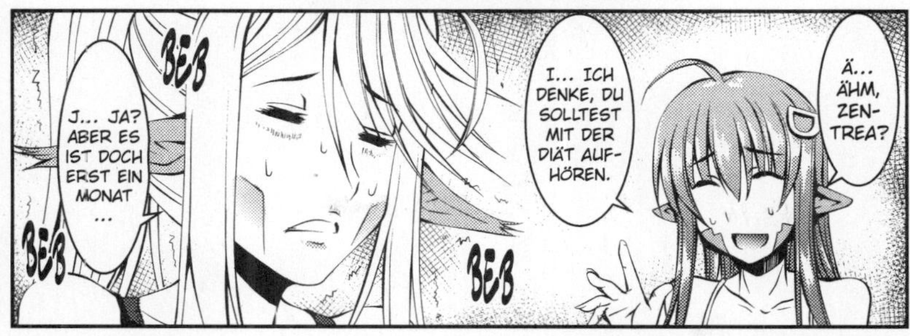

Ä… ÄHM, ZEN-TREA?
I… ICH DENKE, DU SOLLTEST MIT DER DIÄT AUF-HÖREN.
BEB
J… JA? ABER ES IST DOCH ERST EIN MONAT …
BEB
BEB

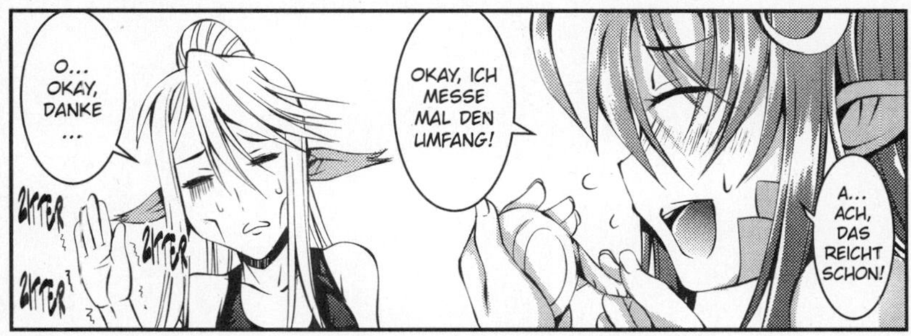

A… ACH, DAS REICHT SCHON!
OKAY, ICH MESSE MAL DEN UMFANG!
O… OKAY, DANKE …
ZITTER
ZITTER
ZITTER

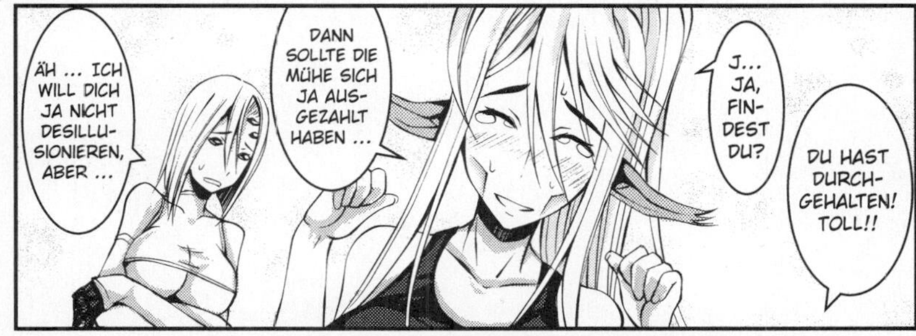

DU HAST DURCH-GEHALTEN! TOLL!!
J… JA, FIN-DEST DU?
DANN SOLLTE DIE MÜHE SICH JA AUS-GEZAHLT HABEN …
ÄH … ICH WILL DICH JA NICHT DESILLU-SIONIEREN, ABER …

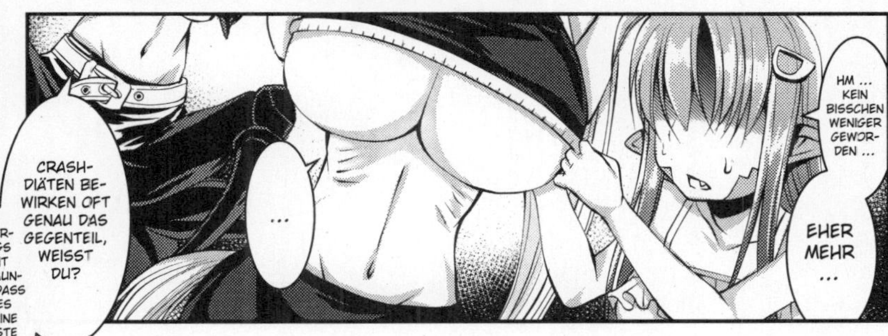

HM … KEIN BISSCHEN WENIGER GEWOR-DEN …
EHER MEHR …
…
CRASH-DIÄTEN BE-WIRKEN OFT GENAU DAS GEGENTEIL, WEISST DU?
ALLER-DINGS ECHT ERSTAUN-LICH, DASS ALLES IN DEINE BRÜSTE GEWAN-DERT IST …

UND WAS JETZT?

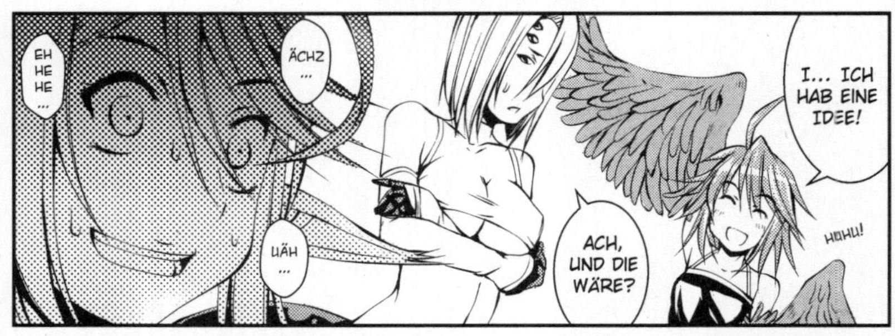
I... ICH HAB EINE IDEE!
HOHU!
ACH, UND DIE WÄRE?
UÄH ...
ÄCHZ ...
EH HE HE ...

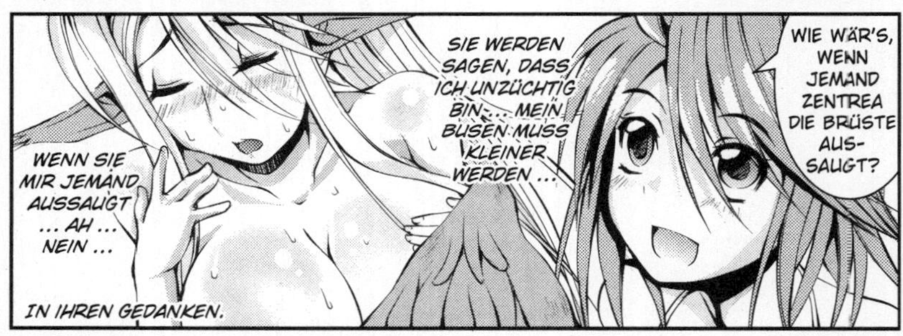
WIE WÄR'S, WENN JEMAND ZENTREA DIE BRÜSTE AUS-SAUGT?
SIE WERDEN SAGEN, DASS ICH UNZÜCHTIG BIN ... MEIN BUSEN MUSS KLEINER WERDEN ...
WENN SIE MIR JEMAND AUSSAUGT ... AH ... NEIN ...
IN IHREN GEDANKEN.

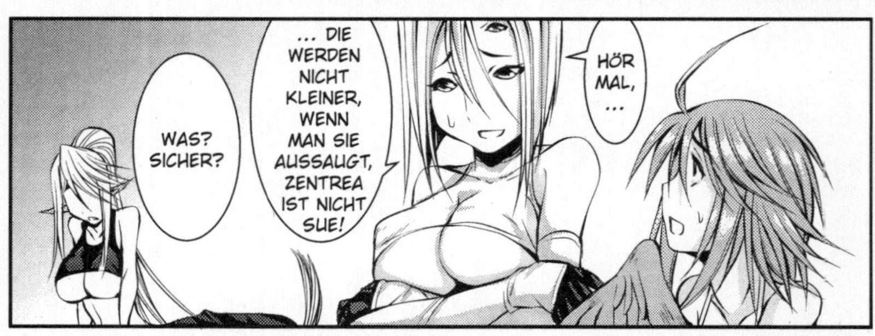
HÖR MAL, ...
... DIE WERDEN NICHT KLEINER, WENN MAN SIE AUSSAUGT, ZENTREA IST NICHT SUE!
WAS? SICHER?

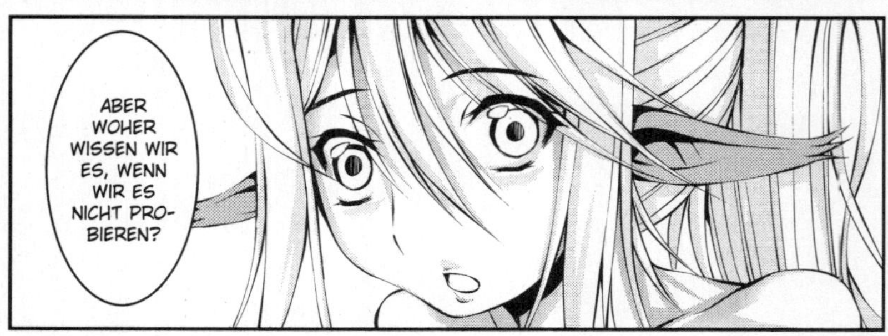
ABER WOHER WISSEN WIR ES, WENN WIR ES NICHT PRO-BIEREN?

GEHT'S NOCH?!

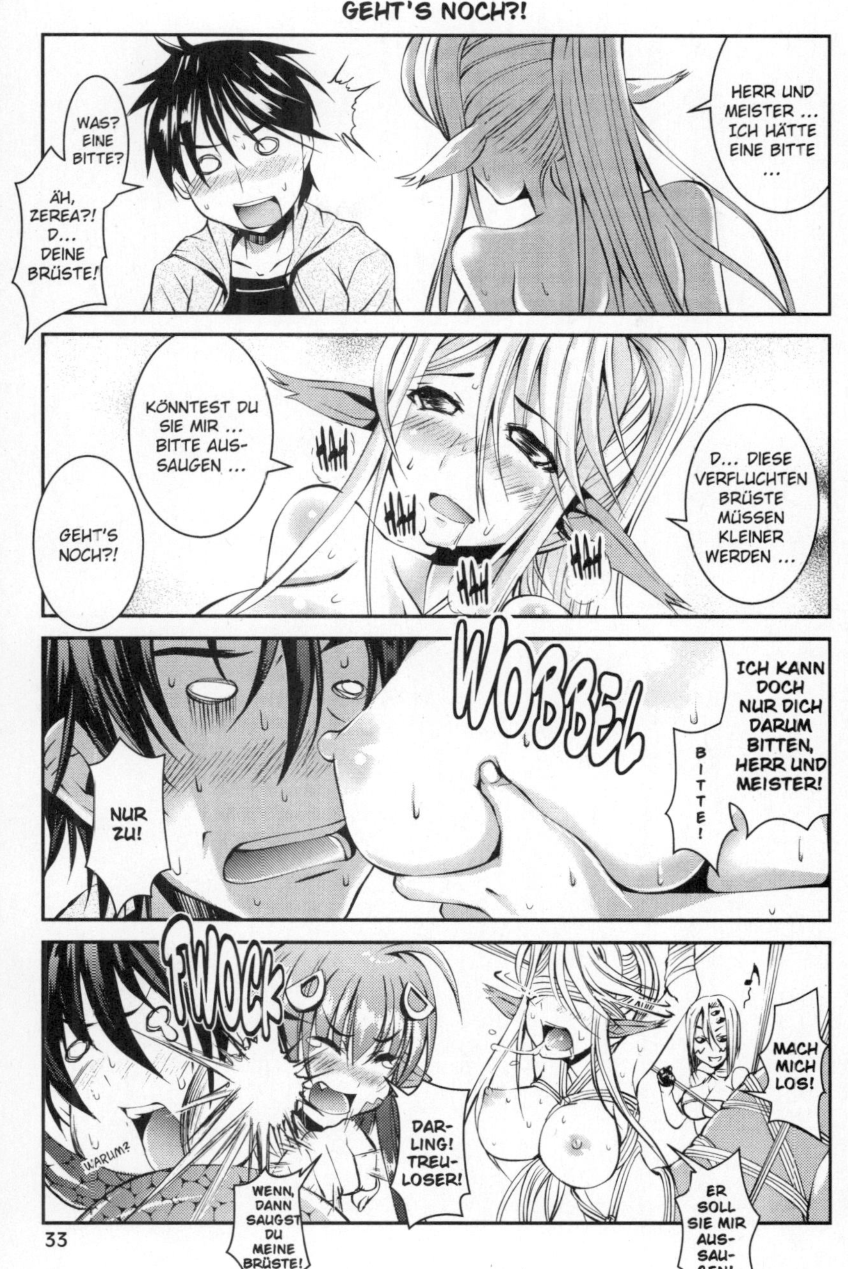
HERR UND MEISTER ... ICH HÄTTE EINE BITTE ...
WAS? EINE BITTE?
ÄH, ZEREA?! D... DEINE BRÜSTE!
D... DIESE VERFLUCHTEN BRÜSTE MÜSSEN KLEINER WERDEN ...
KÖNNTEST DU SIE MIR ... BITTE AUS-SAUGEN ...
HAH
HAH
HAH
HAH
GEHT'S NOCH?!
WOBBEL
ICH KANN DOCH NUR DICH DARUM BITTEN, HERR UND MEISTER!
BITTE!
NUR ZU!
MACH MICH LOS!
ER SOLL SIE MIR AUS-SAU-GEN!
TWOCK
DAR-LING! TREU-LOSER!
WENN, DANN SAUGST DU MEINE BRÜSTE!
WARUM?

ENDE DER ROMANTIK

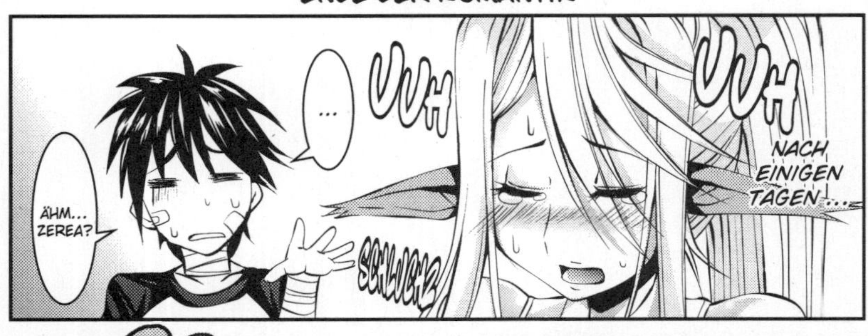

NACH EINIGEN TAGEN ...
UUH
UUH
SCHLUCHZ
...
ÄHM... ZEREA?

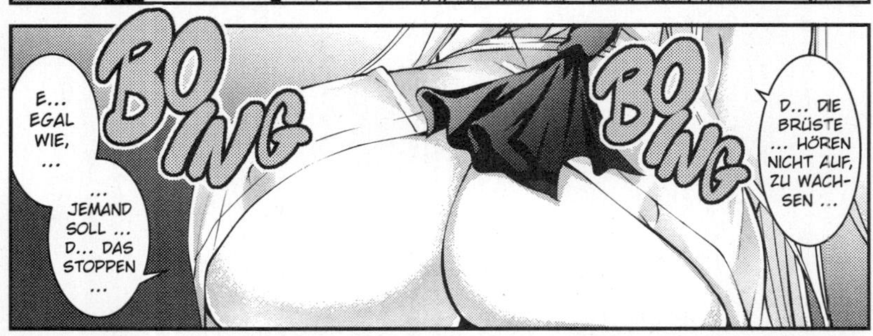

D... DIE BRÜSTE ... HÖREN NICHT AUF, ZU WACH-SEN ...
BOING
BOING
E... EGAL WIE, ...
... JEMAND SOLL ... D... DAS STOPPEN ...

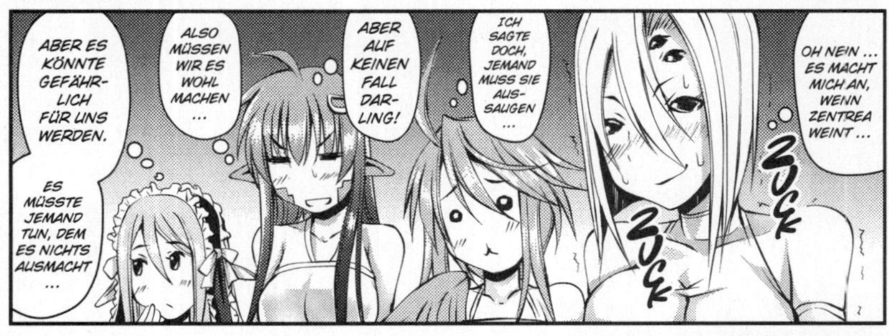

OH NEIN ... ES MACHT MICH AN, WENN ZENTREA WEINT ...
ZUCK
ZUCK
ICH SAGTE DOCH, JEMAND MUSS SIE AUS-SAUGEN ...
ABER AUF KEINEN FALL DAR-LING!
ALSO MÜSSEN WIR ES WOHL MACHEN ...
ABER ES KÖNNTE GEFÄHR-LICH FÜR UNS WERDEN.
ES MÜSSTE JEMAND TUN, DEM ES NICHTS AUSMACHT ...

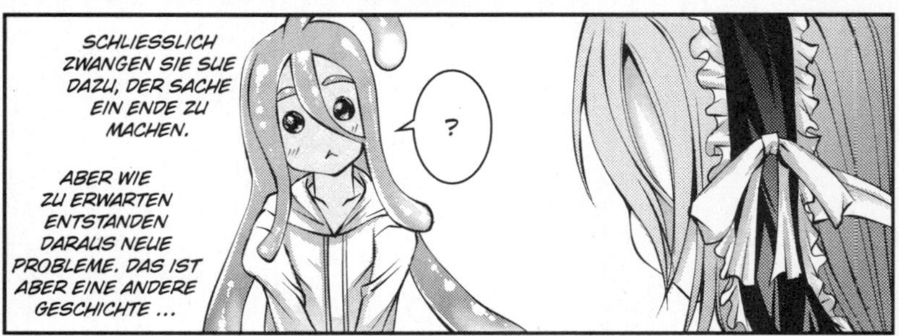

?
SCHLIESSLICH ZWANGEN SIE SUE DAZU, DER SACHE EIN ENDE ZU MACHEN.
ABER WIE ZU ERWARTEN ENTSTANDEN DARAUS NEUE PROBLEME. DAS IST ABER EINE ANDERE GESCHICHTE ...

Die Monster Mädchen Anthologie

KRANKENLAGER

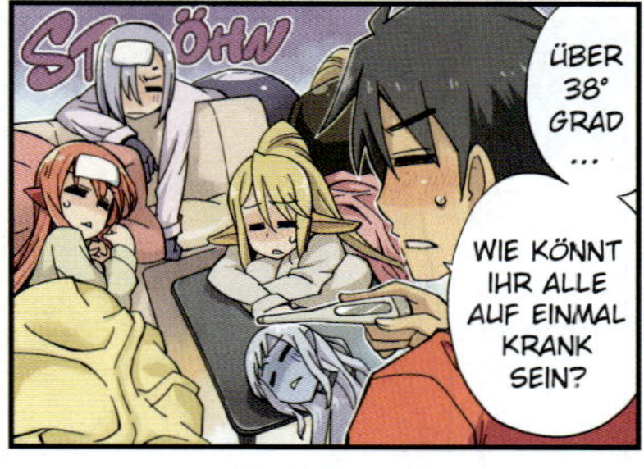
STÖHN
ÜBER 38° GRAD ...
WIE KÖNNT IHR ALLE AUF EINMAL KRANK SEIN?

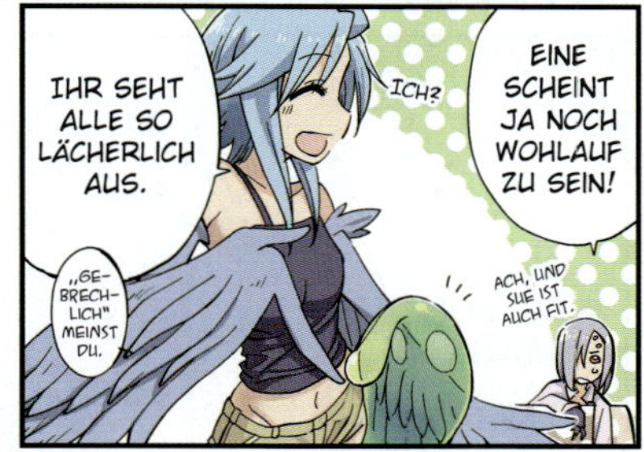
EINE SCHEINT JA NOCH WOHLAUF ZU SEIN!
ICH?
IHR SEHT ALLE SO LÄCHERLICH AUS.
„GEBRECHLICH" MEINST DU.
ACH, UND SUE IST AUCH FIT.

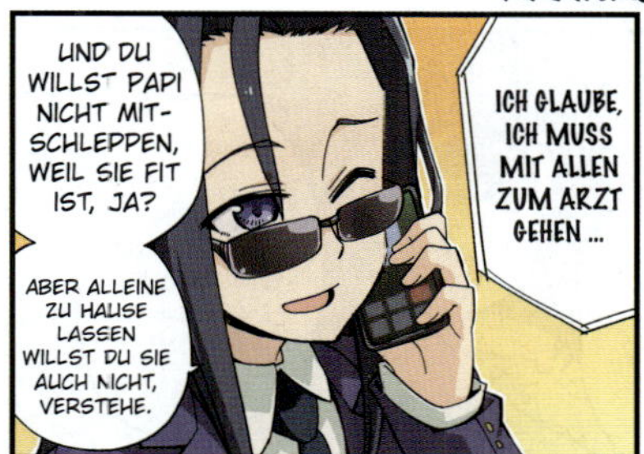
ICH GLAUBE, ICH MUSS MIT ALLEN ZUM ARZT GEHEN ...
UND DU WILLST PAPI NICHT MITSCHLEPPEN, WEIL SIE FIT IST, JA?
ABER ALLEINE ZU HAUSE LASSEN WILLST DU SIE AUCH NICHT, VERSTEHE.

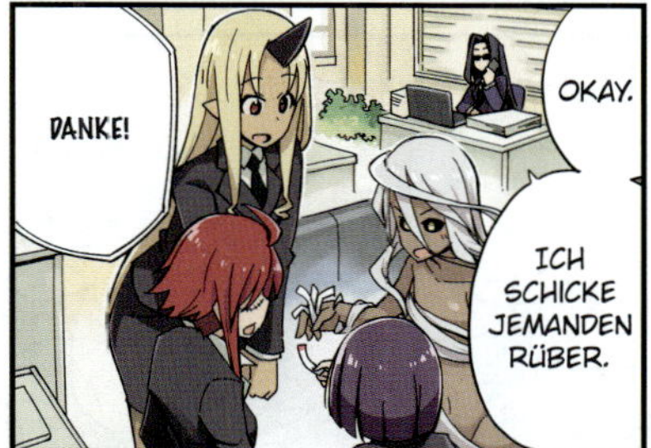
OKAY.
ICH SCHICKE JEMANDEN RÜBER.
DANKE!

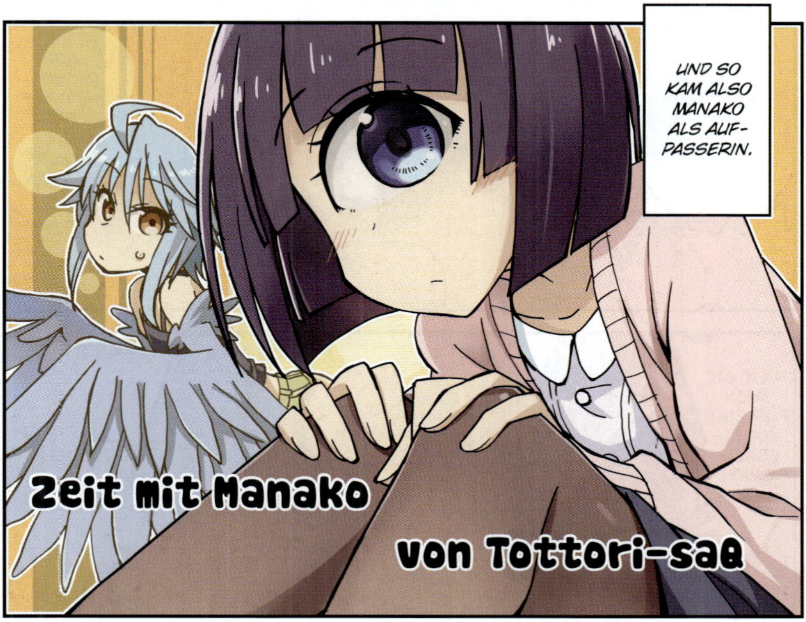

UND SO KAM ALSO MANAKO ALS AUFPASSERIN.

Zeit mit Manako

von Tottori-saQ

VOGELSCHEUCHE

FLATTER
HALLO!
ICH BIN MANAKO UND WERDE AUF DICH AUFPASSEN!
FREUT MICH, DICH KENNENZULERNEN, PAPI.
ÄH …
NANU?!

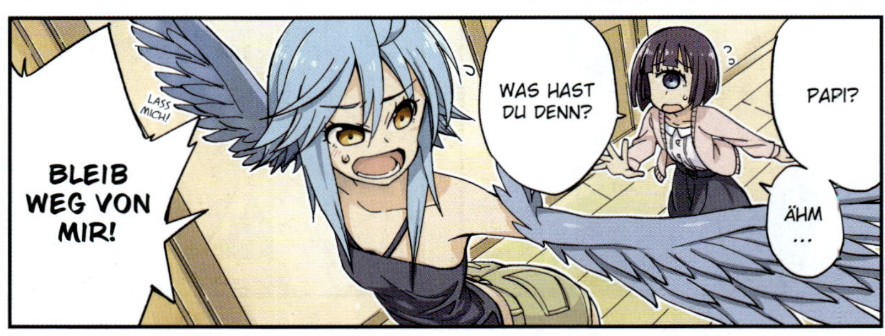
PAPI?
ÄHM …
WAS HAST DU DENN?
BLEIB WEG VON MIR!
LASS MICH!

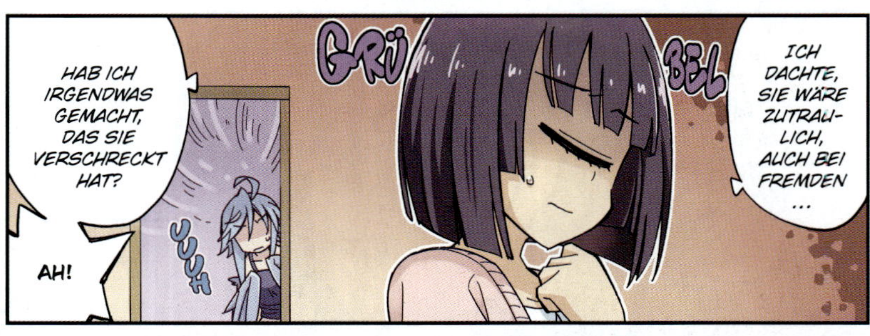
GRÜBEL
ICH DACHTE, SIE WÄRE ZUTRAULICH, AUCH BEI FREMDEN …
HAB ICH IRGENDWAS GEMACHT, DAS SIE VERSCHRECKT HAT?
AH!

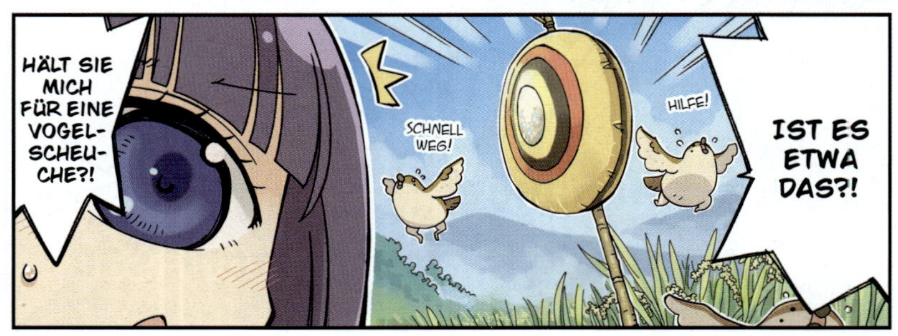
IST ES ETWA DAS?!
HILFE!
SCHNELL WEG!
HÄLT SIE MICH FÜR EINE VOGELSCHEUCHE?!

WIE KRIEG ICH SIE?

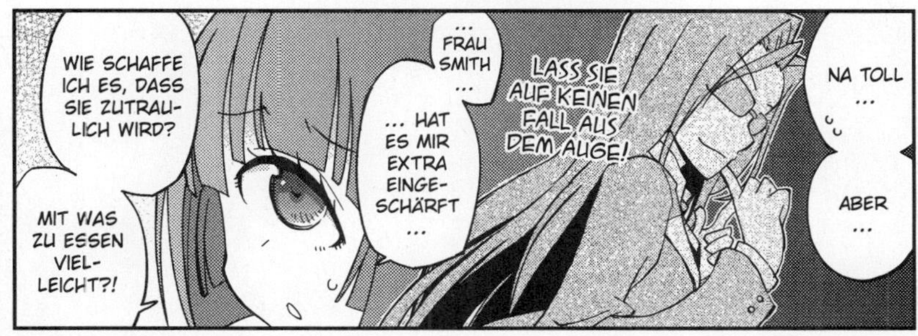

NA TOLL ...
ABER ...
LASS SIE AUF KEINEN FALL AUS DEM AUGE!
... FRAU SMITH ...
... HAT ES MIR EXTRA EINGESCHÄRFT ...
WIE SCHAFFE ICH ES, DASS SIE ZUTRAULICH WIRD?
MIT WAS ZU ESSEN VIELLEICHT?!

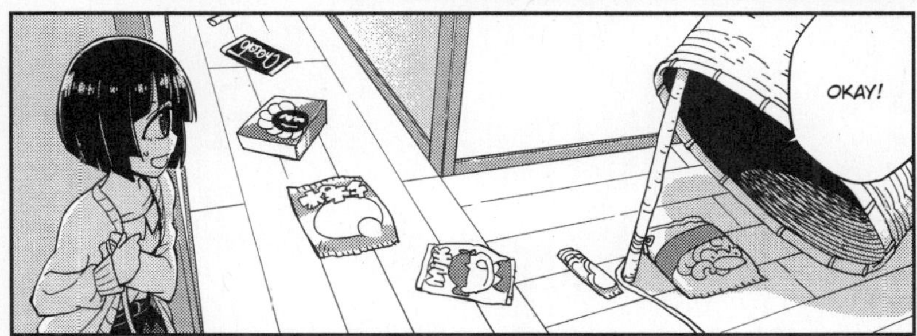

OKAY!

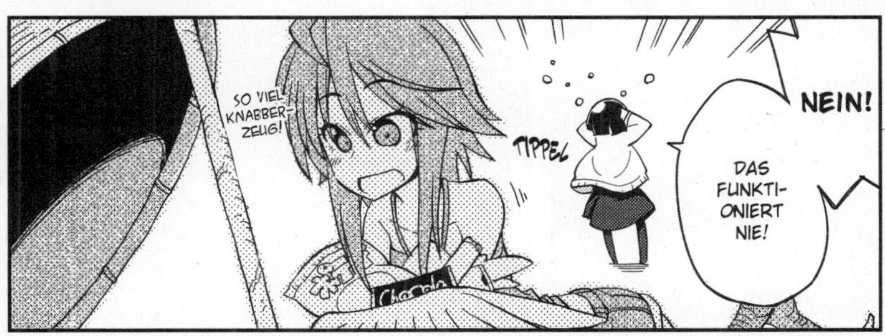

NEIN!
DAS FUNKTIONIERT NIE!
TIPPEL
SO VIEL KNABBERZEUG!

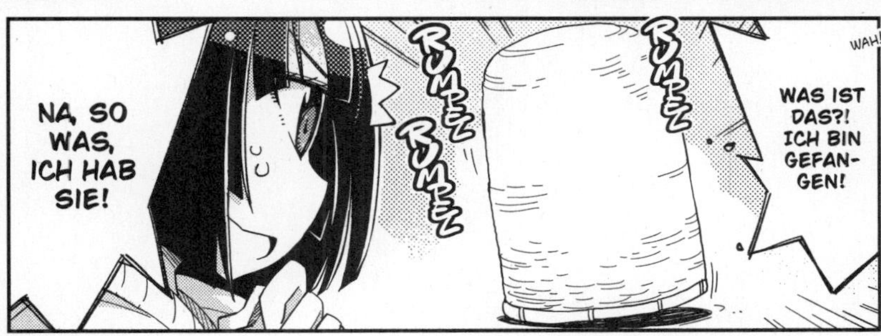

WAH!
WAS IST DAS?! ICH BIN GEFANGEN!
RUMPEL
RUMPEL
RUMPEL
NA, SO WAS, ICH HAB SIE!

VORSICHT IST BESSER ALS NACHSICHT

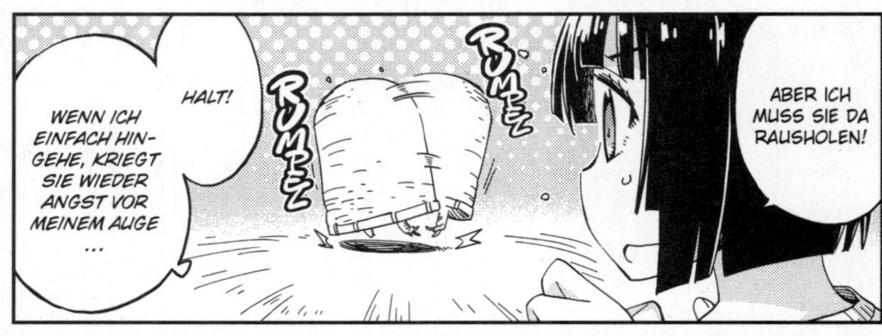
ABER ICH MUSS SIE DA RAUSHOLEN!
RUMPEL
RUMPEL
HALT!
WENN ICH EINFACH HIN-GEHE, KRIEGT SIE WIEDER ANGST VOR MEINEM AUGE …

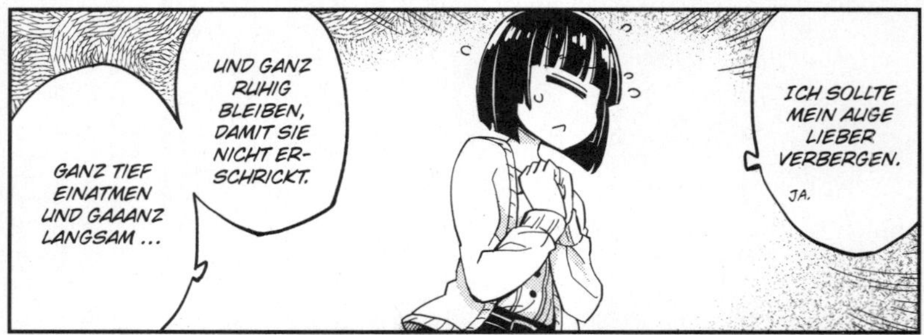
ICH SOLLTE MEIN AUGE LIEBER VERBERGEN.
JA.
UND GANZ RUHIG BLEIBEN, DAMIT SIE NICHT ER-SCHRICKT.
GANZ TIEF EINATMEN UND GAAANZ LANGSAM …

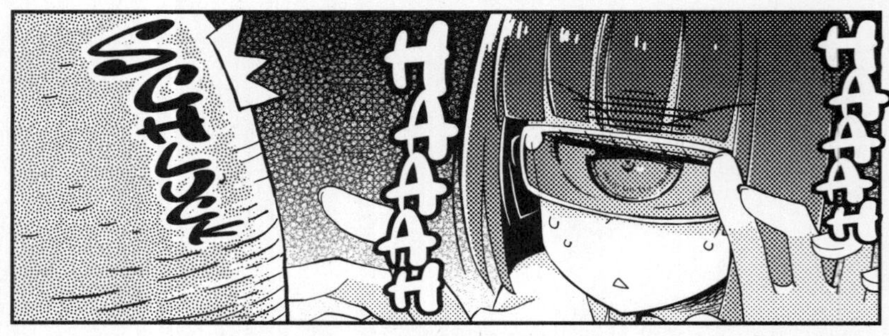
HAAAAH
HAAAAH
SCHLUCK

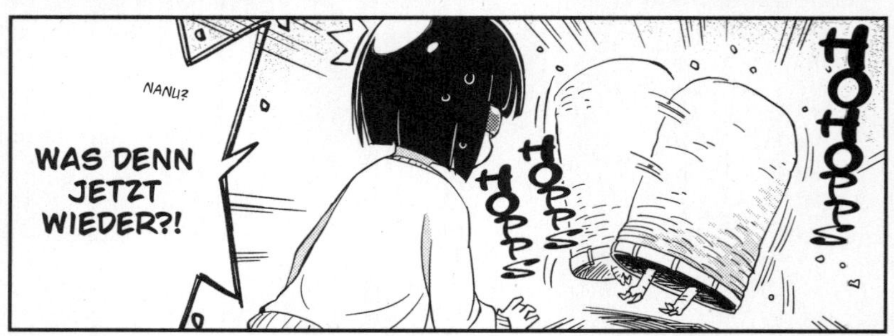
HOHOPPS
HOPPS HOPPS
NANU?
WAS DENN JETZT WIEDER?!

VON MORGENS BIS ABENDS

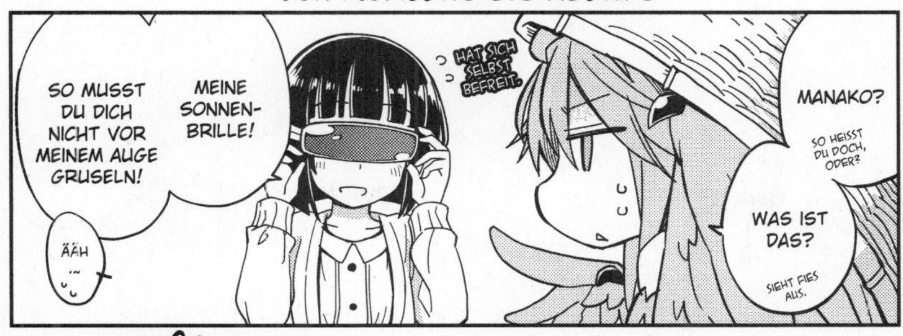

MANAKO?
SO HEISST DU DOCH, ODER?
WAS IST DAS?
SIEHT FIES AUS.
HAT SICH SELBST BEFREIT.
MEINE SONNEN-BRILLE!
SO MUSST DU DICH NICHT VOR MEINEM AUGE GRUSELN!
ÄÄH ...~

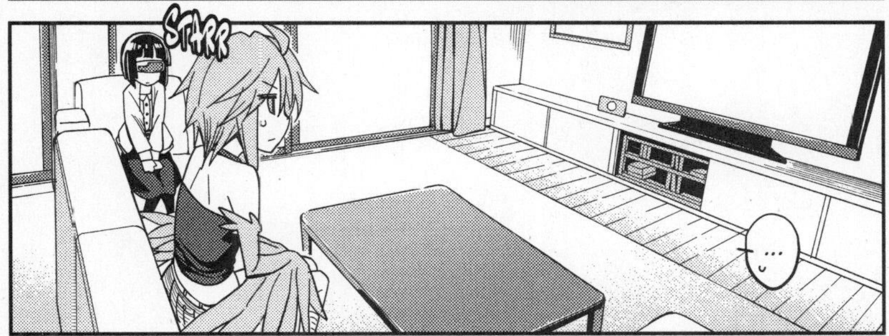

STARR
...

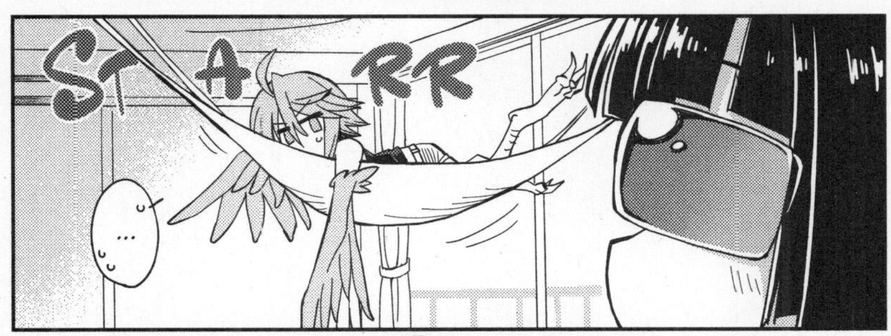

STARR
...

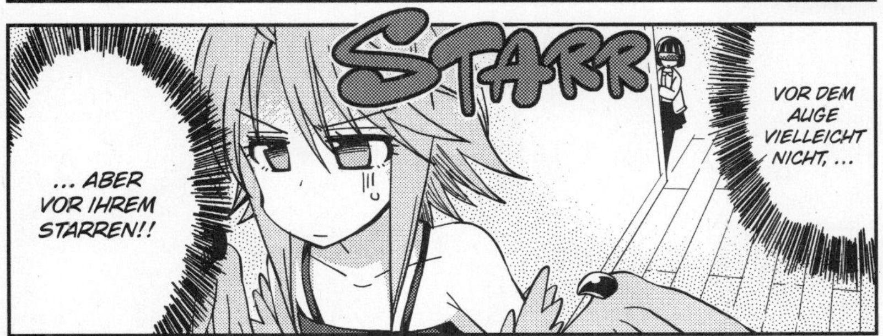

STARR
VOR DEM AUGE VIELLEICHT NICHT, ...
... ABER VOR IHREM STARREN!!

DER RICHTIGE FREIRAUM

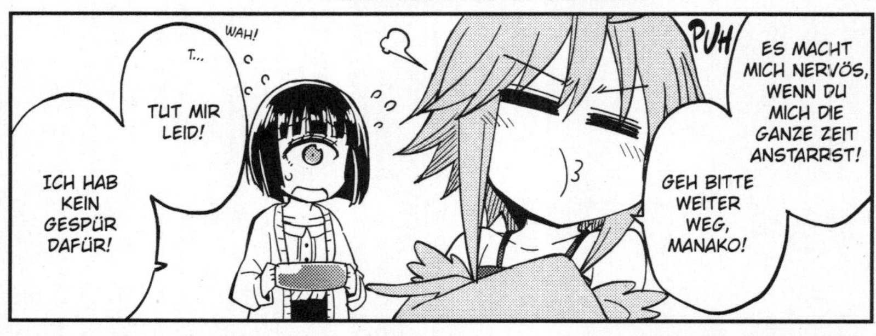
PUH
ES MACHT MICH NERVÖS, WENN DU MICH DIE GANZE ZEIT ANSTARRST!
GEH BITTE WEITER WEG, MANAKO!
WAH!
T... TUT MIR LEID!
ICH HAB KEIN GESPÜR DAFÜR!

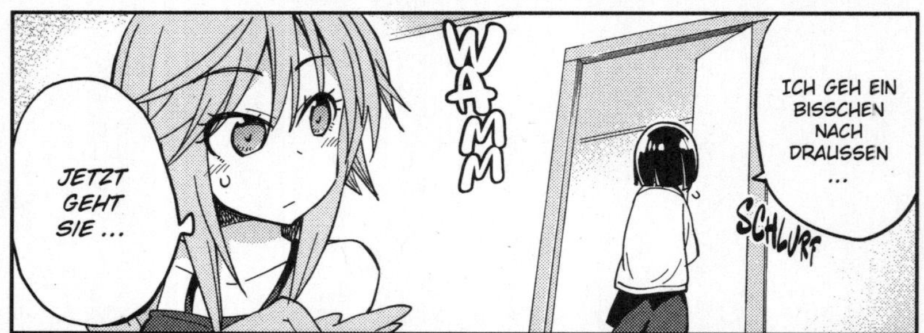
ICH GEH EIN BISSCHEN NACH DRAUSSEN ...
SCHLURF
WAMM
JETZT GEHT SIE ...

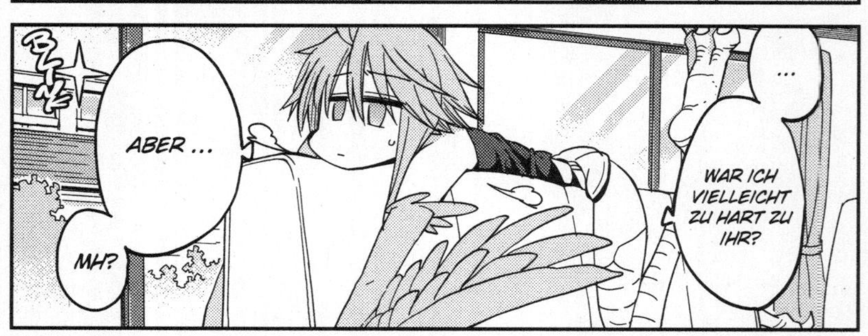
...
WAR ICH VIELLEICHT ZU HART ZU IHR?
ABER ...
MH?
BLINK

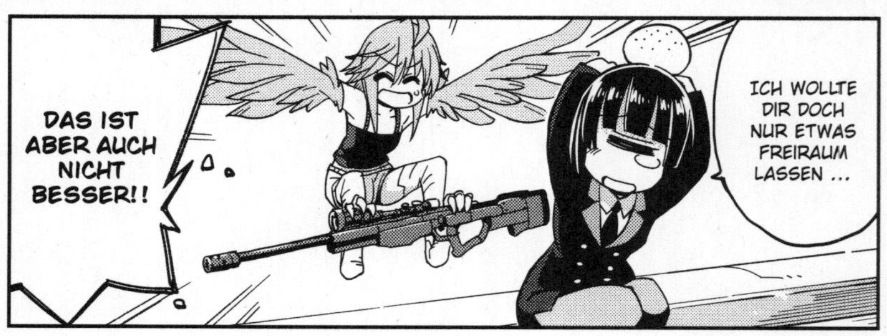
ICH WOLLTE DIR DOCH NUR ETWAS FREIRAUM LASSEN ...
DAS IST ABER AUCH NICHT BESSER!!

PAPI KANN ALLES ALLEINE

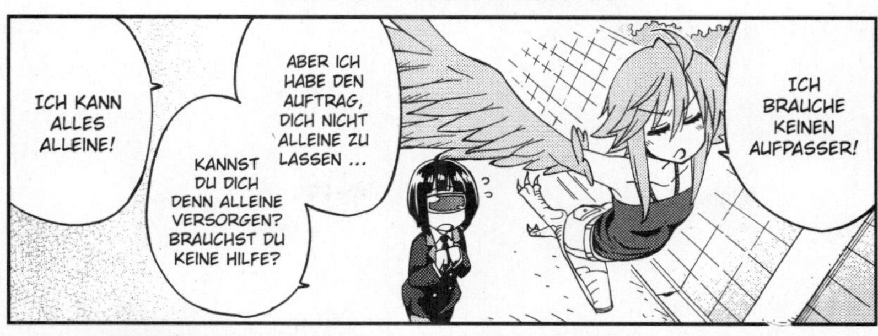
ICH BRAUCHE KEINEN AUFPASSER!
ICH KANN ALLES ALLEINE!
ABER ICH HABE DEN AUFTRAG, DICH NICHT ALLEINE ZU LASSEN …
KANNST DU DICH DENN ALLEINE VERSORGEN? BRAUCHST DU KEINE HILFE?

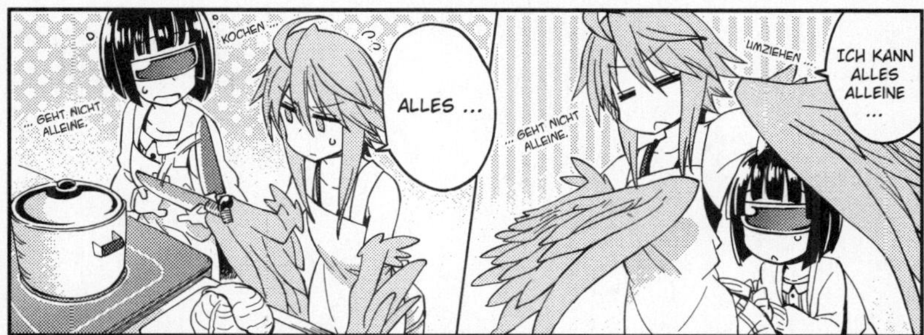
ICH KANN ALLES ALLEINE …
UMZIEHEN …
… GEHT NICHT ALLEINE.
ALLES …
KOCHEN …
… GEHT NICHT ALLEINE.

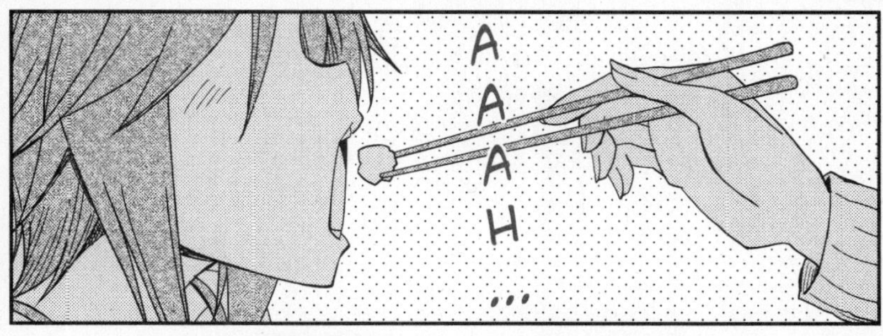
AAAH …

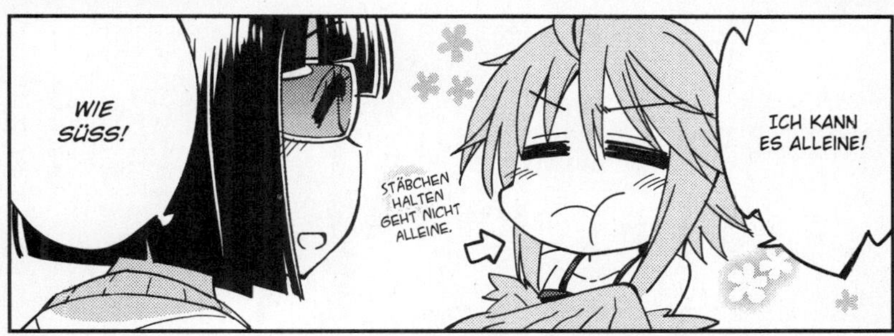
ICH KANN ES ALLEINE!
STÄBCHEN HALTEN GEHT NICHT ALLEINE.
WIE SÜSS!

ÜBERRASCHUNGSBESUCH UND DIE FOLGEN

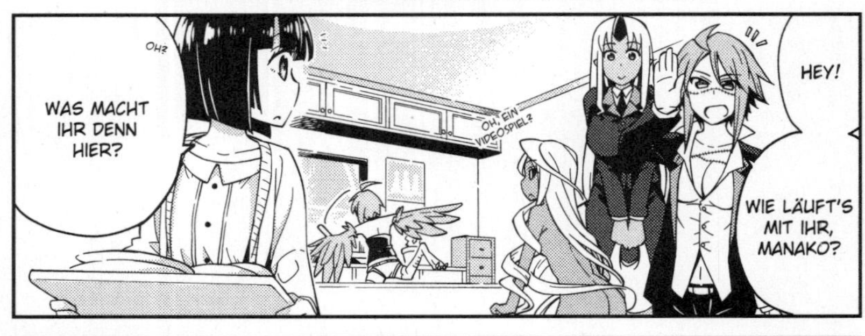
HEY!
WIE LÄUFT'S MIT IHR, MANAKO?
OH, EIN VIDEOSPIEL?
OH?
WAS MACHT IHR DENN HIER?

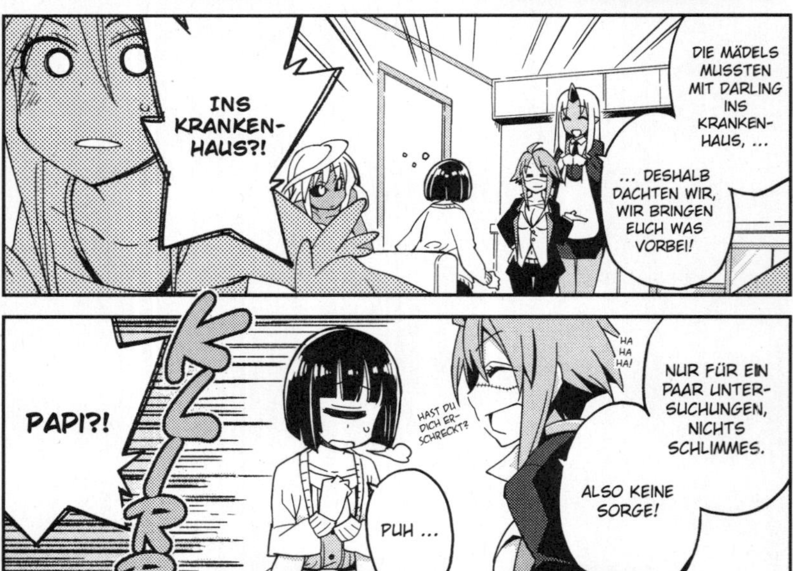
DIE MÄDELS MUSSTEN MIT DARLING INS KRANKENHAUS, …
… DESHALB DACHTEN WIR, WIR BRINGEN EUCH WAS VORBEI!
INS KRANKENHAUS?!
HA HA HA!
NUR FÜR EIN PAAR UNTERSUCHUNGEN, NICHTS SCHLIMMES.
ALSO KEINE SORGE!
HAST DU DICH ERSCHRECKT?
PUH …
KLIRR
PAPI?!

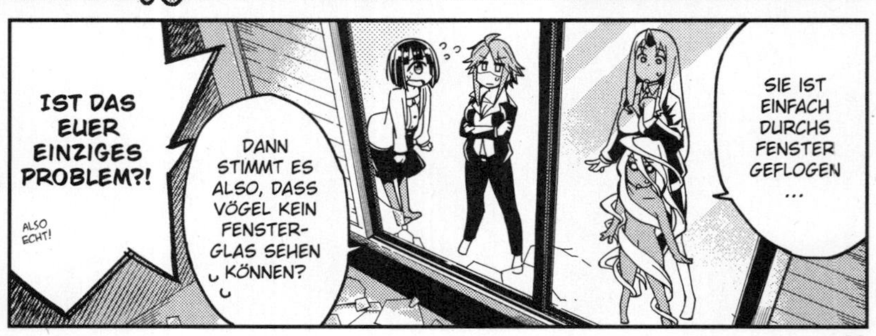
SIE IST EINFACH DURCHS FENSTER GEFLOGEN …
DANN STIMMT ES ALSO, DASS VÖGEL KEIN FENSTERGLAS SEHEN KÖNNEN?
IST DAS EUER EINZIGES PROBLEM?!
ALSO ECHT!

AUF UND DAVON

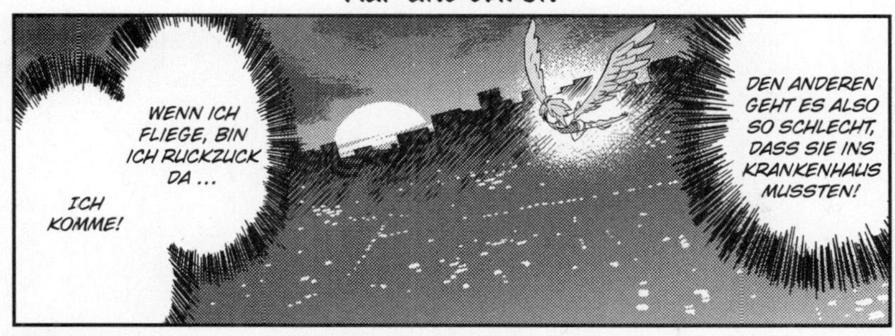
DEN ANDEREN GEHT ES ALSO SO SCHLECHT, DASS SIE INS KRANKENHAUS MUSSTEN!
WENN ICH FLIEGE, BIN ICH RUCKZUCK DA …
ICH KOMME!

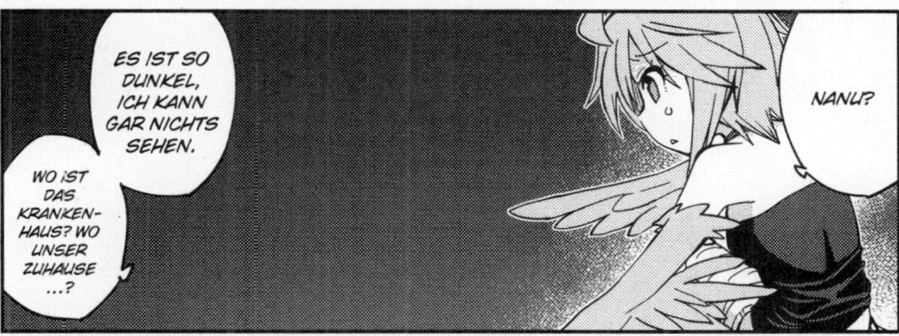
NANU?
ES IST SO DUNKEL, ICH KANN GAR NICHTS SEHEN.
WO IST DAS KRANKEN-HAUS? WO UNSER ZUHAUSE …?

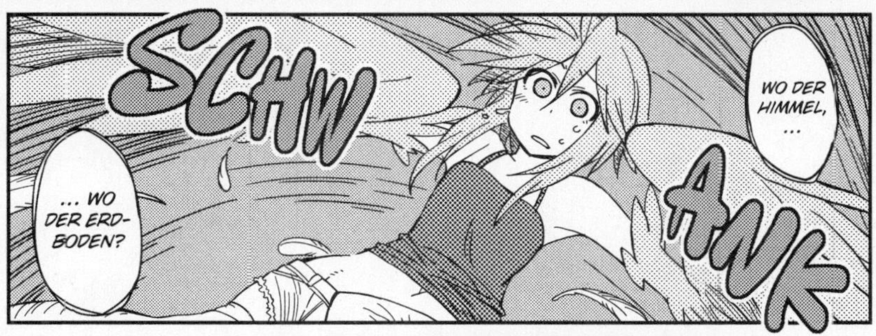
WO DER HIMMEL, …
… WO DER ERD-BODEN?
SCHW
ANK

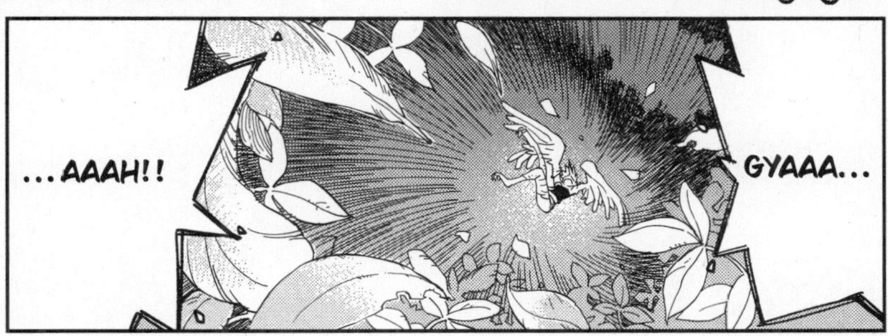
GYAAA…
…AAAH!!

SUSPENDIERT, NICHT SUBTRAHIERT

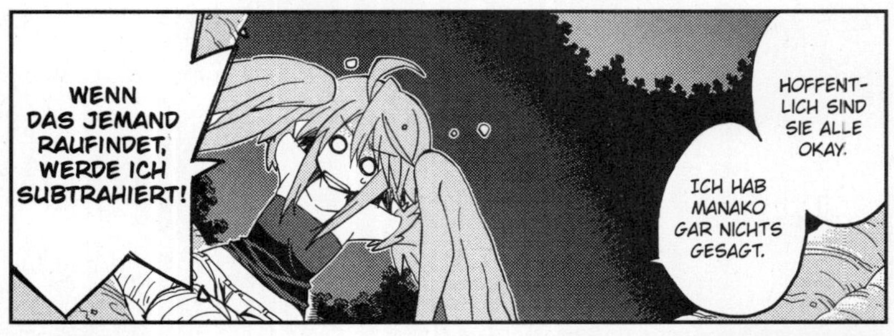
HOFFENTLICH SIND SIE ALLE OKAY.
ICH HAB MANAKO GAR NICHTS GESAGT.
WENN DAS JEMAND RAUFINDET, WERDE ICH SUBTRAHIERT!

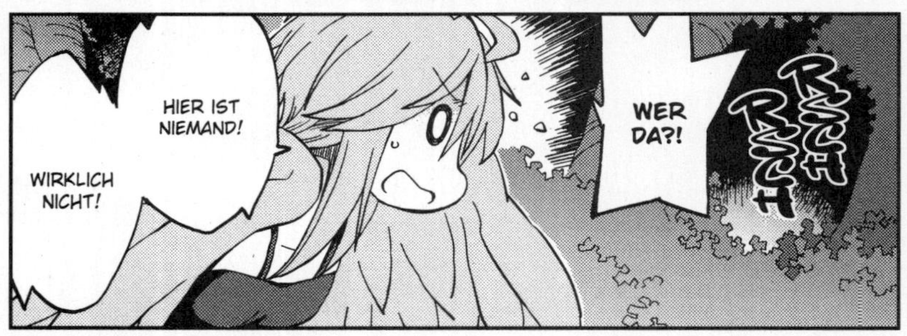
RASCH RASCH
WER DA?!
HIER IST NIEMAND!
WIRKLICH NICHT!

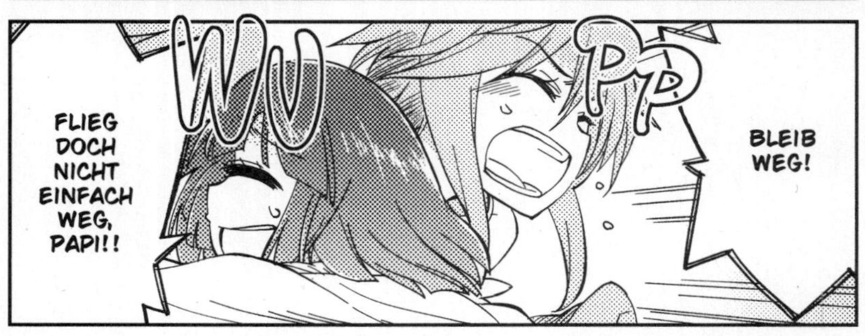
BLEIB WEG!
WUPP
FLIEG DOCH NICHT EINFACH WEG, PAPI!!

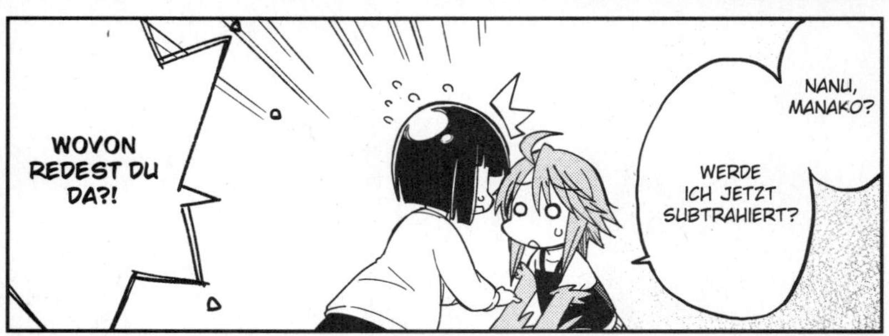
NANU, MANAKO?
WERDE ICH JETZT SUBTRAHIERT?
WOVON REDEST DU DA?!

GUCKEN IST OKAY

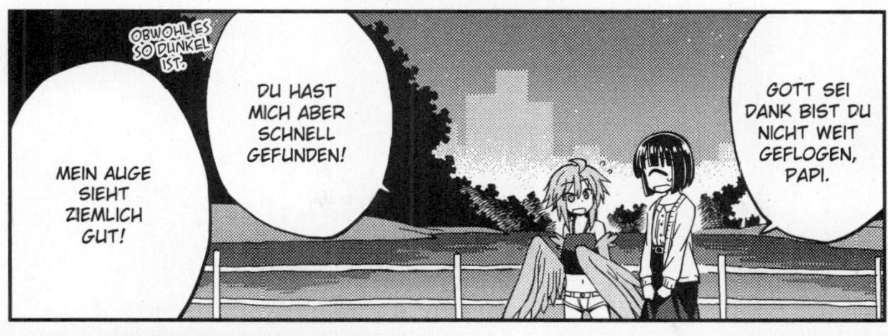
GOTT SEI DANK BIST DU NICHT WEIT GEFLOGEN, PAPI.
DU HAST MICH ABER SCHNELL GEFUNDEN!
OBWOHL ES SO DUNKEL IST.
MEIN AUGE SIEHT ZIEMLICH GUT!

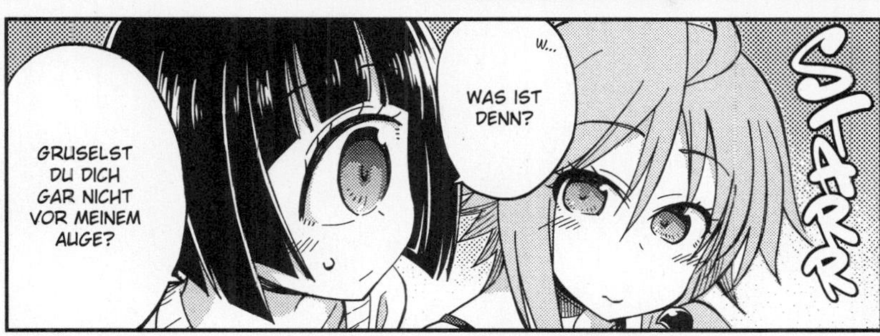
STARR
W...
WAS IST DENN?
GRUSELST DU DICH GAR NICHT VOR MEINEM AUGE?

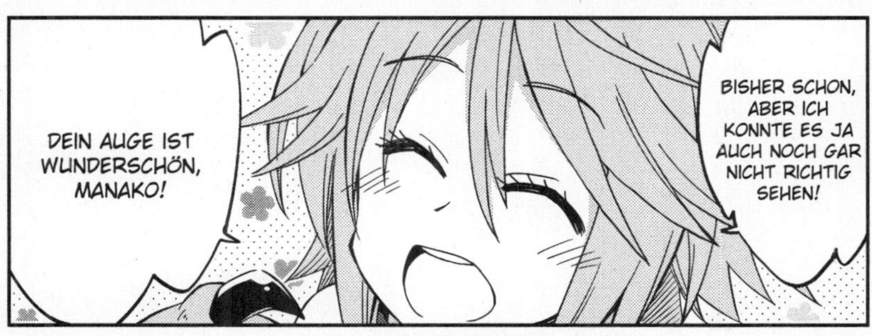
BISHER SCHON, ABER ICH KONNTE ES JA AUCH NOCH GAR NICHT RICHTIG SEHEN!
DEIN AUGE IST WUNDERSCHÖN, MANAKO!

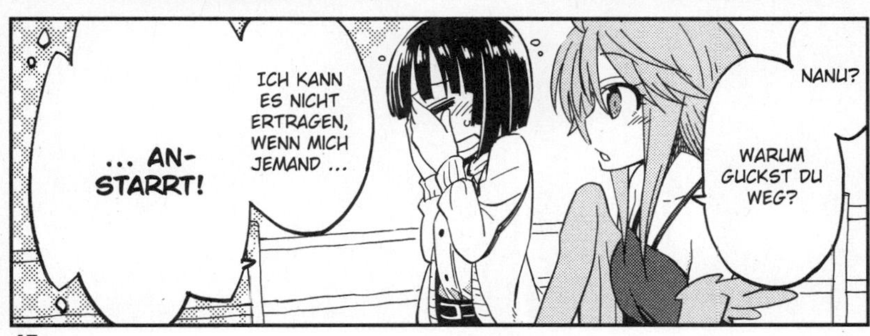
NANU?
WARUM GUCKST DU WEG?
ICH KANN ES NICHT ERTRAGEN, WENN MICH JEMAND ...
... AN-STARRT!

AUS DEN AUGEN, AUS DEM SINN?

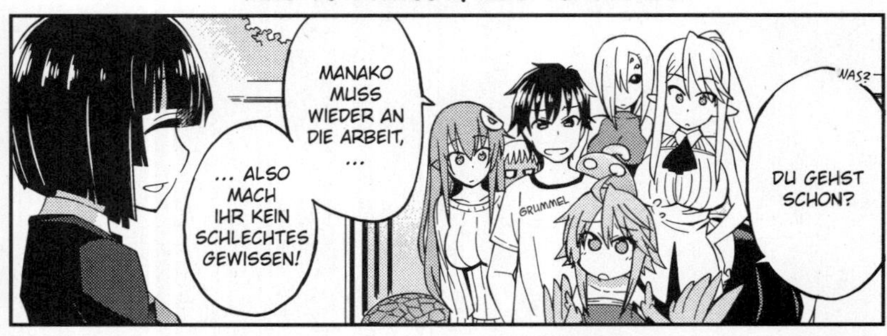
WAS?
DU GEHST SCHON?
GRUMMEL
MANAKO MUSS WIEDER AN DIE ARBEIT, ...
... ALSO MACH IHR KEIN SCHLECHTES GEWISSEN!

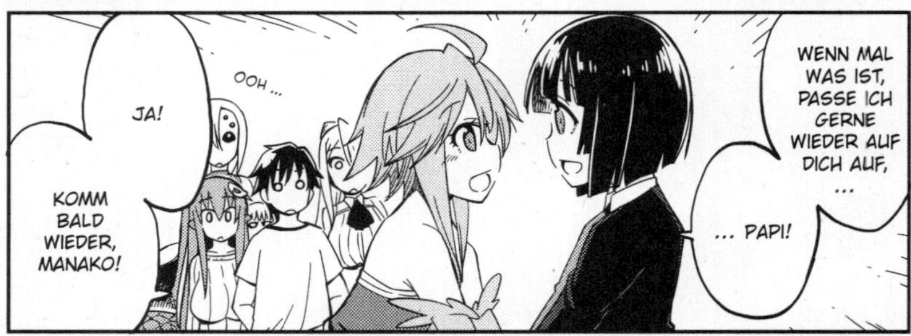
WENN MAL WAS IST, PASSE ICH GERNE WIEDER AUF DICH AUF, ...
... PAPI!
OOH ...
JA!
KOMM BALD WIEDER, MANAKO!

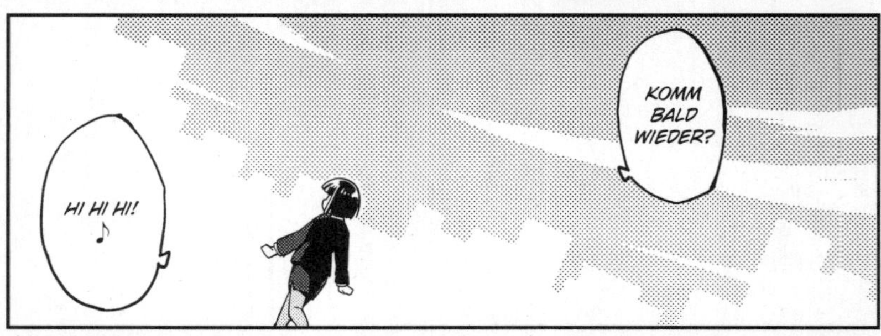
KOMM BALD WIEDER?
HI HI HI! ♪

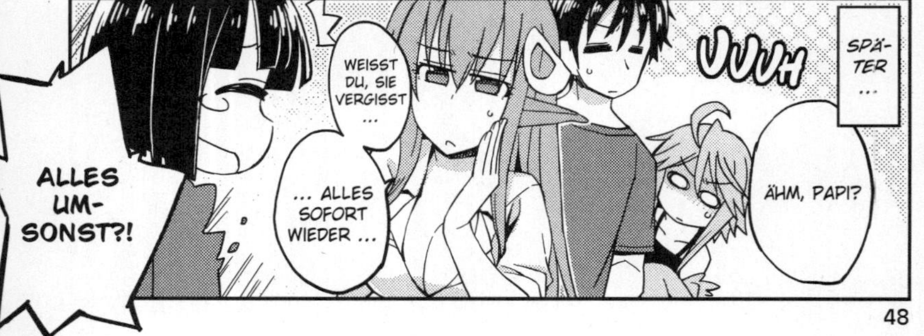
SPÄTER ...
UUUH
ÄHM, PAPI?
WEISST DU, SIE VERGISST ...
... ALLES SOFORT WIEDER ...
ALLES UMSONST?!

Die Monster Mädchen Anthologie

Schmutzig steht dir nicht

von kurokawa otogi

KIEMEN UND SEIFENSCHAUM

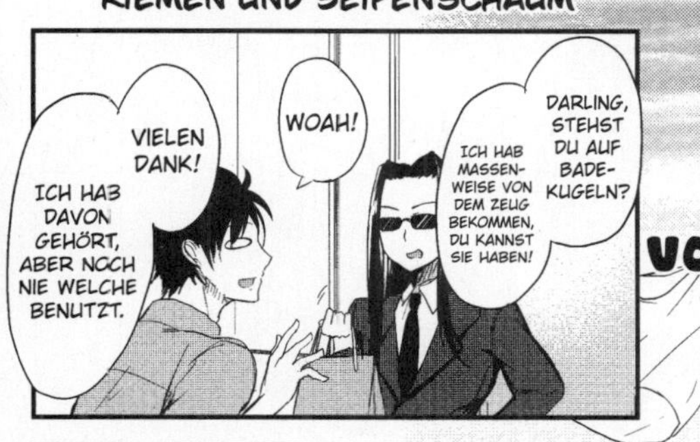
DARLING, STEHST DU AUF BADE-KUGELN?
ICH HAB MASSEN-WEISE VON DEM ZEUG BEKOMMEN, DU KANNST SIE HABEN!
WOAH!
VIELEN DANK!
ICH HAB DAVON GEHÖRT, ABER NOCH NIE WELCHE BENUTZT.

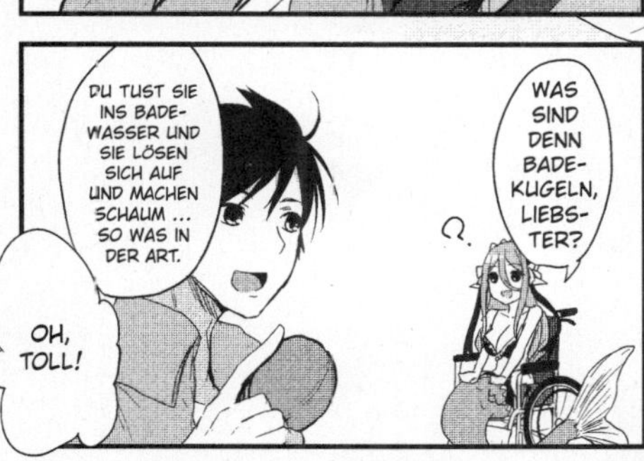
WAS SIND DENN BADE-KUGELN, LIEBS-TER?
DU TUST SIE INS BADE-WASSER UND SIE LÖSEN SICH AUF UND MACHEN SCHAUM ... SO WAS IN DER ART.
OH, TOLL!

DARF ICH GLEICH MAL EINE AUSPRO-BIEREN?

NA KLAR.

VIEL SPASS BEIM BADEN!

DAR-LING!! MELU ER-TRINKT IM BAD!

OH NEIN! VER-STOPFT DER SCHAUM ETWA IHRE KIEMEN ?!

Gratulation zur Anime-Verfilmung!

E:

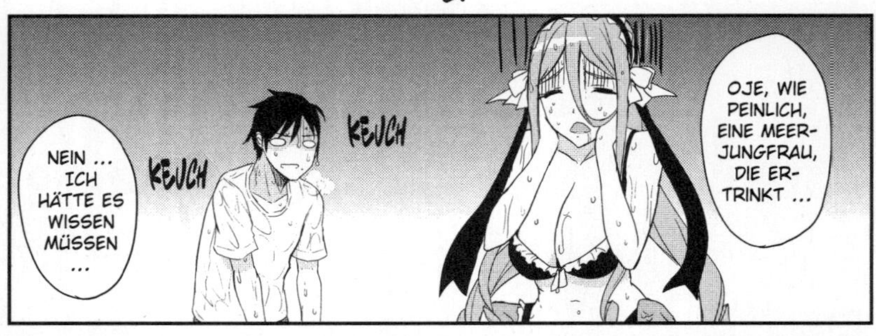
OJE, WIE PEINLICH, EINE MEER-JUNGFRAU, DIE ER-TRINKT …
KEUCH
KEUCH
NEIN … ICH HÄTTE ES WISSEN MÜSSEN …

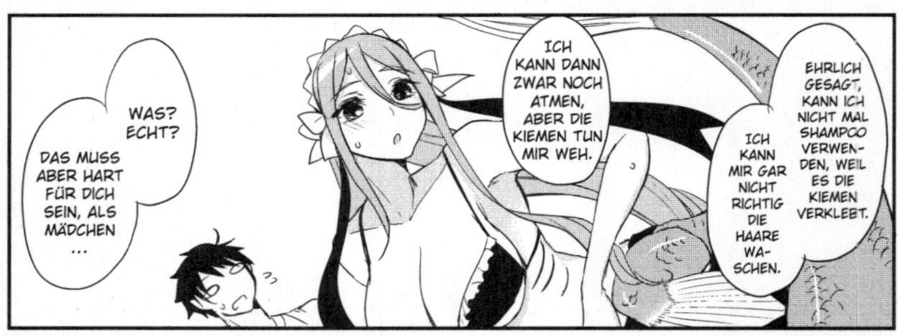
EHRLICH GESAGT, KANN ICH NICHT MAL SHAMPOO VERWEN-DEN, WEIL ES DIE KIEMEN VERKLEBT.
ICH KANN MIR GAR NICHT RICHTIG DIE HAARE WA-SCHEN.
ICH KANN DANN ZWAR NOCH ATMEN, ABER DIE KIEMEN TUN MIR WEH.
WAS? ECHT?
DAS MUSS ABER HART FÜR DICH SEIN, ALS MÄDCHEN …

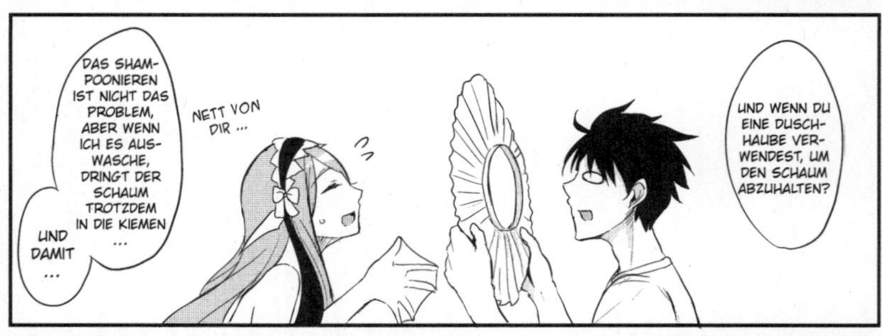
UND WENN DU EINE DUSCH-HAUBE VER-WENDEST, UM DEN SCHAUM ABZUHALTEN?
NETT VON DIR …
DAS SHAM-POONIEREN IST NICHT DAS PROBLEM, ABER WENN ICH ES AUS-WASCHE, DRINGT DER SCHAUM TROTZDEM IN DIE KIEMEN …
UND DAMIT …

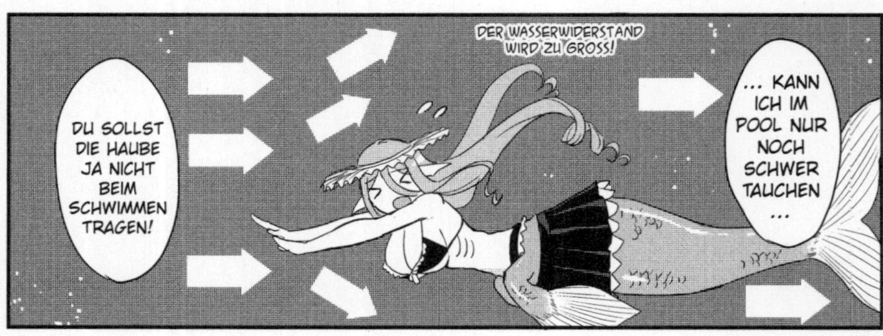
… KANN ICH IM POOL NUR NOCH SCHWER TAUCHEN …
DER WASSERWIDERSTAND WIRD ZU GROSS!
DU SOLLST DIE HAUBE JA NICHT BEIM SCHWIMMEN TRAGEN!

SPEED X ROTATION

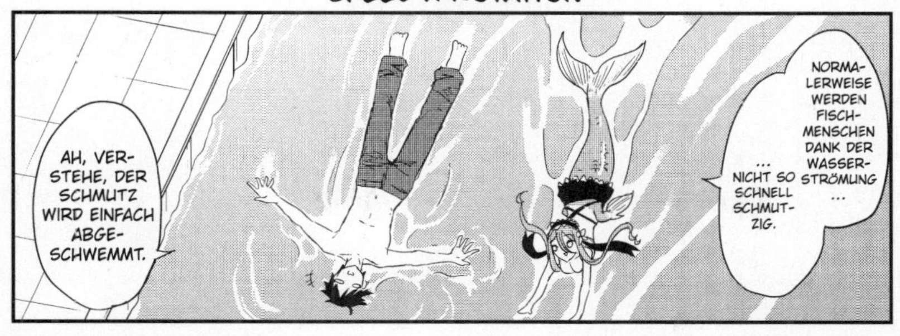
NORMALERWEISE WERDEN FISCHMENSCHEN DANK DER WASSERSTRÖMUNG …
… NICHT SO SCHNELL SCHMUTZIG.
AH, VERSTEHE, DER SCHMUTZ WIRD EINFACH ABGESCHWEMMT.

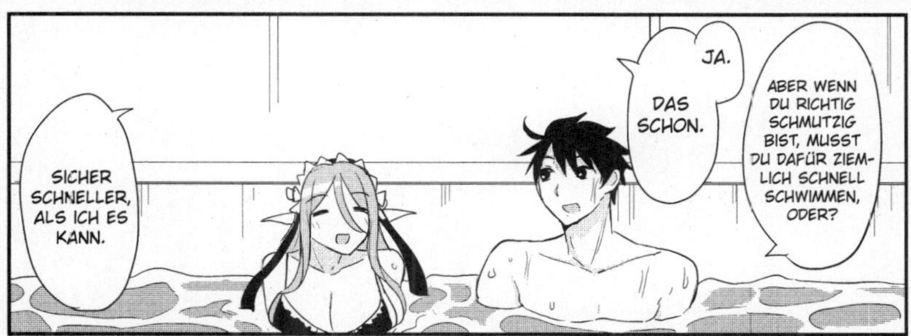
ABER WENN DU RICHTIG SCHMUTZIG BIST, MUSST DU DAFÜR ZIEMLICH SCHNELL SCHWIMMEN, ODER?
JA. DAS SCHON.
SICHER SCHNELLER, ALS ICH ES KANN.

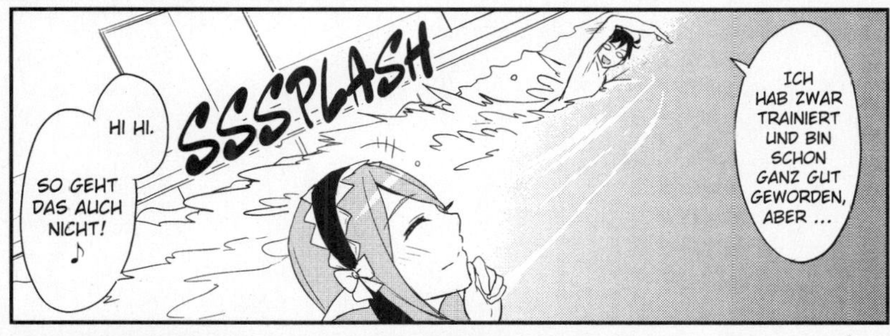
ICH HAB ZWAR TRAINIERT UND BIN SCHON GANZ GUT GEWORDEN, ABER …
SSSPLASH
HI HI. SO GEHT DAS AUCH NICHT! ♪

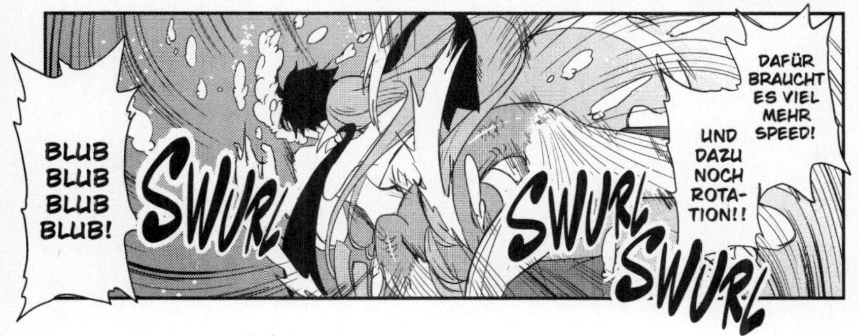
DAFÜR BRAUCHT ES VIEL MEHR SPEED!
UND DAZU NOCH ROTATION!!
SWURL
SWURL
SWURL
BLUB BLUB BLUB BLUB!

ERSATZPRODUKT

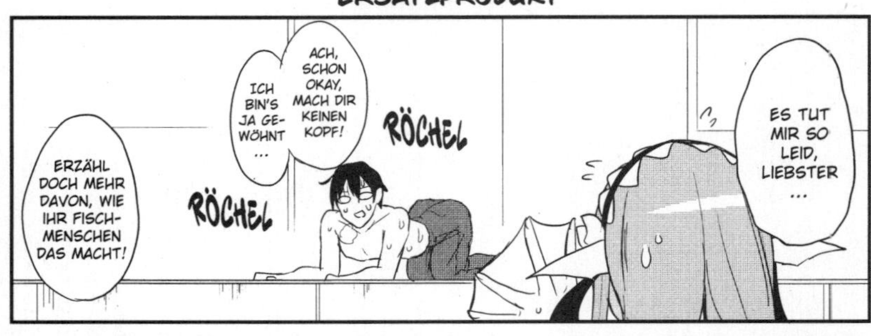

ES TUT MIR SO LEID, LIEBSTER …
RÖCHEL
ACH, SCHON OKAY, MACH DIR KEINEN KOPF!
ICH BIN'S JA GEWÖHNT …
RÖCHEL
ERZÄHL DOCH MEHR DAVON, WIE IHR FISCHMENSCHEN DAS MACHT!

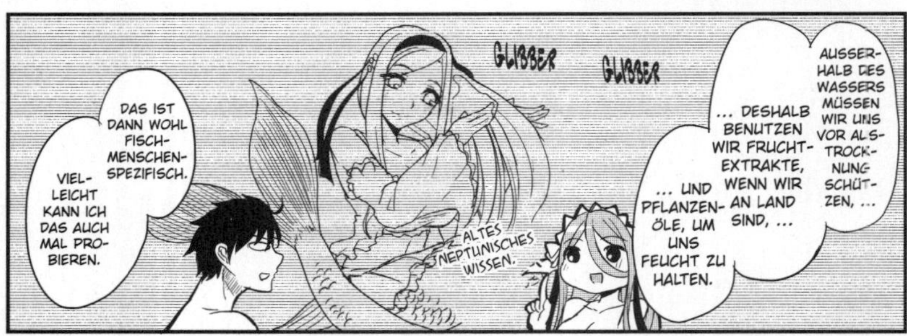

AUSSERHALB DES WASSERS MÜSSEN WIR UNS VOR AUSTROCKNUNG SCHÜTZEN, …
… DESHALB BENUTZEN WIR FRUCHTEXTRAKTE, WENN WIR AN LAND SIND, …
… UND PFLANZENÖLE, UM UNS FEUCHT ZU HALTEN.
GLIBBER
GLIBBER
ALTES NEPTUNISCHES WISSEN.
DAS IST DANN WOHL FISCHMENSCHENSPEZIFISCH.
VIELLEICHT KANN ICH DAS AUCH MAL PROBIEREN.

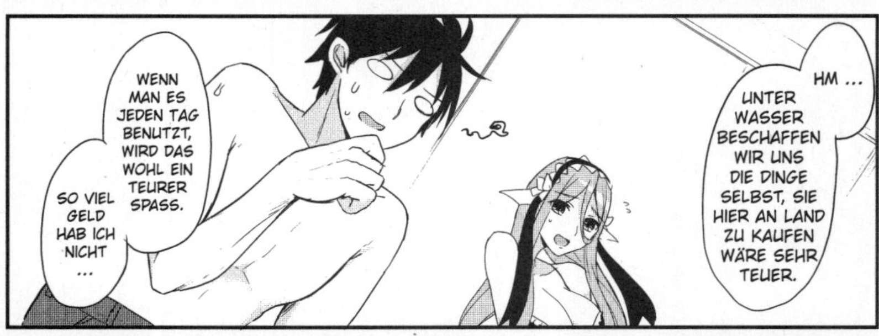

HM …
UNTER WASSER BESCHAFFEN WIR UNS DIE DINGE SELBST, SIE HIER AN LAND ZU KAUFEN WÄRE SEHR TEUER.
WENN MAN ES JEDEN TAG BENUTZT, WIRD DAS WOHL EIN TEURER SPASS.
SO VIEL GELD HAB ICH NICHT …

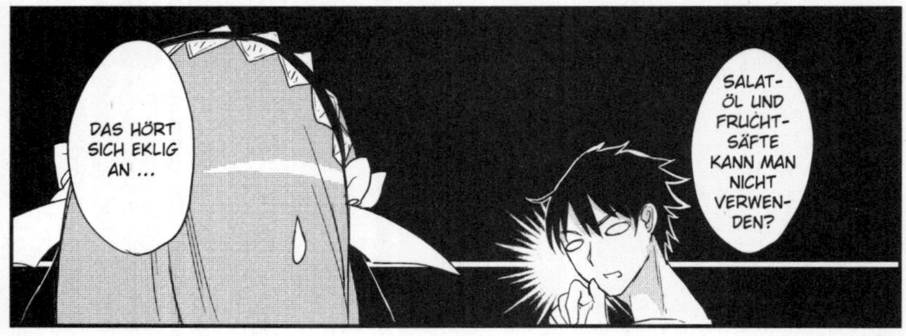

SALATÖL UND FRUCHTSÄFTE KANN MAN NICHT VERWENDEN?
DAS HÖRT SICH EKLIG AN …

EINGELEGT IN SEETANG

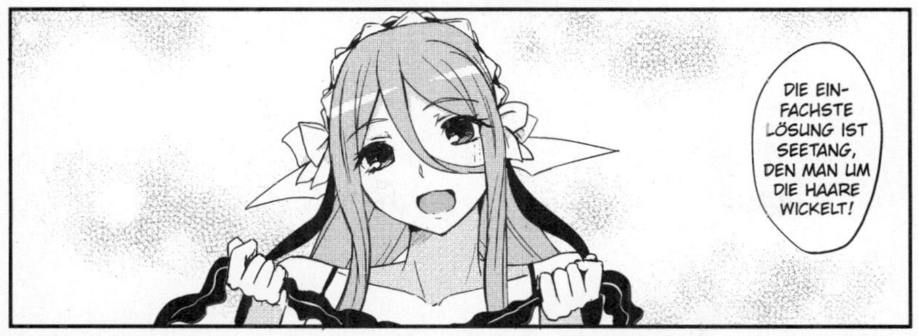
DIE EIN-
FACHSTE
LÖSUNG IST
SEETANG,
DEN MAN UM
DIE HAARE
WICKELT!

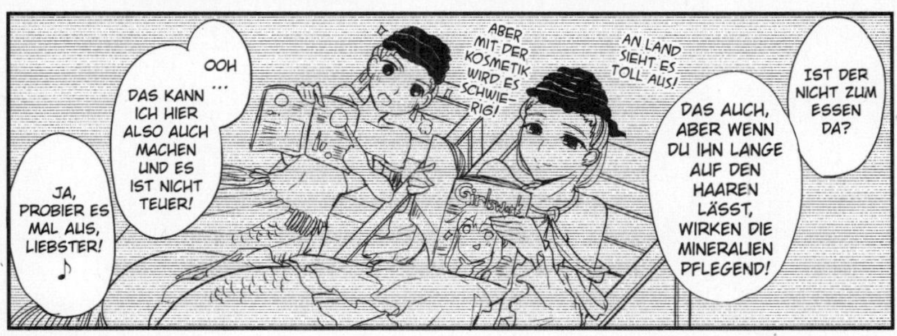
IST DER
NICHT ZUM
ESSEN
DA?
DAS AUCH,
ABER WENN
DU IHN LANGE
AUF DEN
HAAREN
LÄSST,
WIRKEN DIE
MINERALIEN
PFLEGEND!
AN LAND
SIEHT ES
TOLL AUS!
ABER
MIT DER
KOSMETIK
WIRD ES
SCHWIE-
RIG!
OOH
...
DAS KANN
ICH HIER
ALSO AUCH
MACHEN
UND ES
IST NICHT
TEUER!
JA,
PROBIER ES
MAL AUS,
LIEBSTER!
♪

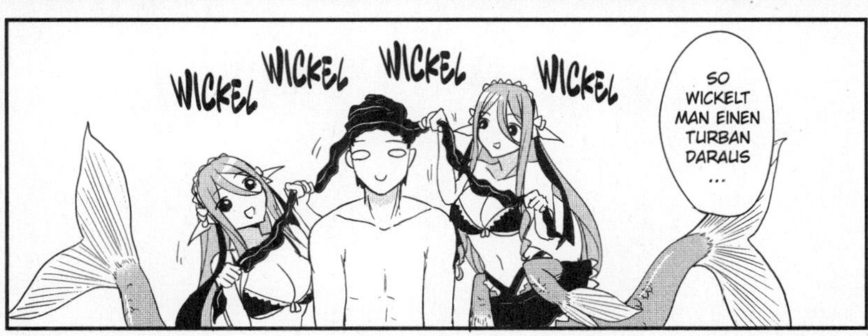
SO
WICKELT
MAN EINEN
TURBAN
DARAUS
...
WICKEL
WICKEL
WICKEL
WICKEL

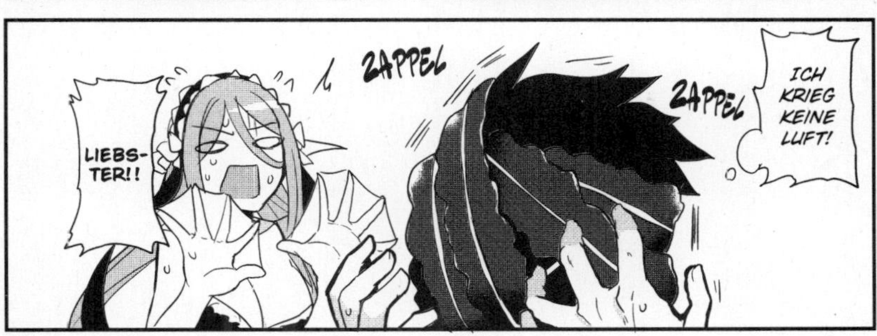
ICH
KRIEG
KEINE
LUFT!
ZAPPEL
ZAPPEL
LIEBS-
TER!!

NUR ALS BEILAGE

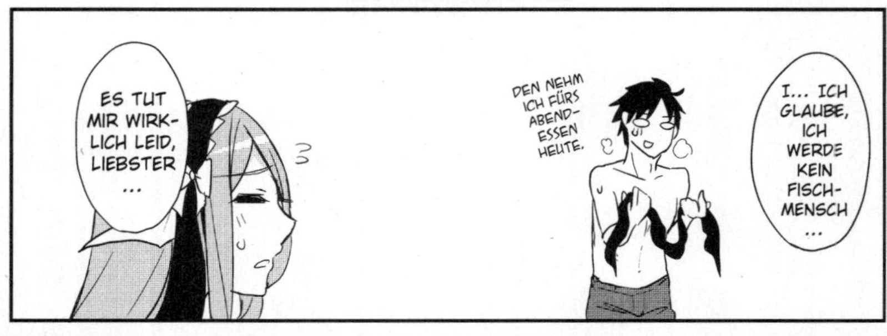

I... ICH GLAUBE, ICH WERDE KEIN FISCHMENSCH ...
DEN NEHM ICH FÜRS ABENDESSEN HEUTE.
ES TUT MIR WIRKLICH LEID, LIEBSTER ...

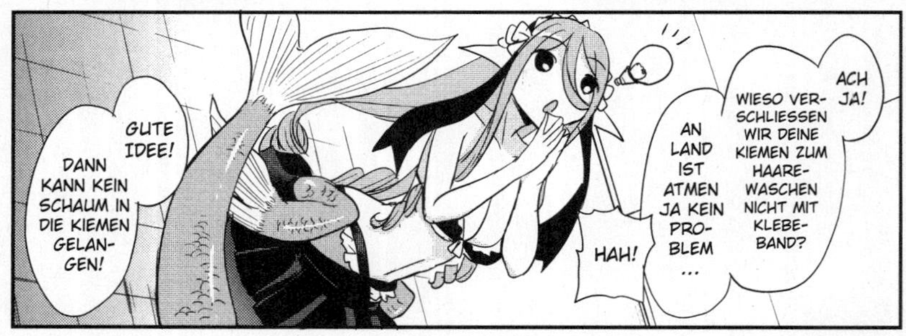

ACH JA!
WIESO VERSCHLIESSEN WIR DEINE KIEMEN ZUM HAAREWASCHEN NICHT MIT KLEBEBAND?
AN LAND IST ATMEN JA KEIN PROBLEM ...
HAH!
GUTE IDEE!
DANN KANN KEIN SCHAUM IN DIE KIEMEN GELANGEN!

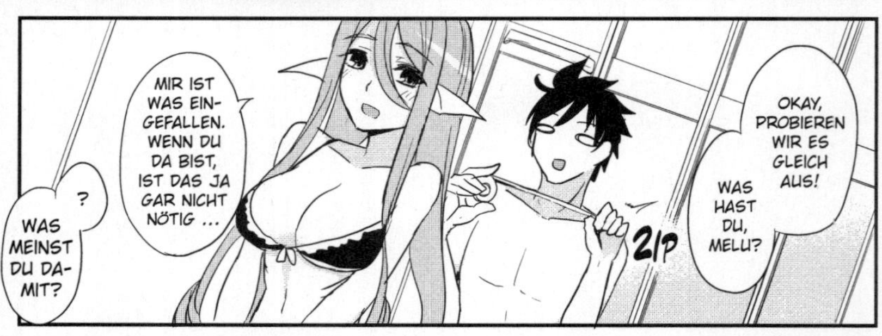

OKAY, PROBIEREN WIR ES GLEICH AUS!
WAS HAST DU, MELU?
ZIP
MIR IST WAS EINGEFALLEN. WENN DU DA BIST, IST DAS JA GAR NICHT NÖTIG ...
?
WAS MEINST DU DAMIT?

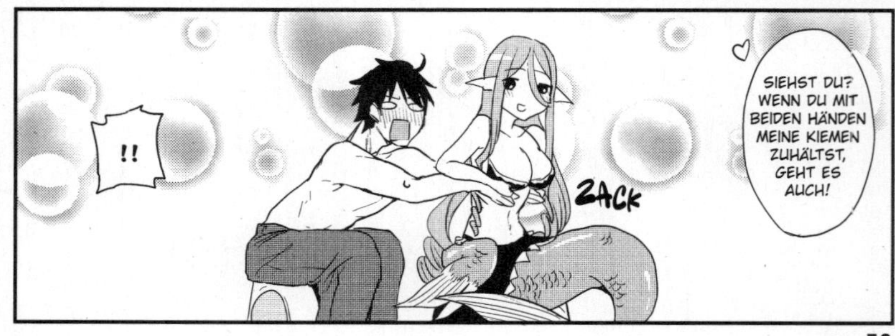

SIEHST DU? WENN DU MIT BEIDEN HÄNDEN MEINE KIEMEN ZUHÄLTST, GEHT ES AUCH!
ZACK
!!

GRAPSCHEN BEIM DUSCHEN

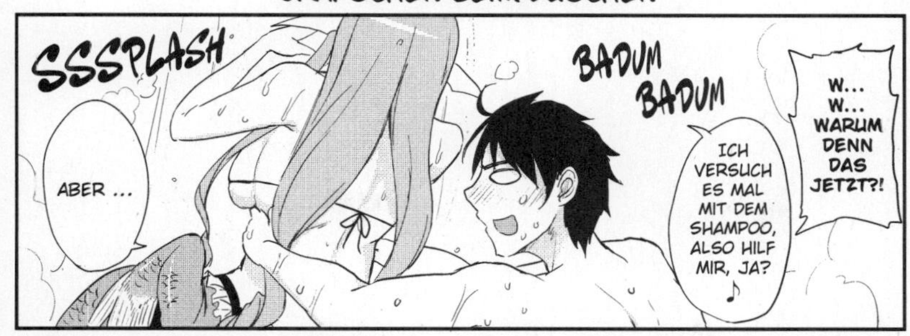
W... W... WARUM DENN DAS JETZT?!
BADUM BADUM
ICH VERSUCH ES MAL MIT DEM SHAMPOO, ALSO HILF MIR, JA? ♪
SSSPLASH
ABER ...

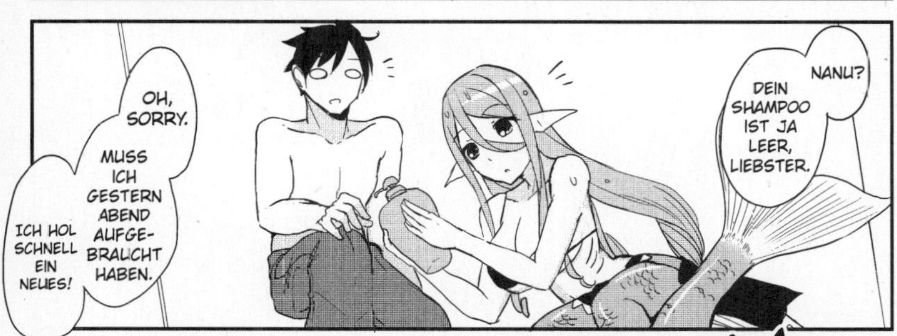
NANU? DEIN SHAMPOO IST JA LEER, LIEBSTER.
OH, SORRY.
MUSS ICH GESTERN ABEND AUFGE-BRAUCHT HABEN.
ICH HOL SCHNELL EIN NEUES!

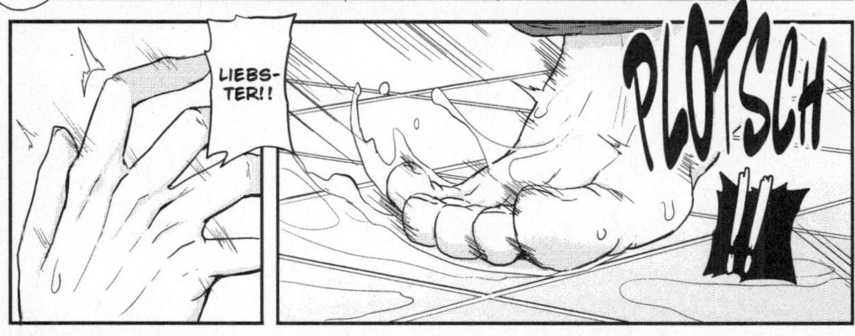
PLOTSCH !!
LIEBS-TER!!

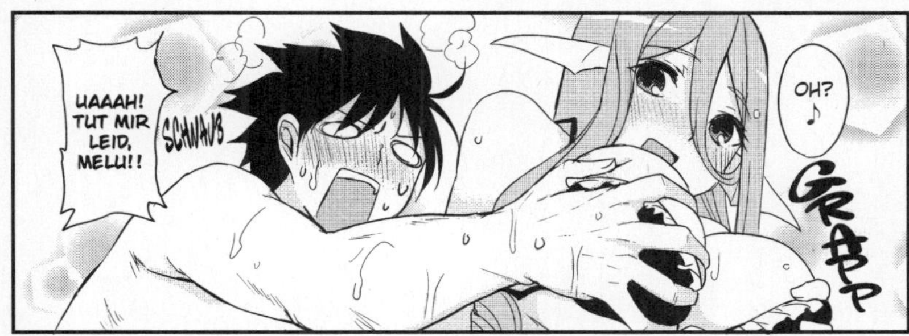
OH? ♪
GRAPP
SCHWUB
UAAAH! TUT MIR LEID, MELU!!

EIN STÜCK STOFF

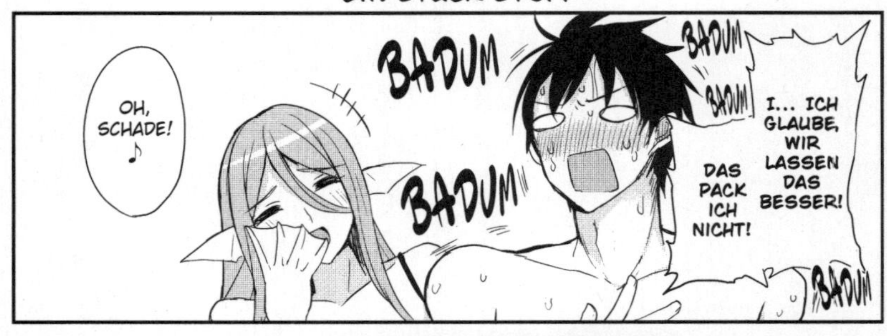
OH, SCHADE! ♪
BADUM
BADUM
BADUM
BADUM
DAS PACK ICH NICHT!
I... ICH GLAUBE, WIR LASSEN DAS BESSER!
BADUM

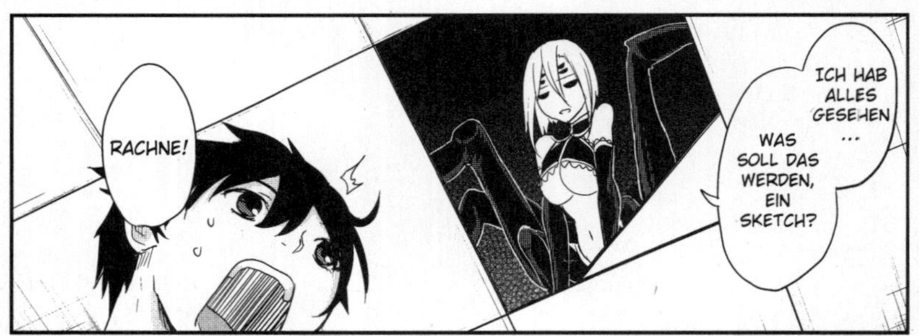
RACHNE!
ICH HAB ALLES GESEHEN ...
WAS SOLL DAS WERDEN, EIN SKETCH?

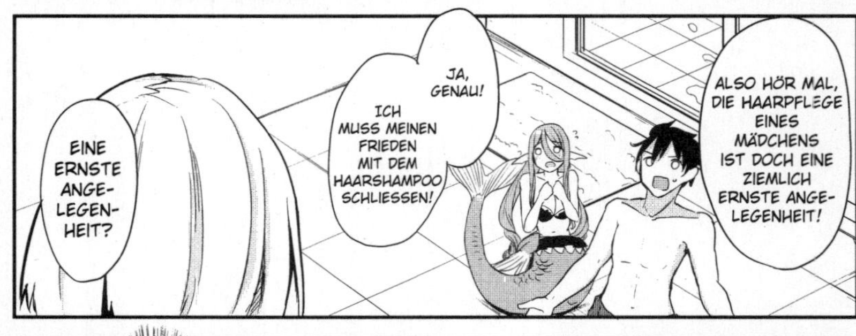
EINE ERNSTE ANGE-LEGEN-HEIT?
JA, GENAU!
ICH MUSS MEINEN FRIEDEN MIT DEM HAARSHAMPOO SCHLIESSEN!
ALSO HÖR MAL, DIE HAARPFLEGE EINES MÄDCHENS IST DOCH EINE ZIEMLICH ERNSTE ANGE-LEGENHEIT!

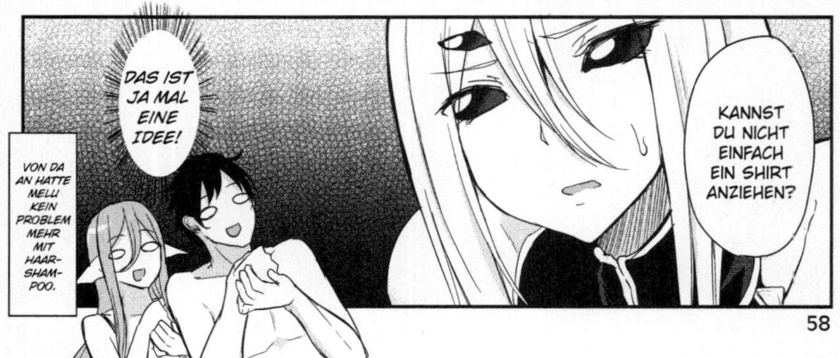
KANNST DU NICHT EINFACH EIN SHIRT ANZIEHEN?
DAS IST JA MAL EINE IDEE!
VON DA AN HATTE MELU KEIN PROBLEM MEHR MIT HAAR-SHAM-POO.

Die Monster Mädchen Anthologie

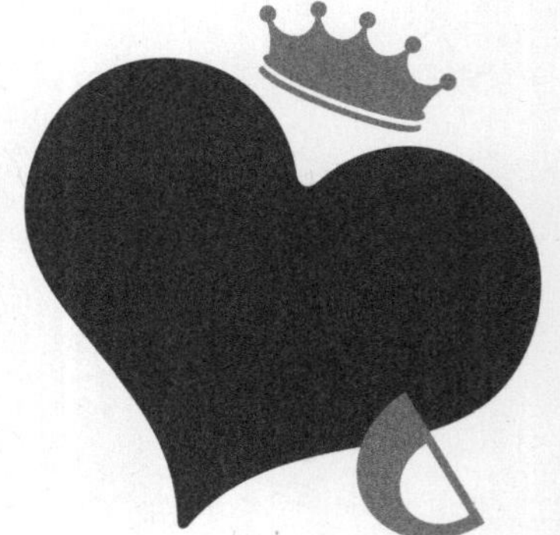

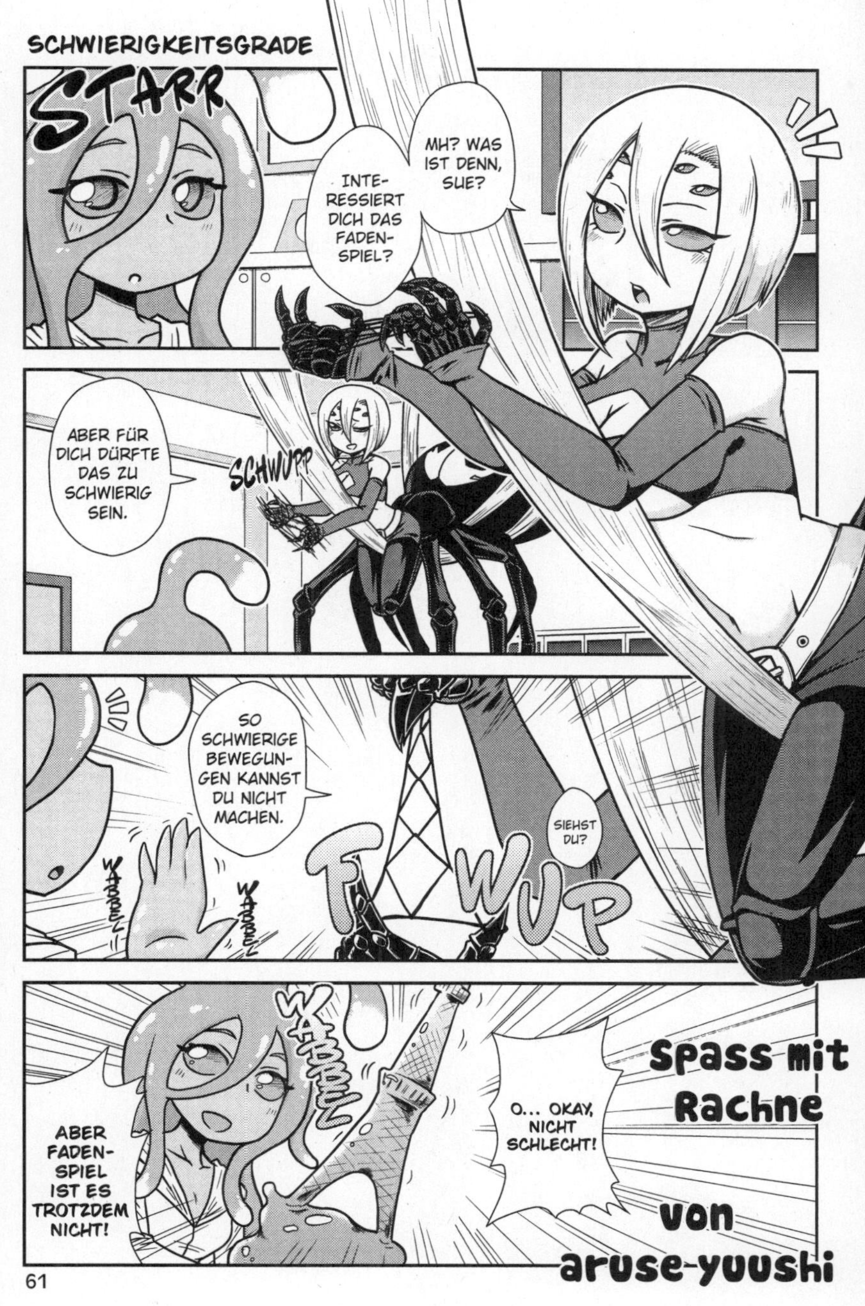
SCHWIERIGKEITSGRADE
STARR
MH? WAS IST DENN, SUE?
INTERESSIERT DICH DAS FADENSPIEL?
ABER FÜR DICH DÜRFTE DAS ZU SCHWIERIG SEIN.
SCHWUPP
SO SCHWIERIGE BEWEGUNGEN KANNST DU NICHT MACHEN.
SIEHST DU?
FWUP
O... OKAY, NICHT SCHLECHT!
ABER FADENSPIEL IST ES TROTZDEM NICHT!
Spass mit Rachne
von aruse-yuushi

ÄHNLICHE SPIELE

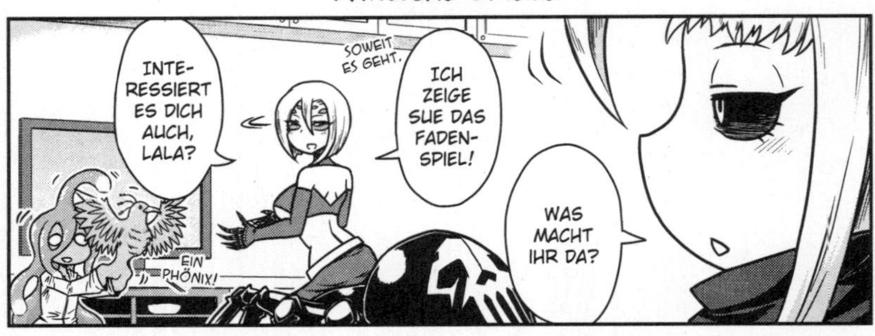
WAS MACHT IHR DA?
ICH ZEIGE SUE DAS FADEN-SPIEL!
SOWEIT ES GEHT.
INTE-RESSIERT ES DICH AUCH, LALA?
EIN PHÖNIX!

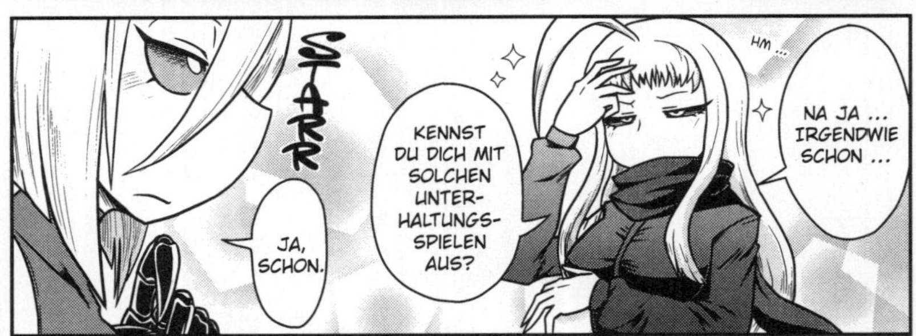
HM ...
NA JA ... IRGENDWIE SCHON ...
KENNST DU DICH MIT SOLCHEN UNTER-HALTUNGS-SPIELEN AUS?
JA, SCHON.
STARR

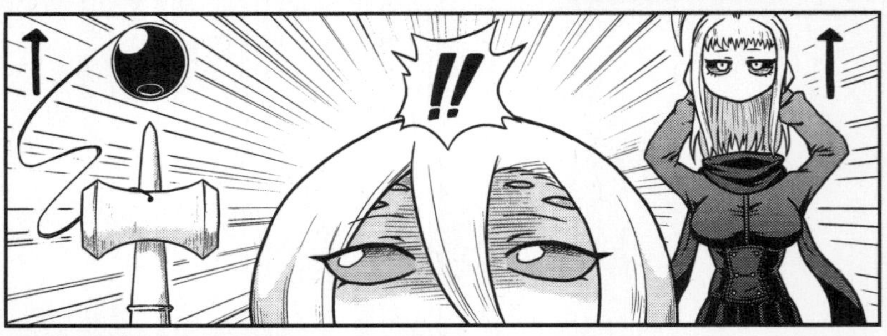
!!

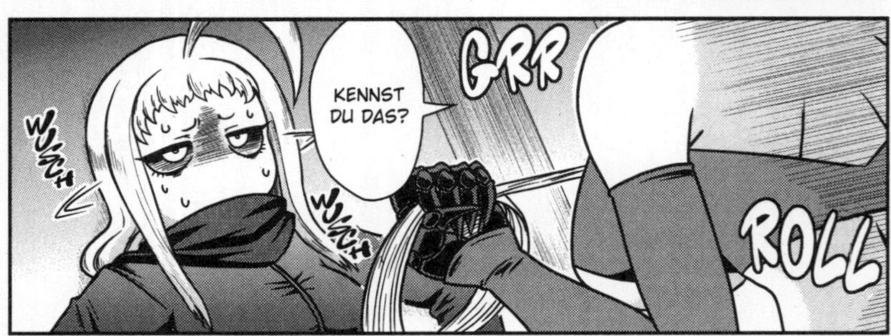
GRR
ROLL
KENNST DU DAS?
WUSCH
WUSCH

ERINNERUNGEN

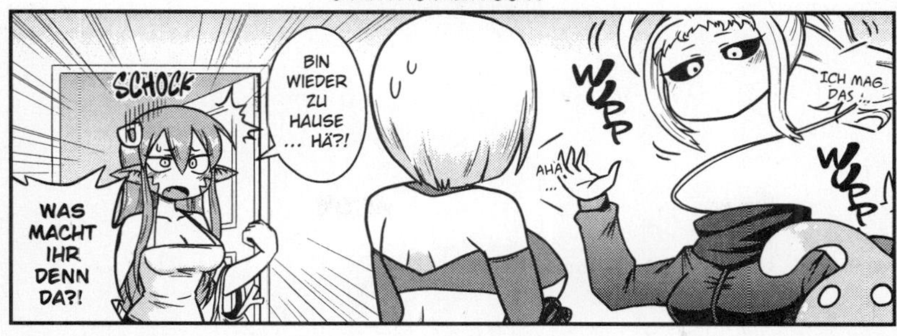
SCHOCK
BIN WIEDER ZU HAUSE … HÄ?!
WUPP
ICH MAG DAS …
AHA …
WUPP
WAS MACHT IHR DENN DA?!

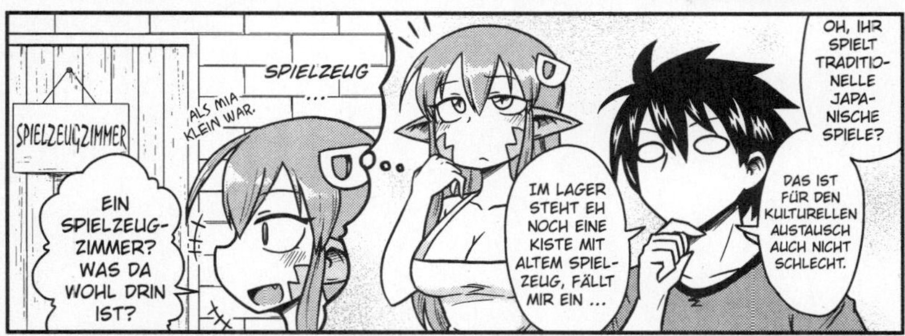
OH, IHR SPIELT TRADITIONELLE JAPANISCHE SPIELE?
DAS IST FÜR DEN KULTURELLEN AUSTAUSCH AUCH NICHT SCHLECHT.
SPIELZEUG …
ALS MIA KLEIN WAR.
IM LAGER STEHT EH NOCH EINE KISTE MIT ALTEM SPIELZEUG, FÄLLT MIR EIN …
SPIELZEUGZIMMER
EIN SPIELZEUGZIMMER? WAS DA WOHL DRIN IST?

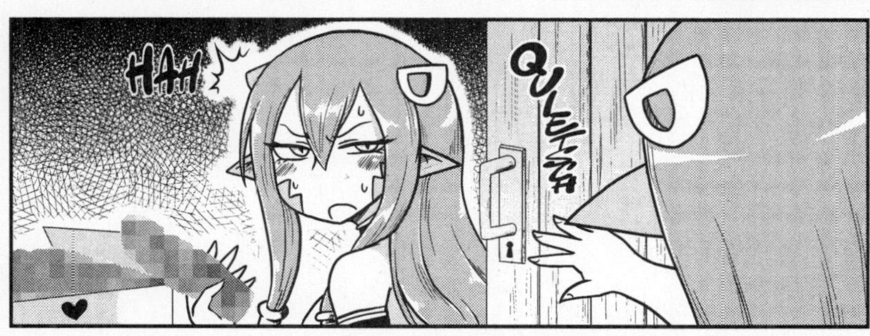
QUIETSCH
HAH

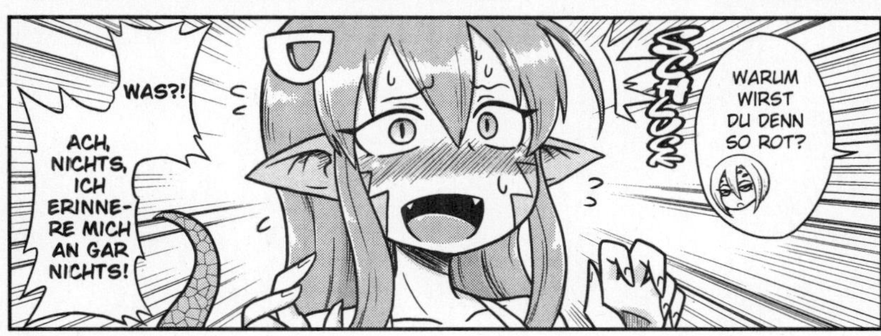
SCHLUCK
WARUM WIRST DU DENN SO ROT?
WAS?!
ACH, NICHTS, ICH ERINNERE MICH AN GAR NICHTS!

GESCHAFFT

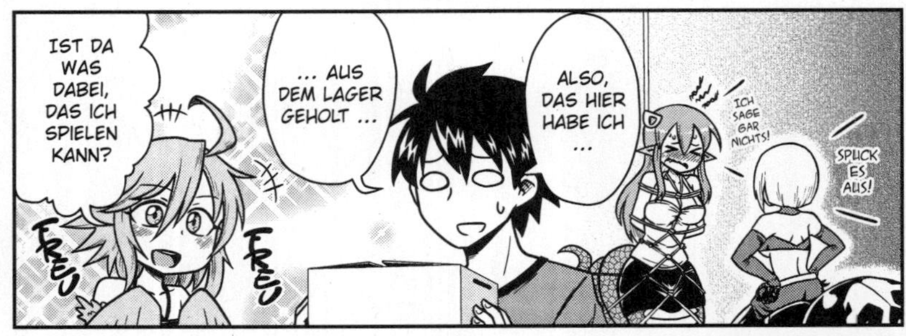

SPUCK ES AUS!
ICH SAGE GAR NICHTS!
ALSO, DAS HIER HABE ICH …
… AUS DEM LAGER GEHOLT …
IST DA WAS DABEI, DAS ICH SPIELEN KANN?
FREU
FREU

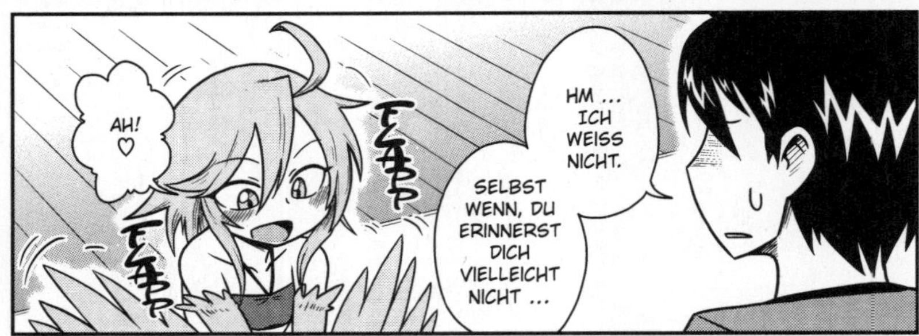

HM … ICH WEISS NICHT.
SELBST WENN, DU ERINNERST DICH VIELLEICHT NICHT …
FLAPP
FLAPP
AH! ♡

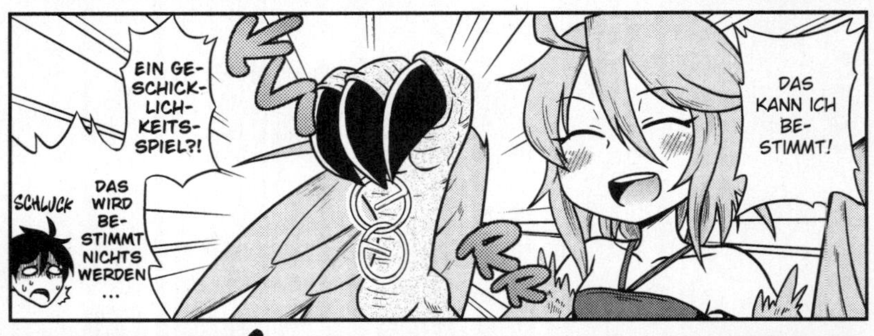

DAS KANN ICH BE-STIMMT!
EIN GE-SCHICK-LICH-KEITS-SPIEL?!
DAS WIRD BE-STIMMT NICHTS WERDEN …
SCHLUCK

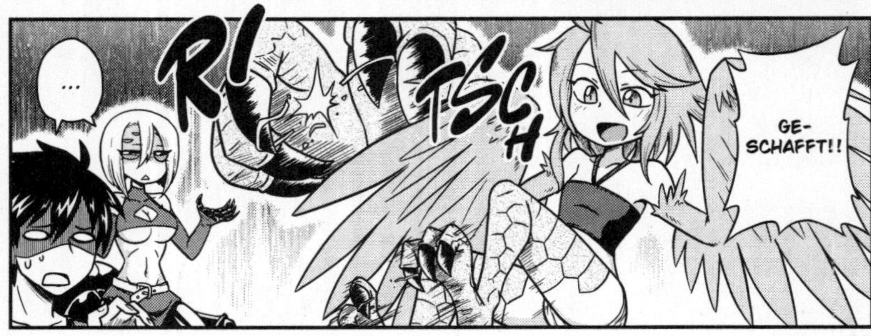

GE-SCHAFFT!!
RITSCH
…

UNTERRICHT

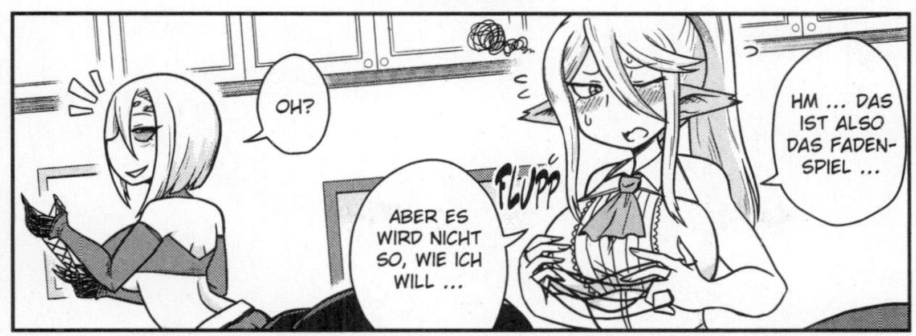
HM ... DAS IST ALSO DAS FADEN-SPIEL ...
FLUPP
ABER ES WIRD NICHT SO, WIE ICH WILL ...
OH?

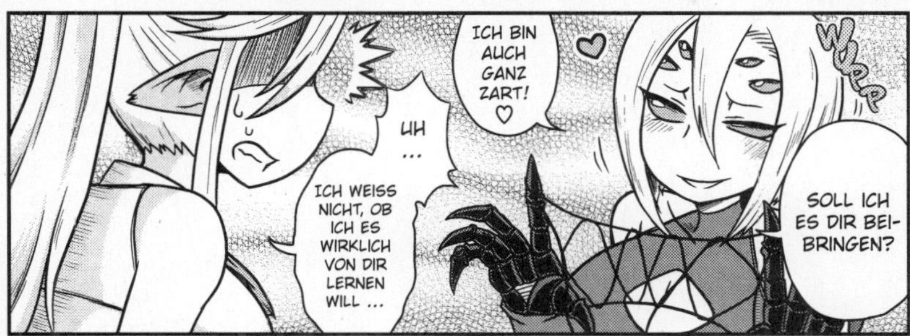
SOLL ICH ES DIR BEI-BRINGEN?
ICH BIN AUCH GANZ ZART! ♡
UH ...
ICH WEISS NICHT, OB ICH ES WIRKLICH VON DIR LERNEN WILL ...

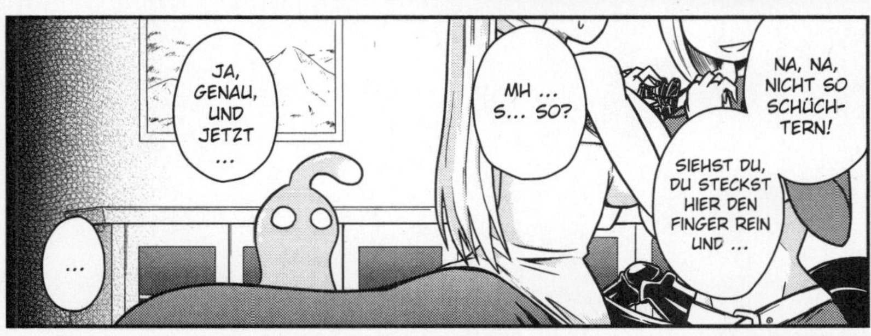
NA, NA, NICHT SO SCHÜCH-TERN!
SIEHST DU, DU STECKST HIER DEN FINGER REIN UND ...
MH ... S... SO?
JA, GENAU, UND JETZT ...
...

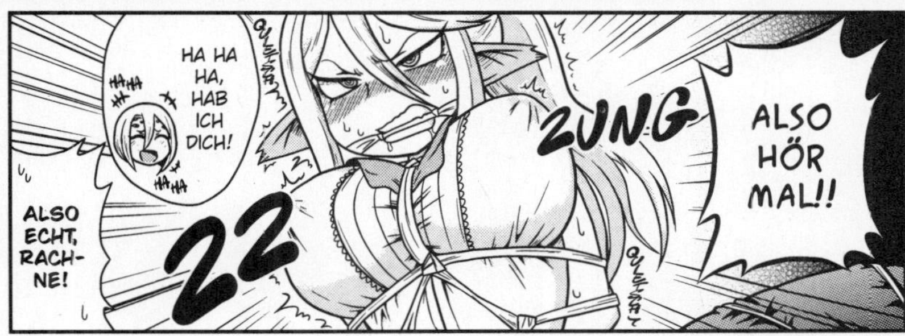
ALSO HÖR MAL!!
ZUNG
HA HA HA, HAB ICH DICH!
HA HA
HA HA
ALSO ECHT, RACH-NE!
ZZ

ES LIEGT IN IHRER NATUR

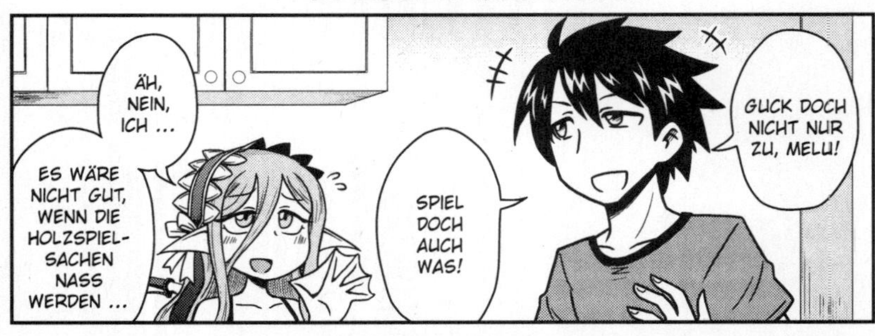
GUCK DOCH NICHT NUR ZU, MELU!
SPIEL DOCH AUCH WAS!
ÄH, NEIN, ICH …
ES WÄRE NICHT GUT, WENN DIE HOLZSPIEL-SACHEN NASS WERDEN …

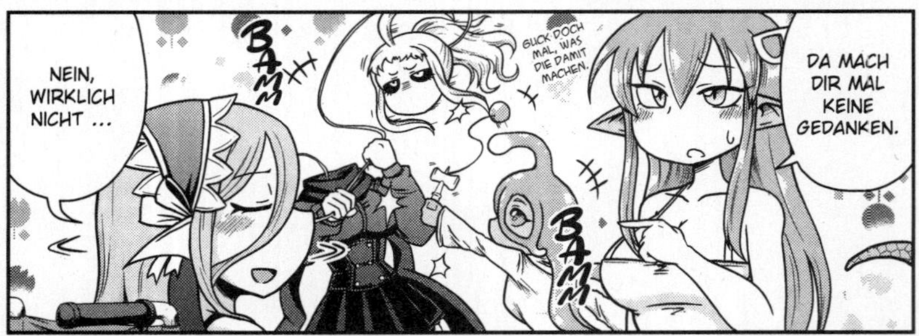
DA MACH DIR MAL KEINE GEDANKEN.
GUCK DOCH MAL, WAS DIE DAMIT MACHEN.
BAMM
BAMM
NEIN, WIRKLICH NICHT …

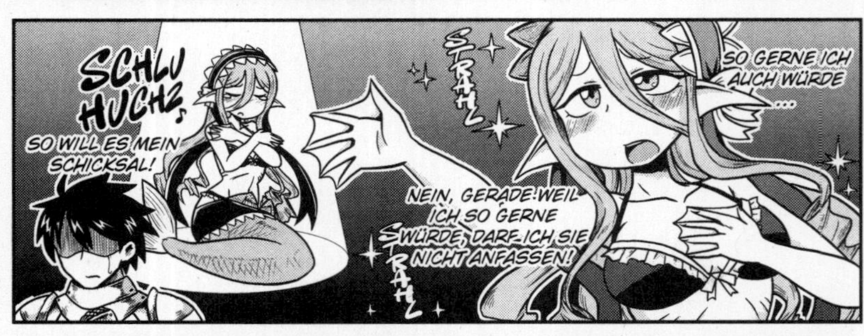
SO GERNE ICH AUCH WÜRDE …
STRAHL
NEIN, GERADE WEIL ICH SO GERNE WÜRDE, DARF ICH SIE NICHT ANFASSEN!
STRAHL
SCHLUHUCHZ
SO WILL ES MEIN SCHICKSAL!

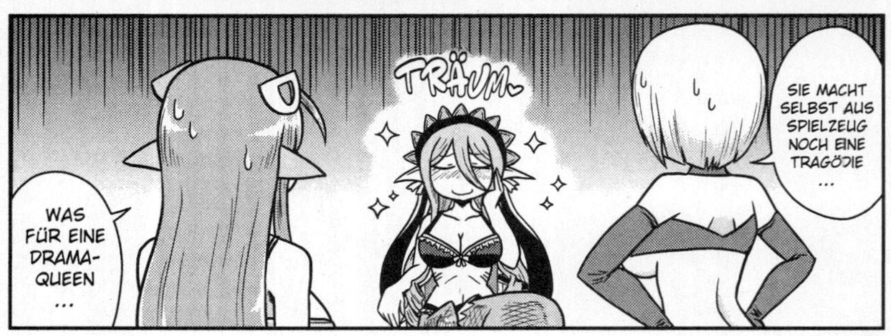
SIE MACHT SELBST AUS SPIELZEUG NOCH EINE TRAGÖDIE …
TRÄUM
WAS FÜR EINE DRAMA-QUEEN …

INS SPIEL VERSUNKEN

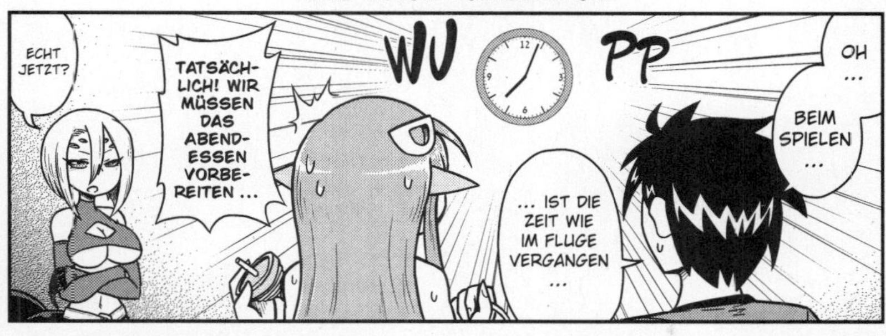
OH ... BEIM SPIELEN ...
... IST DIE ZEIT WIE IM FLUGE VERGANGEN ...
WUPP
TATSÄCHLICH! WIR MÜSSEN DAS ABENDESSEN VORBEREITEN ...
ECHT JETZT?

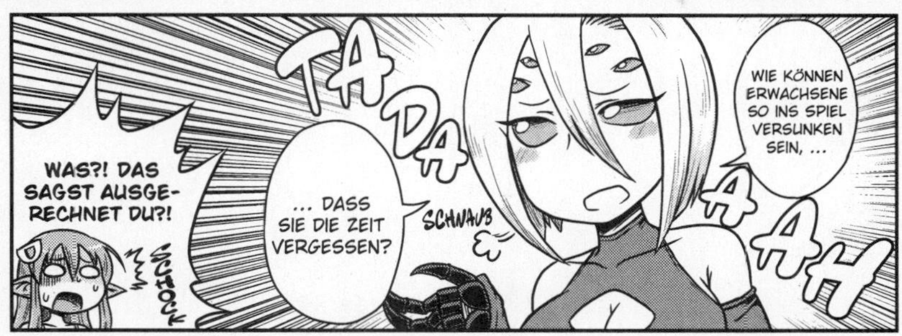
WIE KÖNNEN ERWACHSENE SO INS SPIEL VERSUNKEN SEIN, ...
TADAAAH
... DASS SIE DIE ZEIT VERGESSEN?
SCHNAUB
WAS?! DAS SAGST AUSGERECHNET DU?!
SCHOCK

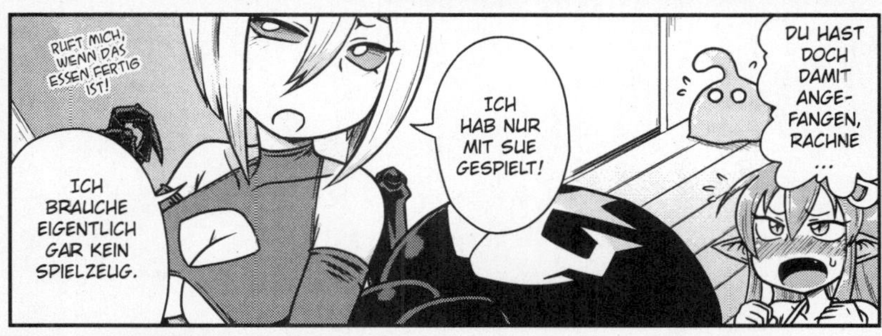
DU HAST DOCH DAMIT ANGEFANGEN, RACHNE ...
ICH HAB NUR MIT SUE GESPIELT!
ICH BRAUCHE EIGENTLICH GAR KEIN SPIELZEUG.
RUFT MICH, WENN DAS ESSEN FERTIG IST!

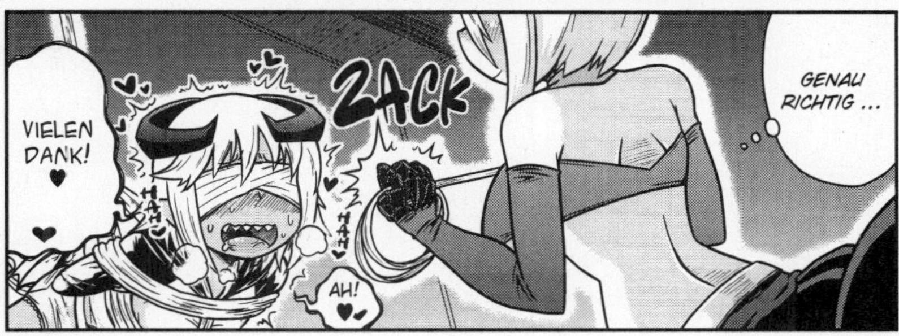
GENAU RICHTIG ...
ZACK
VIELEN DANK!
AH!

AM SELBEN ABEND

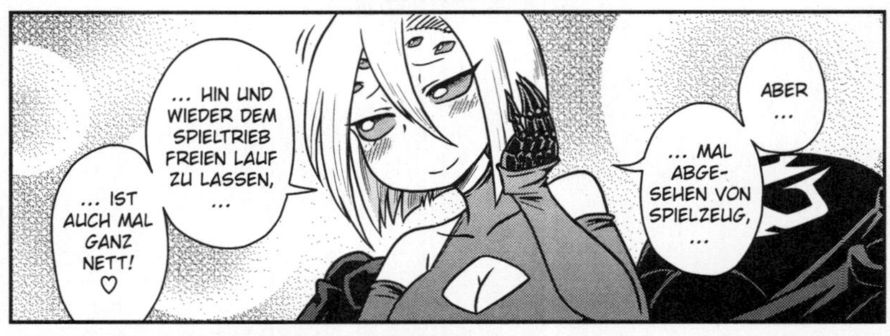
ABER …
… MAL ABGESEHEN VON SPIELZEUG, …
… HIN UND WIEDER DEM SPIELTRIEB FREIEN LAUF ZU LASSEN, …
… IST AUCH MAL GANZ NETT! ♡

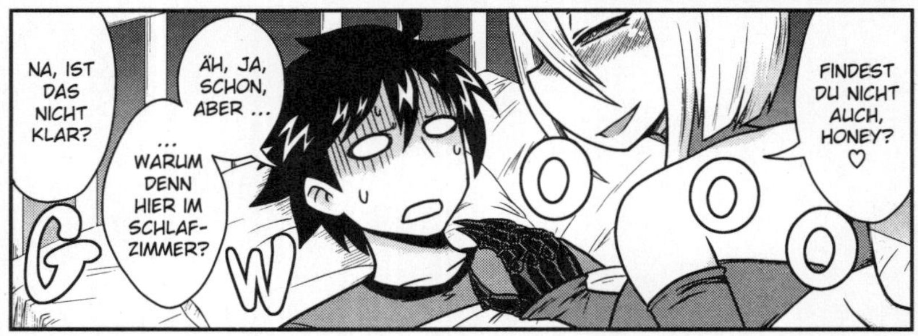
FINDEST DU NICHT AUCH, HONEY? ♡
ÄH, JA, SCHON, ABER …
… WARUM DENN HIER IM SCHLAFZIMMER?
NA, IST DAS NICHT KLAR?

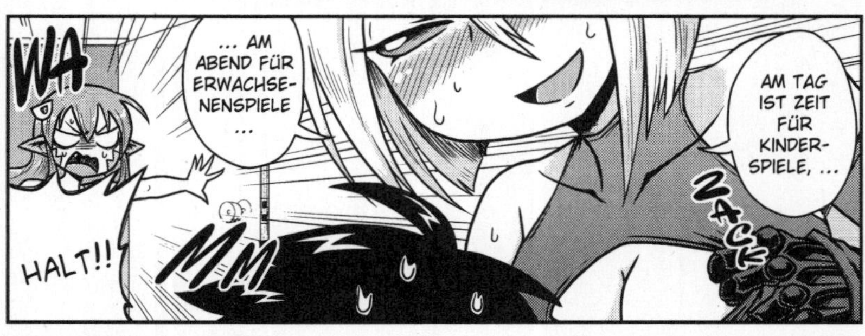
AM TAG IST ZEIT FÜR KINDERSPIELE, …
… AM ABEND FÜR ERWACHSENENSPIELE …
ZACK
WA
HALT!!

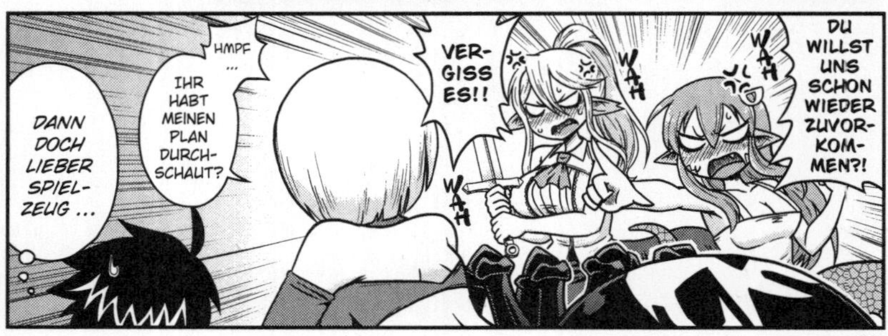
DU WILLST UNS SCHON WIEDER ZUVORKOMMEN?!
VERGISS ES!!
HMPF …
IHR HABT MEINEN PLAN DURCHSCHAUT?
DANN DOCH LIEBER SPIELZEUG …

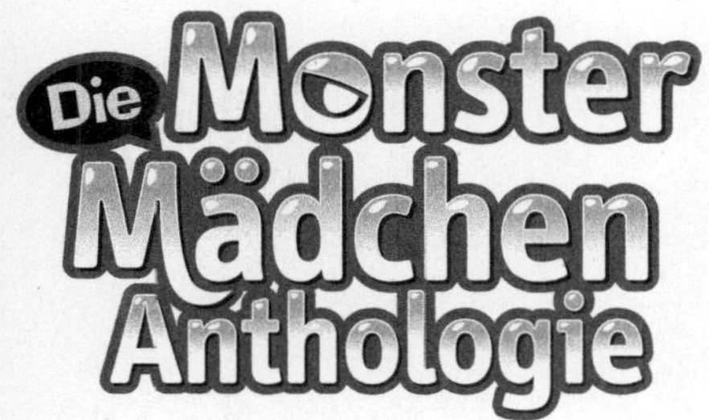
Die Monster
Mädchen
Anthologie

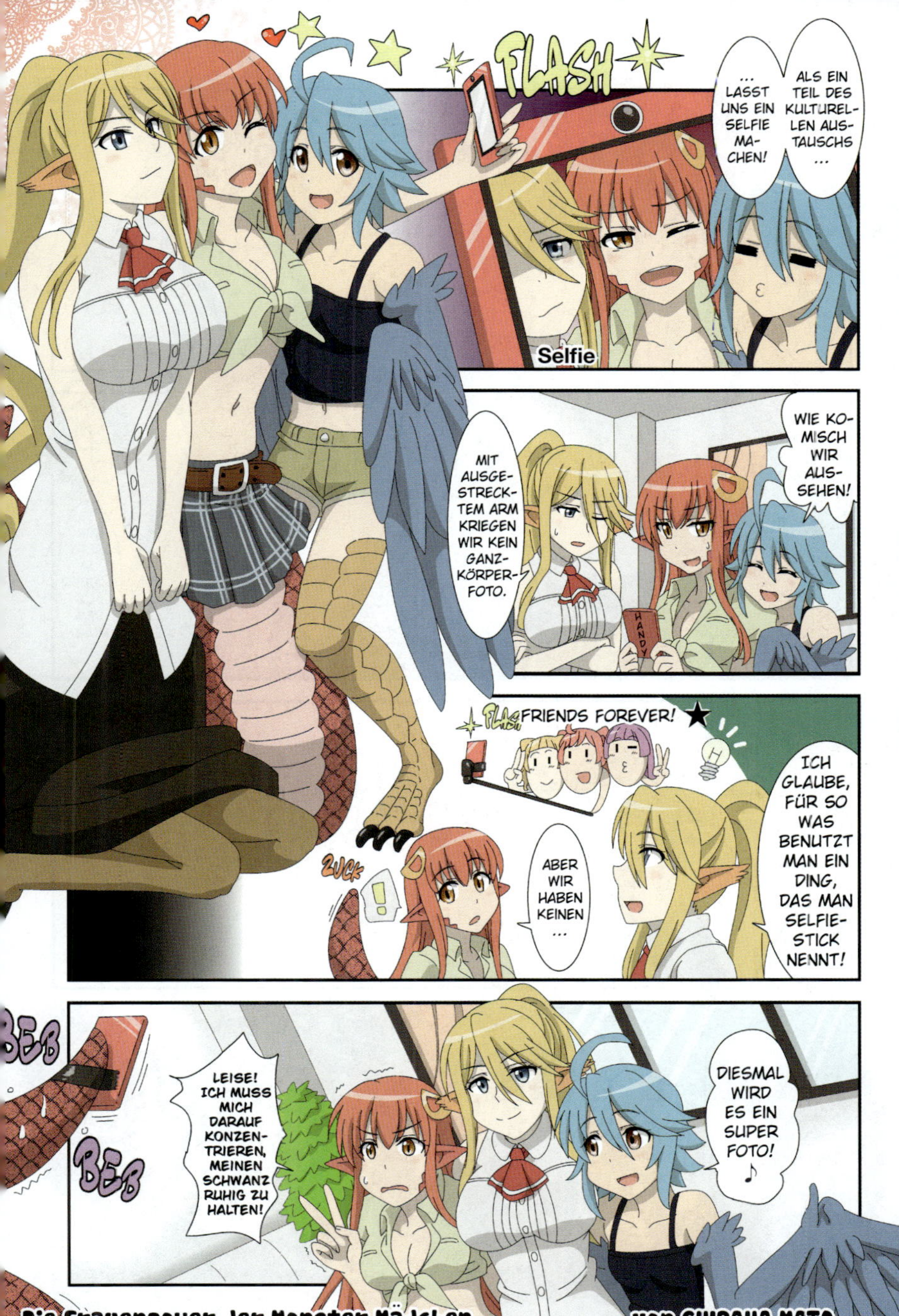
FLASH
ALS EIN TEIL DES KULTURELLEN AUSTAUSCHS …
… LASST UNS EIN SELFIE MACHEN!
Selfie
WIE KOMISCH WIR AUSSEHEN!
MIT AUSGESTRECKTEM ARM KRIEGEN WIR KEIN GANZKÖRPERFOTO.
HANDY
ICH GLAUBE, FÜR SO WAS BENUTZT MAN EIN DING, DAS MAN SELFIESTICK NENNT!
FLASH
FRIENDS FOREVER! ★
ABER WIR HABEN KEINEN …
ZUCK
!
DIESMAL WIRD ES EIN SUPER FOTO! ♪
LEISE! ICH MUSS MICH DARAUF KONZENTRIEREN, MEINEN SCHWANZ RUHIG ZU HALTEN!
BEB
BEB

Die Frauenpower der Monster Mädchen

von SHIRAHA MATO

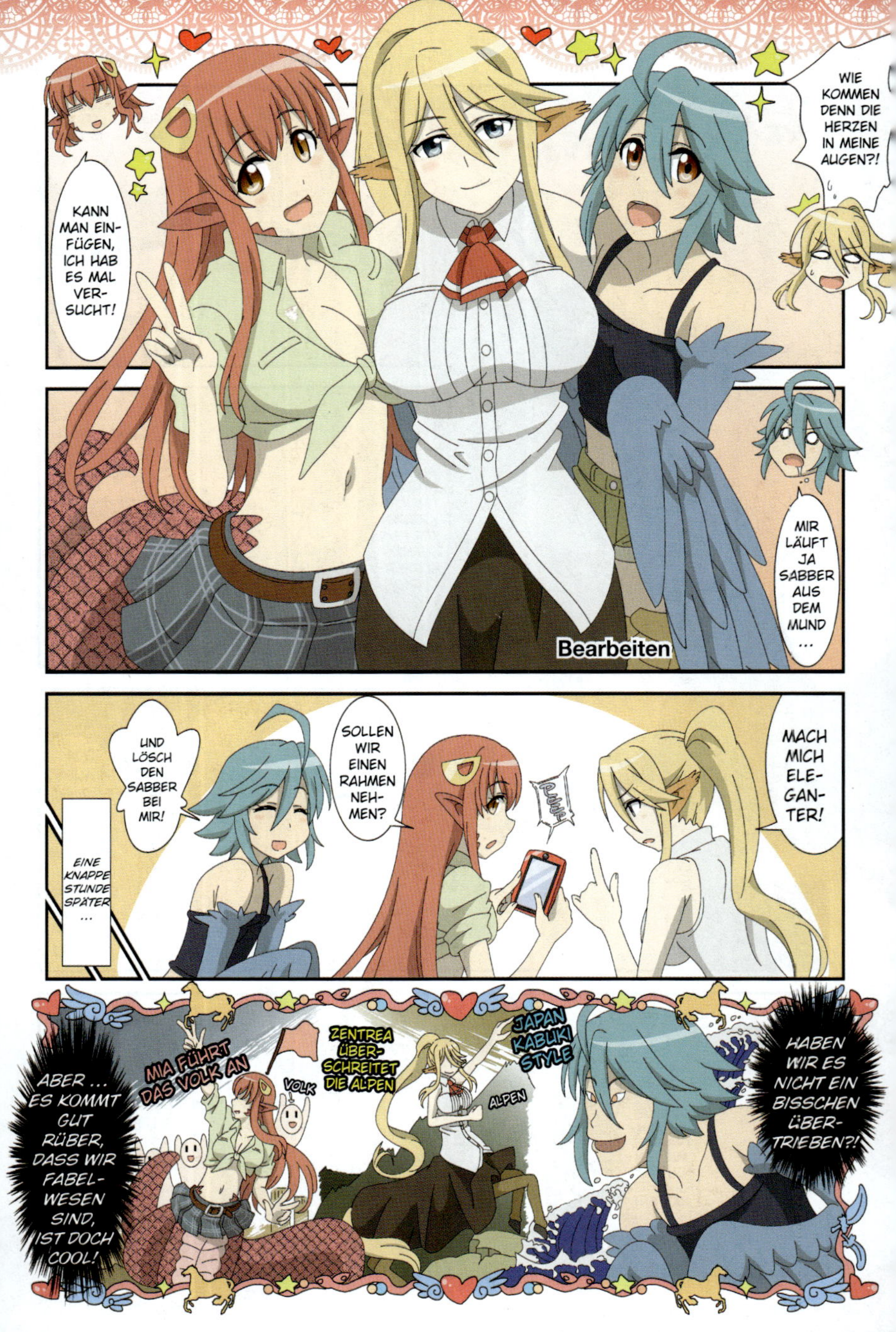
WIE KOMMEN DENN DIE HERZEN IN MEINE AUGEN?!
KANN MAN EINFÜGEN, ICH HAB ES MAL VERSUCHT!
MIR LÄUFT JA SABBER AUS DEM MUND …
Bearbeiten
EINE KNAPPE STUNDE SPÄTER …
MACH MICH ELEGANTER!
SOLLEN WIR EINEN RAHMEN NEHMEN?
UND LÖSCH DEN SABBER BEI MIR!
HABEN WIR ES NICHT EIN BISSCHEN ÜBERTRIEBEN?!
JAPAN KABUKI STYLE
ZENTREA ÜBERSCHREITET DIE ALPEN
ALPEN
MIA FÜHRT DAS VOLK AN
VOLK
ABER … ES KOMMT GUT RÜBER, DASS WIR FABELWESEN SIND, IST DOCH COOL!

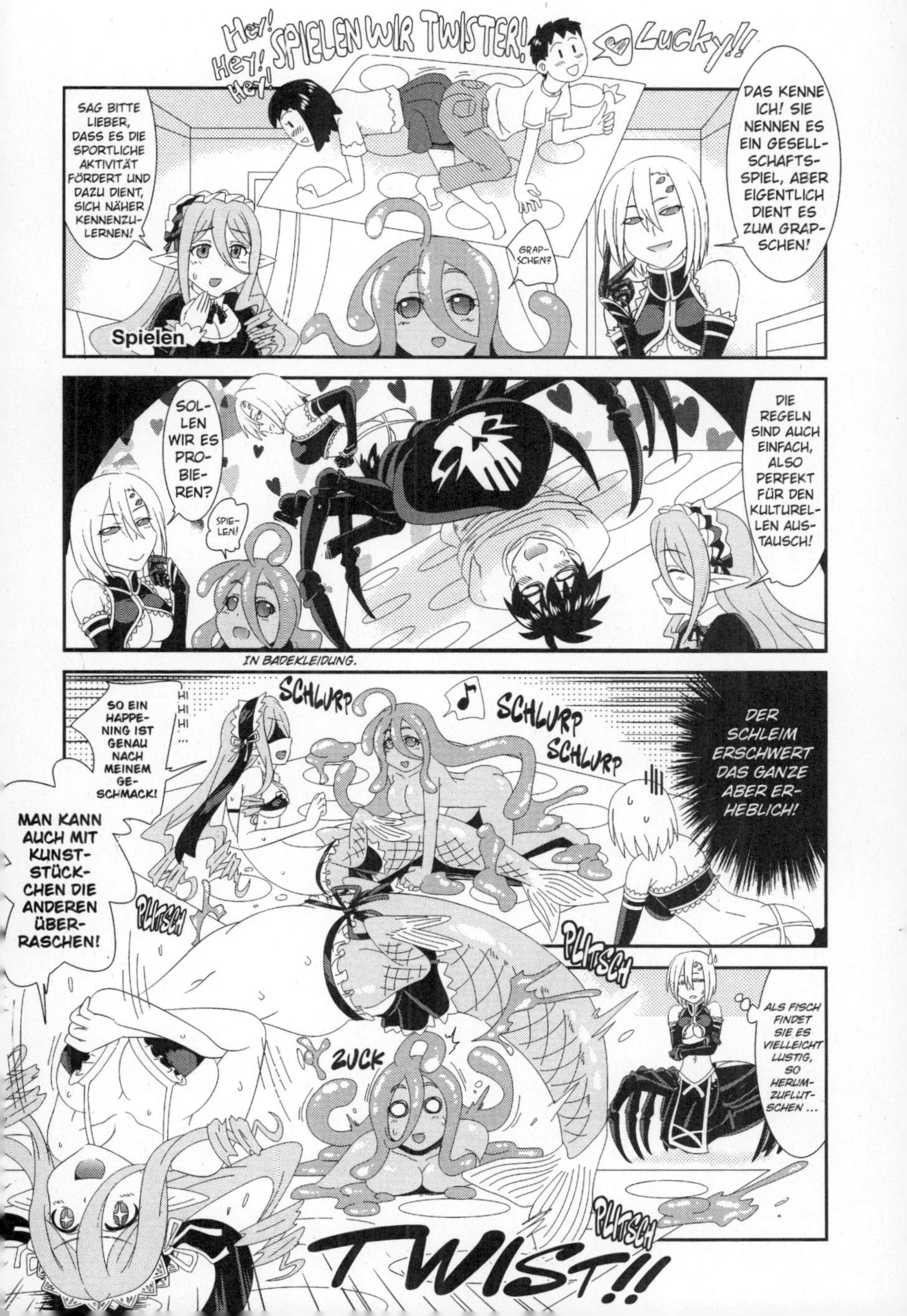

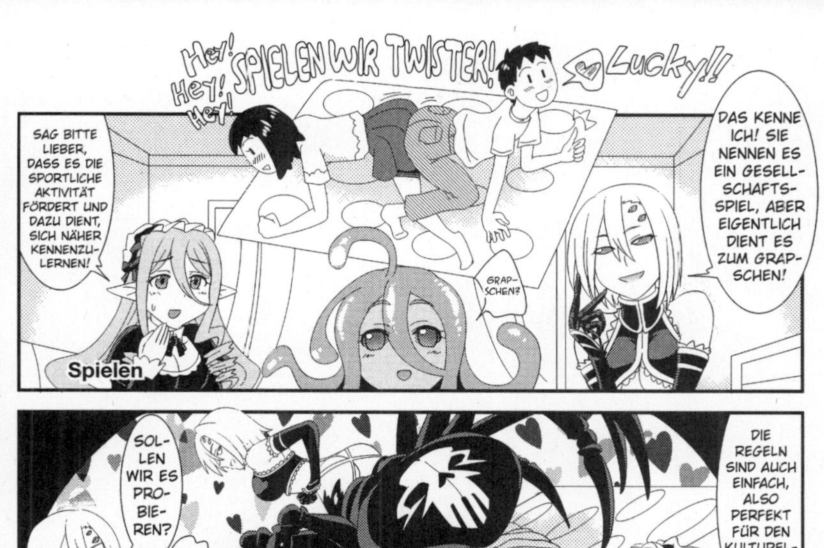
Hey! Hey! Hey! SPIELEN WIR TWISTER!
Lucky!!
DAS KENNE ICH! SIE NENNEN ES EIN GESELLSCHAFTSSPIEL, ABER EIGENTLICH DIENT ES ZUM GRAPSCHEN!
GRAPSCHEN?
SAG BITTE LIEBER, DASS ES DIE SPORTLICHE AKTIVITÄT FÖRDERT UND DAZU DIENT, SICH NÄHER KENNENZULERNEN!
Spielen

DIE REGELN SIND AUCH EINFACH, ALSO PERFEKT FÜR DEN KULTURELLEN AUSTAUSCH!
SOLLEN WIR ES PROBIEREN?
SPIELEN!
IN BADEKLEIDUNG.
DER SCHLEIM ERSCHWERT DAS GANZE ABER ERHEBLICH!
SCHLURP
SCHLURP
SCHLURP
HI HI HI ...
SO EIN HAPPENING IST GENAU NACH MEINEM GESCHMACK!
MAN KANN AUCH MIT KUNSTSTÜCKCHEN DIE ANDEREN ÜBERRASCHEN!
PLITSCH
PLITSCH
ALS FISCH FINDET SIE ES VIELLEICHT LUSTIG, SO HERUMZUFLUTSCHEN ...
ZUCK
PLITSCH
TWIST!!

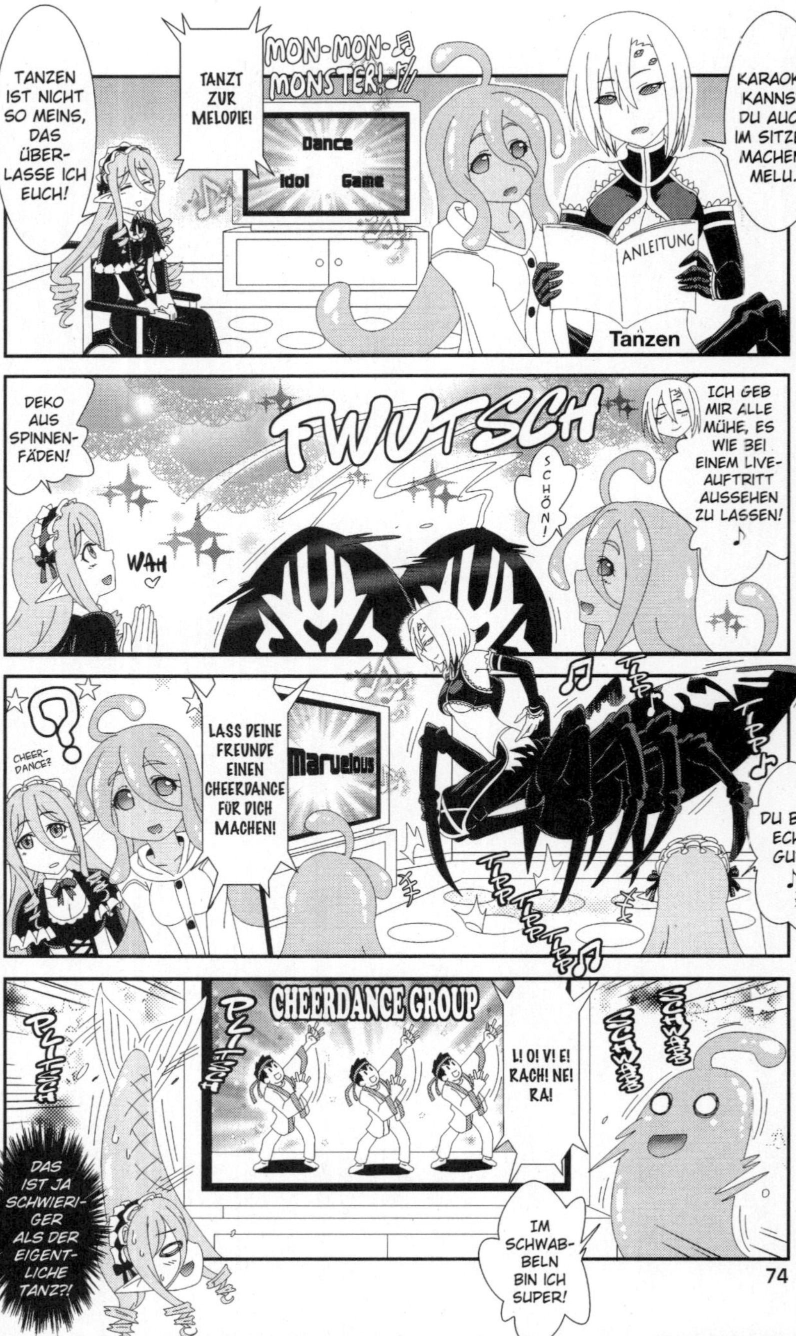

TANZEN IST NICHT SO MEINS, DAS ÜBERLASSE ICH EUCH!

TANZT ZUR MELODIE!

MON-MON-MONSTER!

Dance Idol Game

KARAOKE KANNST DU AUCH IM SITZEN MACHEN, MELU.

ANLEITUNG

Tanzen

DEKO AUS SPINNENFÄDEN!

FWUTSCH

WAH

SCHÖN!

ICH GEB MIR ALLE MÜHE, ES WIE BEI EINEM LIVEAUFTRITT AUSSEHEN ZU LASSEN!

CHEERDANCE?

LASS DEINE FREUNDE EINEN CHEERDANCE FÜR DICH MACHEN!

Marvelous

TIPP TIPP

TIPP TIPP TIPP TIPP

DU BIST ECHT GUT!

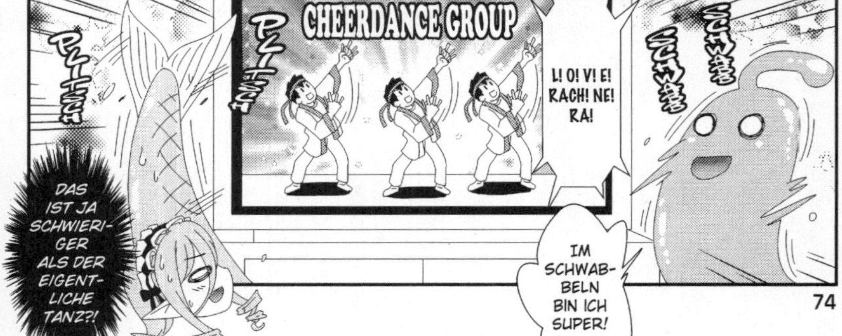

PLITSCH
PLITSCH
CHEERDANCE GROUP
L! O! V! E! RACH! NE! RA!
SCHWABB SCHWABB
DAS IST JA SCHWIERIGER ALS DER EIGENTLICHE TANZ?!
IM SCHWABBELN BIN ICH SUPER!

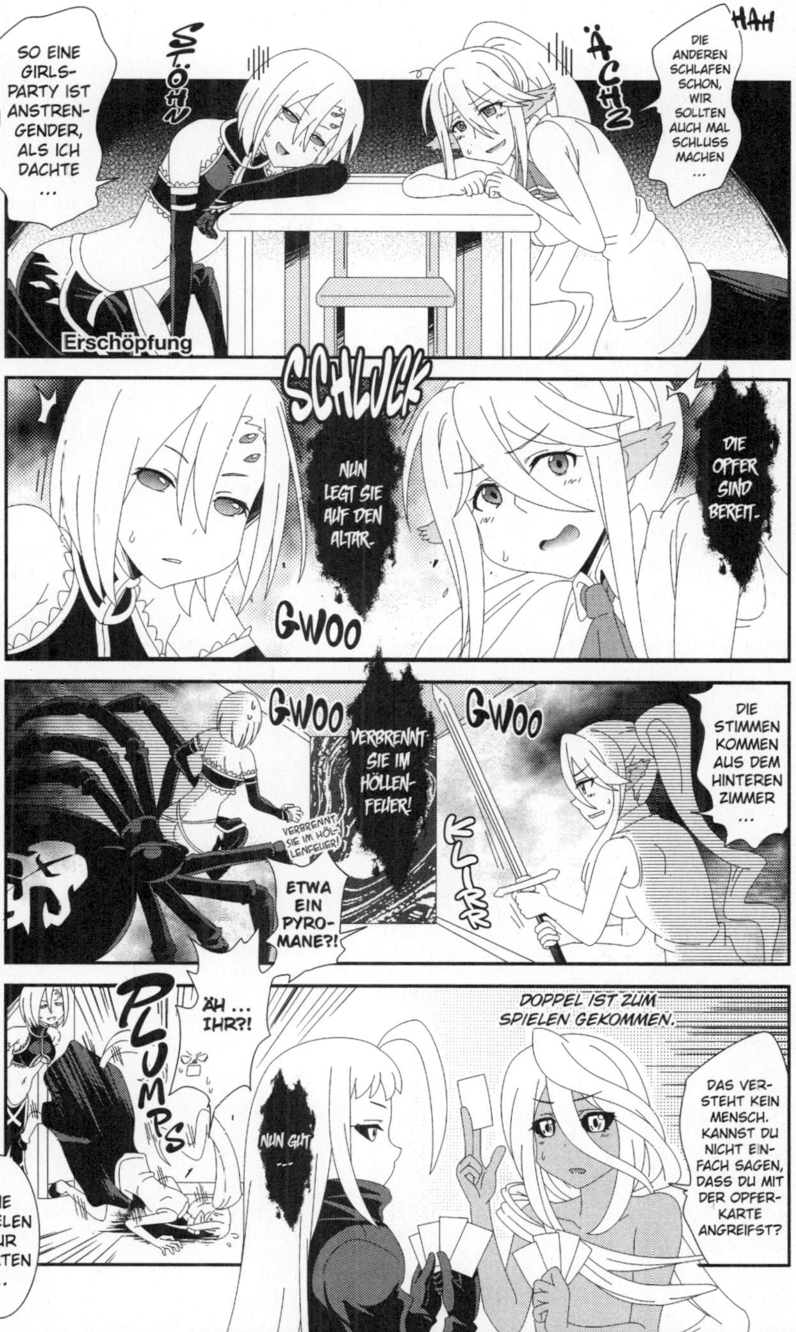

HAH
DIE ANDEREN SCHLAFEN SCHON, WIR SOLLTEN AUCH MAL SCHLUSS MACHEN …
ÄCHZ
STÖHN
SO EINE GIRLS-PARTY IST ANSTRENGENDER, ALS ICH DACHTE …
Erschöpfung

DIE OPFER SIND BEREIT.
NUN LEGT SIE AUF DEN ALTAR.
SCHLUCK
GWOO

DIE STIMMEN KOMMEN AUS DEM HINTEREN ZIMMER …
GWOO
KLIRR
VERBRENNT SIE IM HÖLLENFEUER!
GWOO
VERBRENNT SIE IM HÖLLENFEUER!
ETWA EIN PYROMANE?!

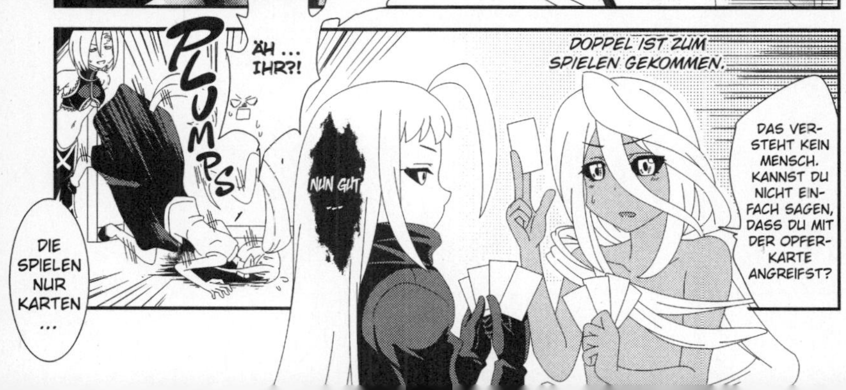
DOPPEL IST ZUM SPIELEN GEKOMMEN.
DAS VERSTEHT KEIN MENSCH. KANNST DU NICHT EINFACH SAGEN, DASS DU MIT DER OPFERKARTE ANGREIFST?
NUN GUT …
ÄH … IHR?!
PLUMPS
DIE SPIELEN NUR KARTEN …

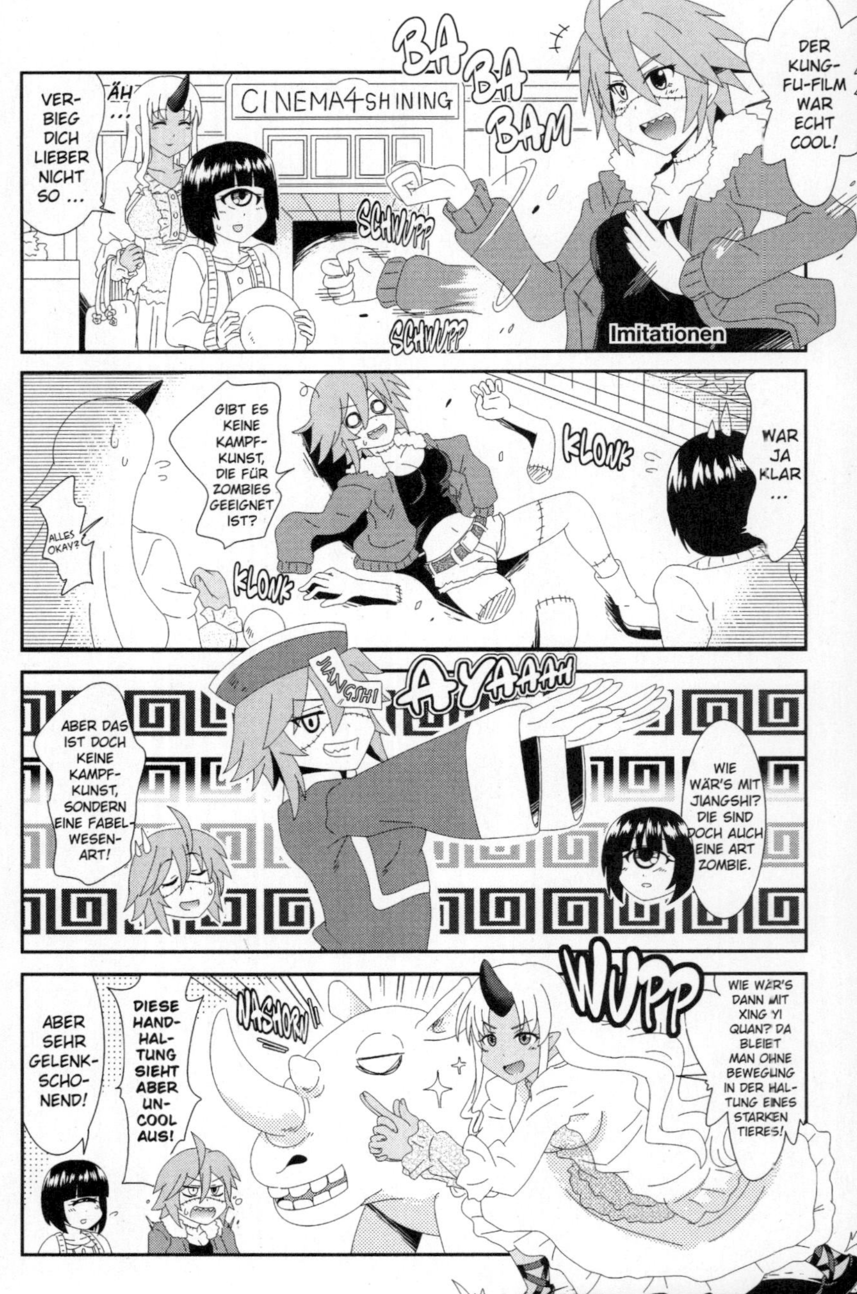
Imitationen
DER KUNG-FU-FILM WAR ECHT COOL!
BA BA BAM
SCHWUPP
SCHWUPP
CINEMA4SHINING
ÄH ...
VER-BIEG DICH LIEBER NICHT SO ...
WAR JA KLAR ...
KLONK
GIBT ES KEINE KAMPF-KUNST, DIE FÜR ZOMBIES GEEIGNET IST?
KLONK
ALLES OKAY?
WIE WÄR'S MIT JIANGSHI? DIE SIND DOCH AUCH EINE ART ZOMBIE.
AYAAAH
JIANGSHI
ABER DAS IST DOCH KEINE KAMPF-KUNST, SONDERN EINE FABEL-WESEN-ART!
WIE WÄR'S DANN MIT XING YI QUAN? DA BLEIBT MAN OHNE BEWEGUNG IN DER HAL-TUNG EINES STARKEN TIERES!
WUPP
NASHORN!!
DIESE HAND-HAL-TUNG SIEHT ABER UN-COOL AUS!
ABER SEHR GELENK-SCHO-NEND!

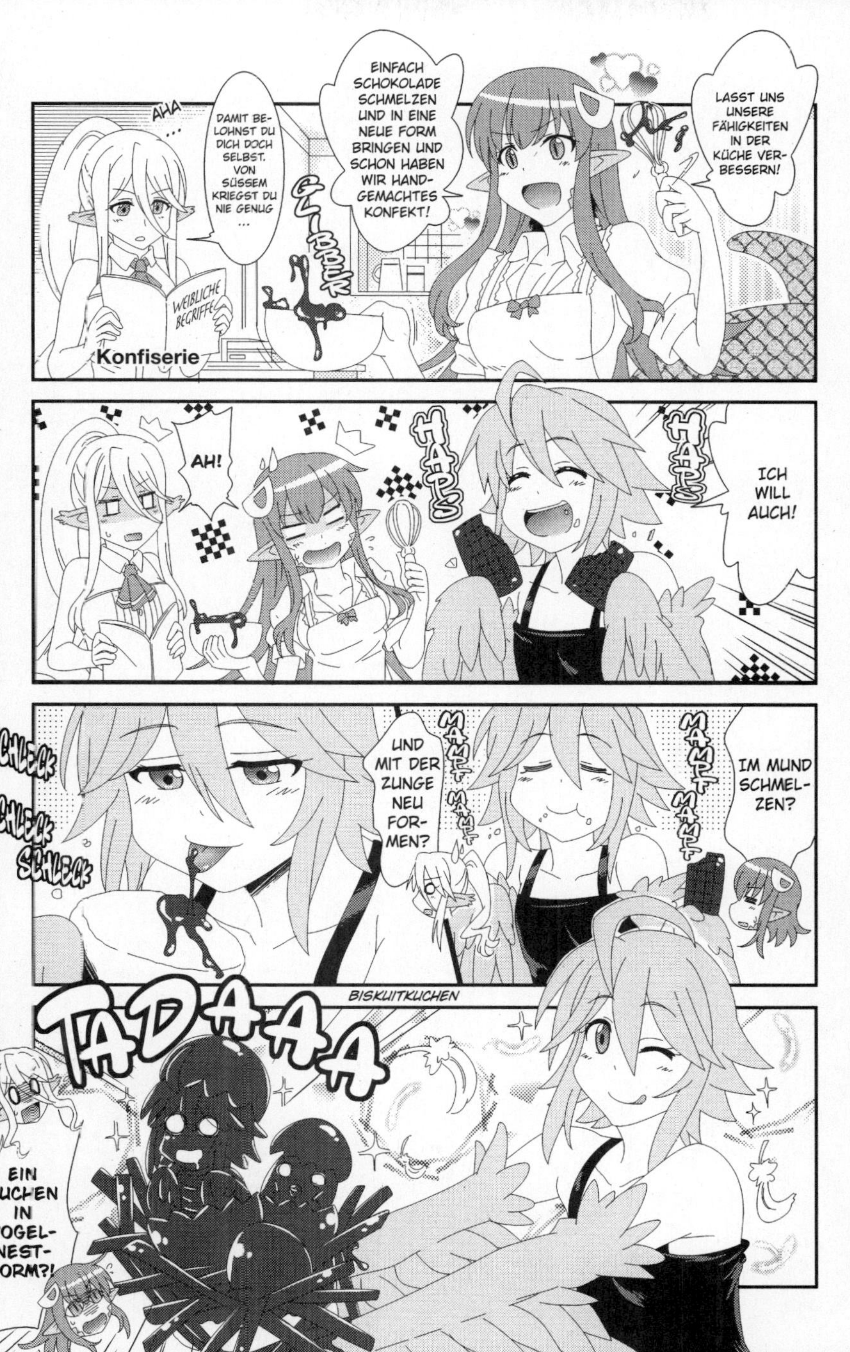
Konfiserie
Lasst uns unsere Fähigkeiten in der Küche verbessern!
Einfach Schokolade schmelzen und in eine neue Form bringen und schon haben wir handgemachtes Konfekt!
Glibber
Aha …
Damit belohnst du dich doch selbst. Von Süssem kriegst du nie genug …
Weibliche Begriffe
Haps
Ich will auch!
Haps
Ah!
Mampf Mampf
Im Mund schmelzen?
Mampf Mampf
Und mit der Zunge neu formen?
Schleck
Schleck
Schleck
Biskuitkuchen
Tadaaaa
Ein Kuchen in Vogelnest-Form?!

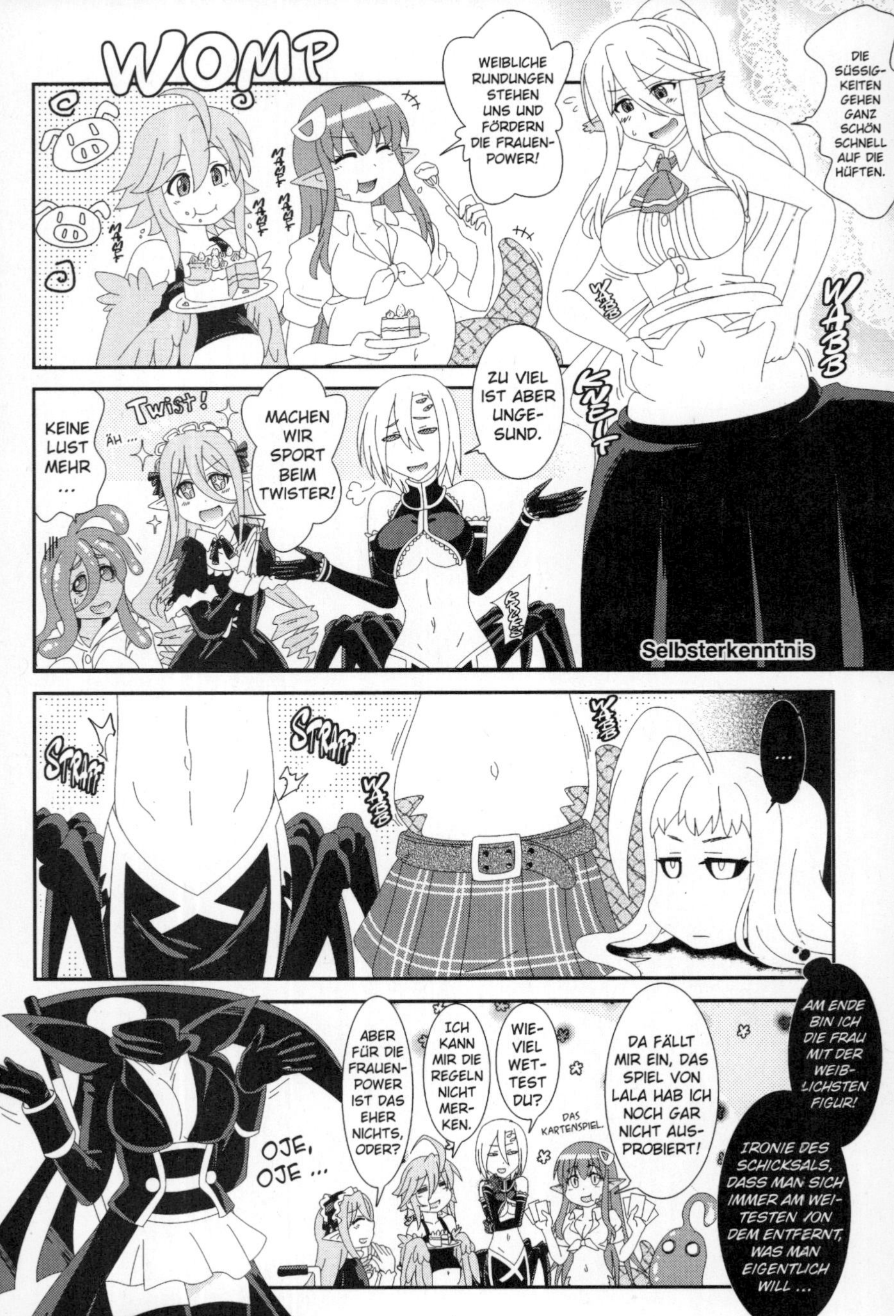

WOMP
DIE SÜSSIGKEITEN GEHEN GANZ SCHÖN SCHNELL AUF DIE HÜFTEN.
WEIBLICHE RUNDUNGEN STEHEN UNS UND FÖRDERN DIE FRAUEN-POWER!
MAMPF MAMPF
MAMPF
WABB
KNEIF
ZU VIEL IST ABER UNGESUND.
MACHEN WIR SPORT BEIM TWISTER!
Twist!
ÄH ...
KEINE LUST MEHR ...
Selbsterkenntnis
...
WABB
STRAFF
STRAFF
WABB
AM ENDE BIN ICH DIE FRAU MIT DER WEIBLICHSTEN FIGUR!
IRONIE DES SCHICKSALS, DASS MAN SICH IMMER AM WEITESTEN VON DEM ENTFERNT, WAS MAN EIGENTLICH WILL ...
DA FÄLLT MIR EIN, DAS SPIEL VON LALA HAB ICH NOCH GAR NICHT AUSPROBIERT!
DAS KARTENSPIEL.
WIEVIEL WETTEST DU?
ICH KANN MIR DIE REGELN NICHT MERKEN.
ABER FÜR DIE FRAUENPOWER IST DAS EHER NICHTS, ODER?
OJE, OJE ...

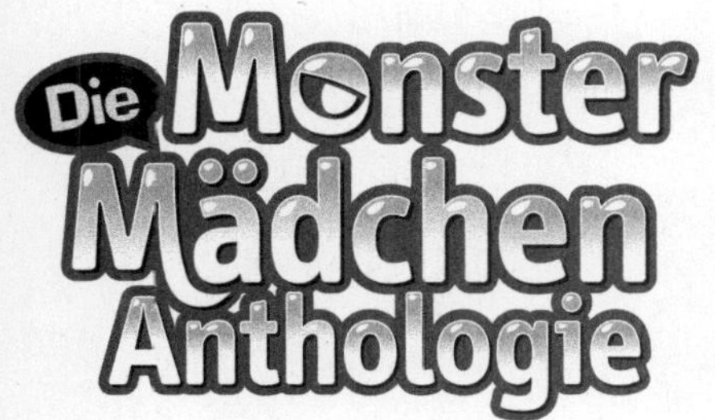
Die Monster
Mädchen
Anthologie

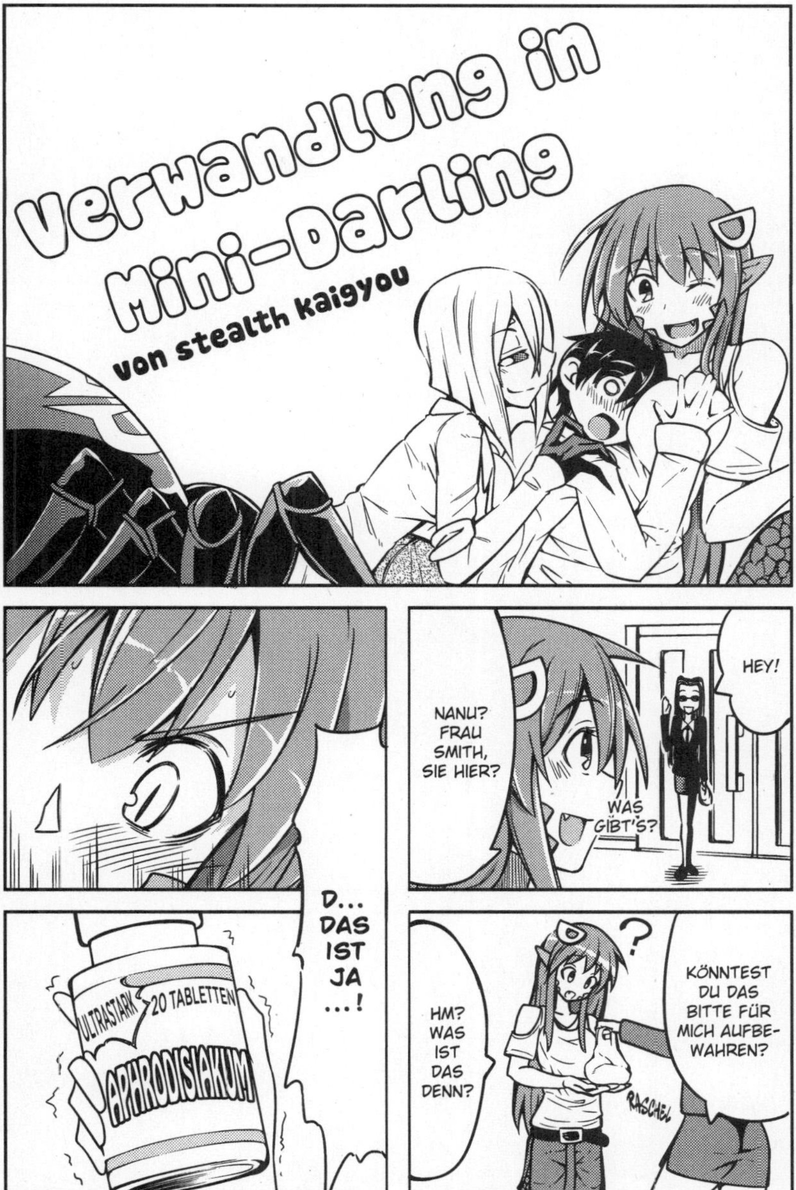

Verwandlung in Mini-Darling

von stealth kaigyou

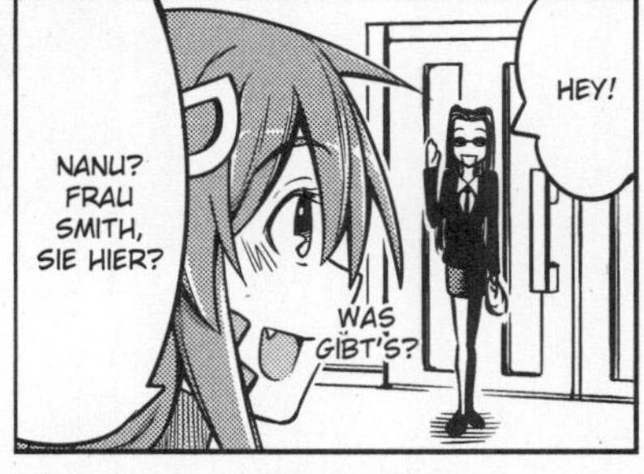
HEY!
NANU? FRAU SMITH, SIE HIER?
WAS GIBT'S?

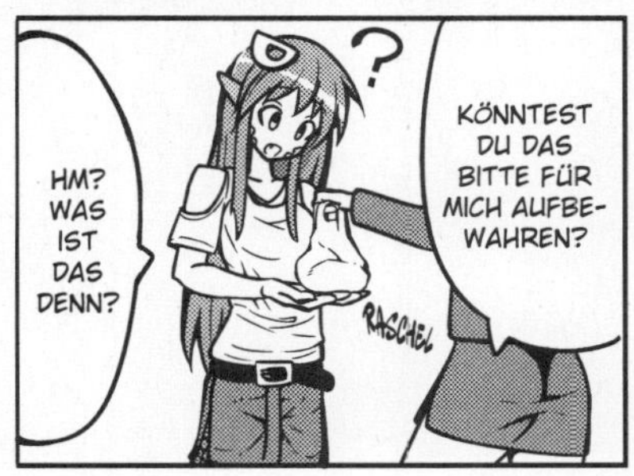
KÖNNTEST DU DAS BITTE FÜR MICH AUFBE-WAHREN?
HM? WAS IST DAS DENN?
RASCHEL

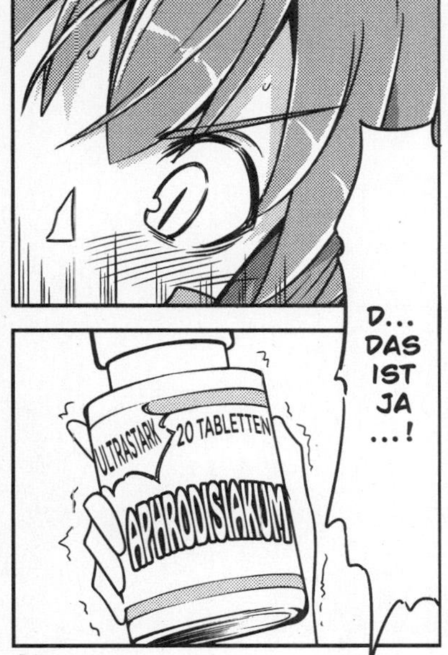
D... DAS IST JA ...!
ULTRASTARK
20 TABLETTEN
APHRODISIAKUM

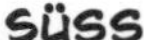
SÜSS

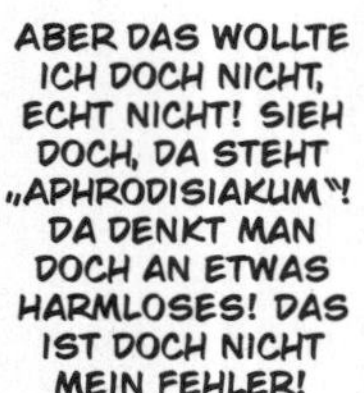
ABER DAS WOLLTE ICH DOCH NICHT, ECHT NICHT! SIEH DOCH, DA STEHT „APHRODISIAKUM"! DA DENKT MAN DOCH AN ETWAS HARMLOSES! DAS IST DOCH NICHT MEIN FEHLER!

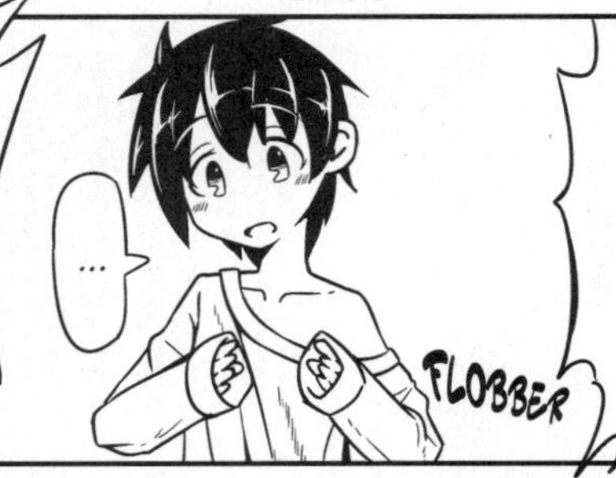
WAS HAT DAS ZU BEDEUTEN, MIA?!
...
FLOBBER

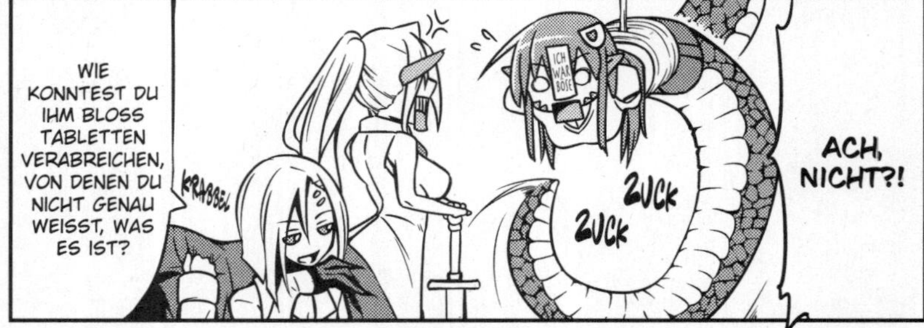
ACH, NICHT?!
ICH WAR BÖSE
ZUCK
ZUCK
WIE KONNTEST DU IHM BLOSS TABLETTEN VERABREICHEN, VON DENEN DU NICHT GENAU WEISST, WAS ES IST?
KRABBEL

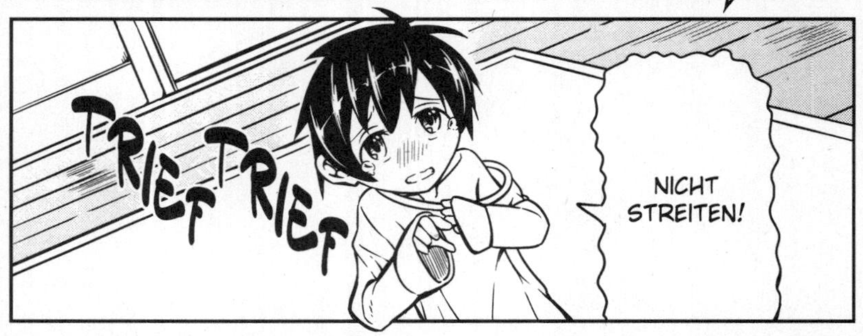
NICHT STREITEN!
TRIEF TRIEF

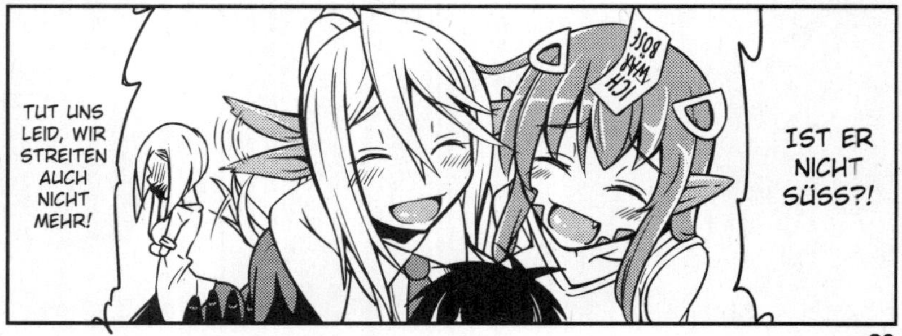
IST ER NICHT SÜSS?!
ICH WAR BÖSE
TUT UNS LEID, WIR STREITEN AUCH NICHT MEHR!

I CAN NOT FLY

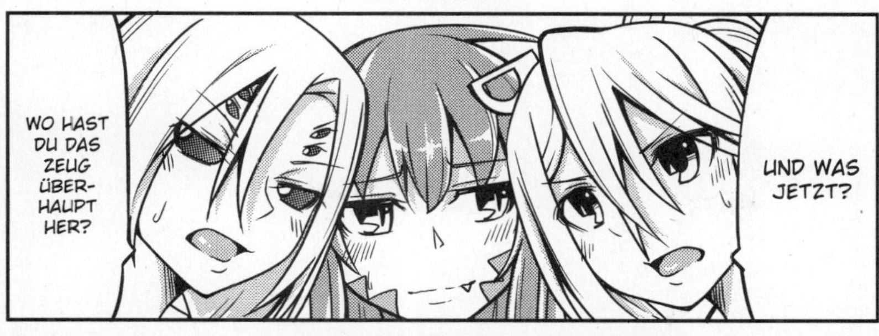
UND WAS JETZT?
WO HAST DU DAS ZEUG ÜBERHAUPT HER?

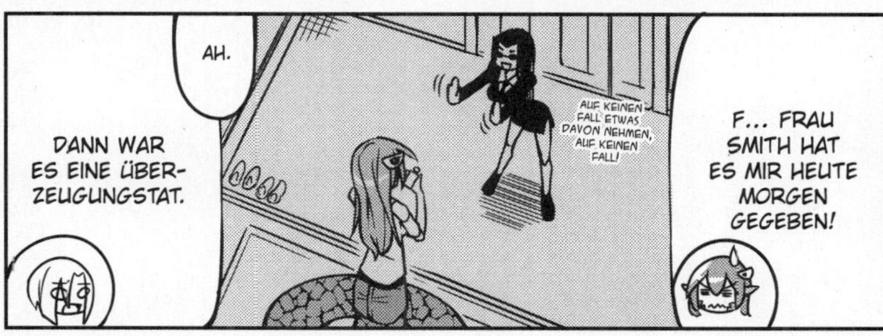
F... FRAU SMITH HAT ES MIR HEUTE MORGEN GEGEBEN!
AUF KEINEN FALL ETWAS DAVON NEHMEN, AUF KEINEN FALL!
AH.
DANN WAR ES EINE ÜBERZEUGUNGSTAT.

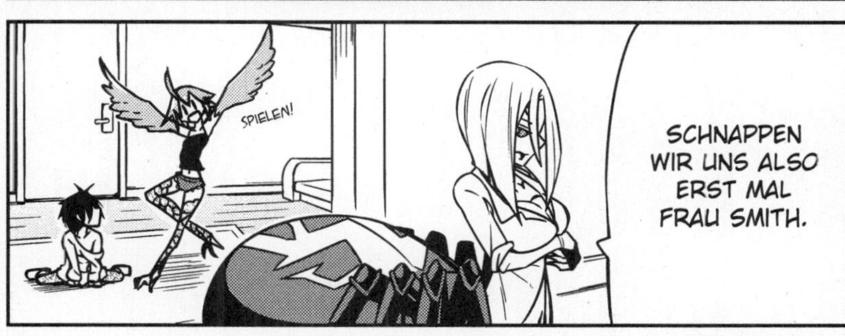
SCHNAPPEN WIR UNS ALSO ERST MAL FRAU SMITH.
SPIELEN!

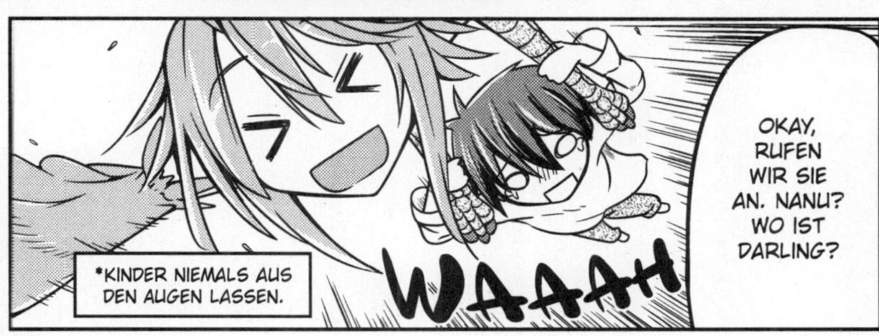
OKAY, RUFEN WIR SIE AN. NANU? WO IST DARLING?
WAAAH
*KINDER NIEMALS AUS DEN AUGEN LASSEN.

SLIME-ATTACKE AUF DEN MINI-MENSCHEN

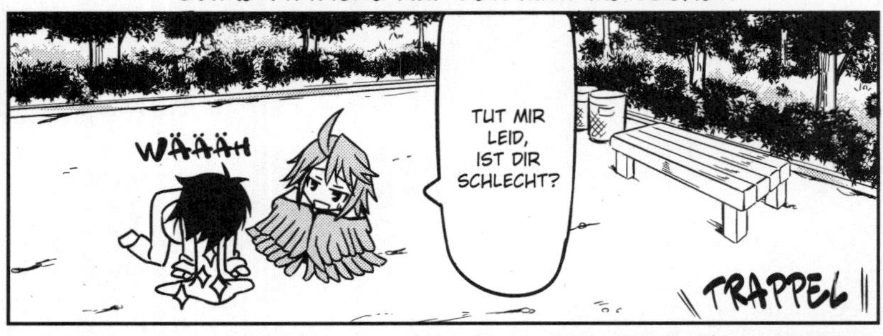
WÄÄÄH
TUT MIR LEID, IST DIR SCHLECHT?
TRAPPEL

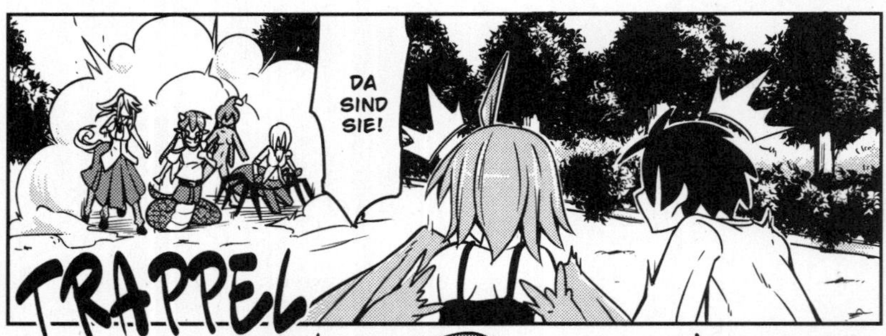
DA SIND SIE!
TRAPPEL

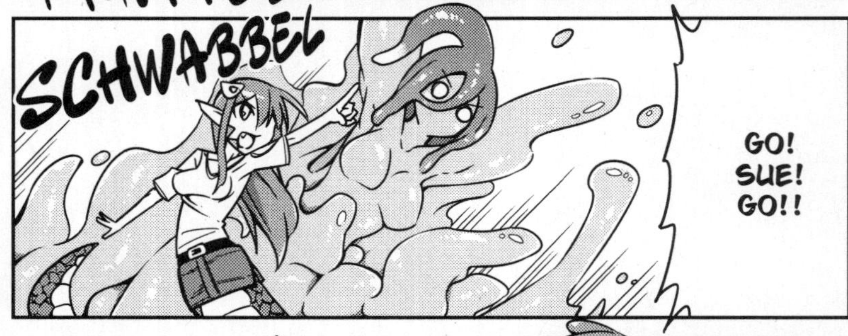
SCHWABBEL
GO! SUE! GO!!

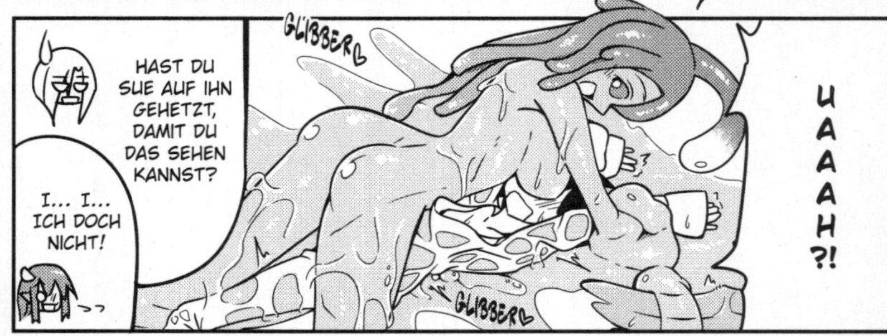
GLIBBER
UAAAAH?!
HAST DU SUE AUF IHN GEHETZT, DAMIT DU DAS SEHEN KANNST?
I... I... ICH DOCH NICHT!
GLIBBER

ZENTREAS BRÄUTIGAM

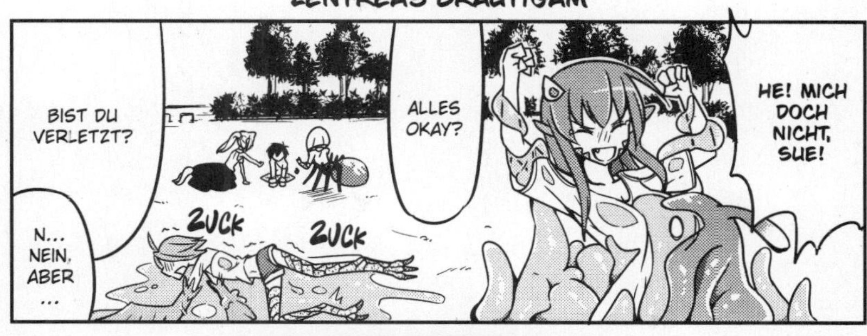
HE! MICH DOCH NICHT, SUE!
ALLES OKAY?
BIST DU VERLETZT?
N... NEIN, ABER ...
ZUCK
ZUCK

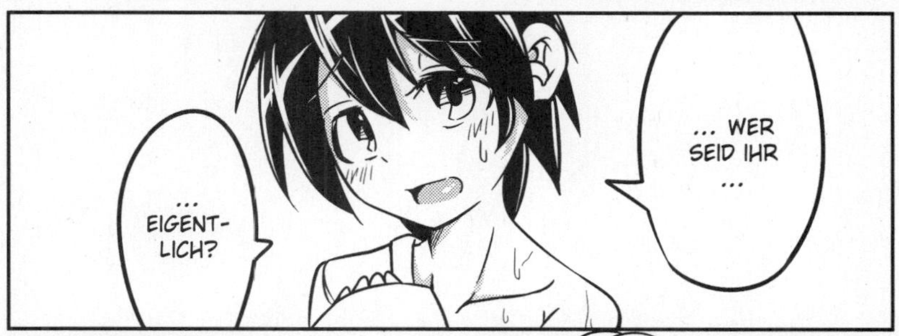
... WER SEID IHR ...
... EIGENT-LICH?

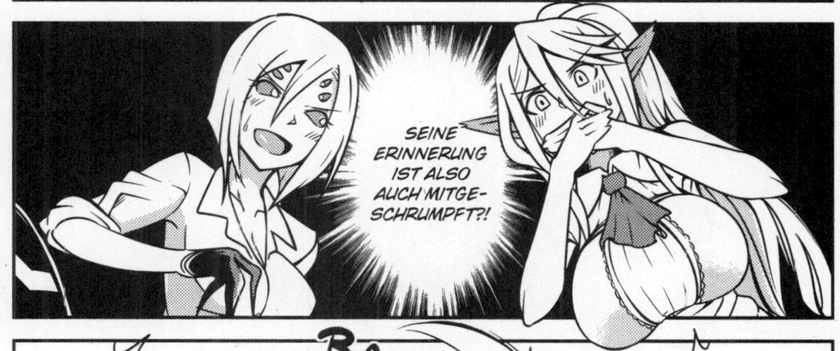
SEINE ERINNERUNG IST ALSO AUCH MITGE-SCHRUMPFT?!

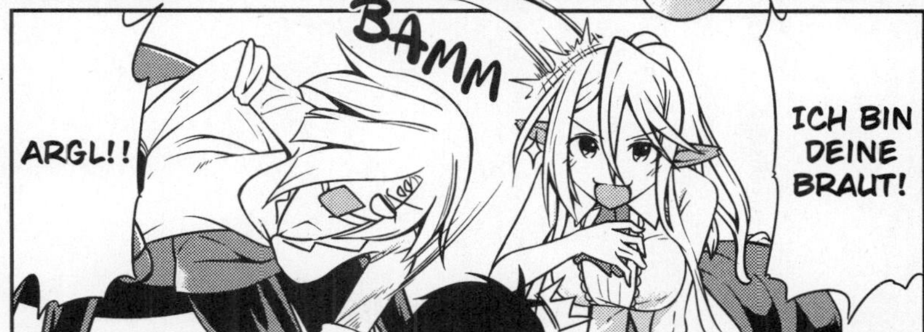
ICH BIN DEINE BRAUT!
BAMM
ARGL!!

DER TÄTER KEHRT ZUM TATORT ZURÜCK

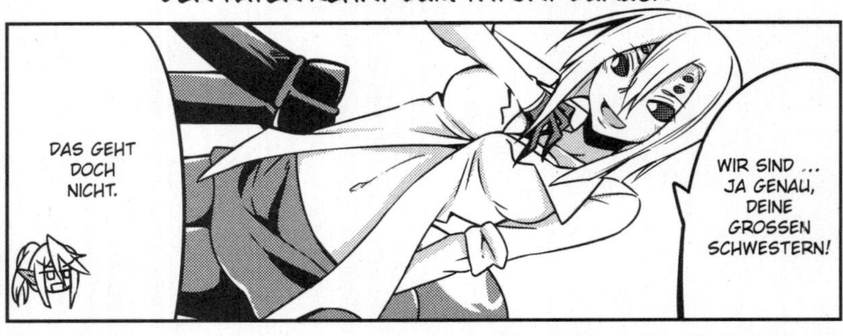

WIR SIND ... JA GENAU, DEINE GROSSEN SCHWESTERN!
DAS GEHT DOCH NICHT.

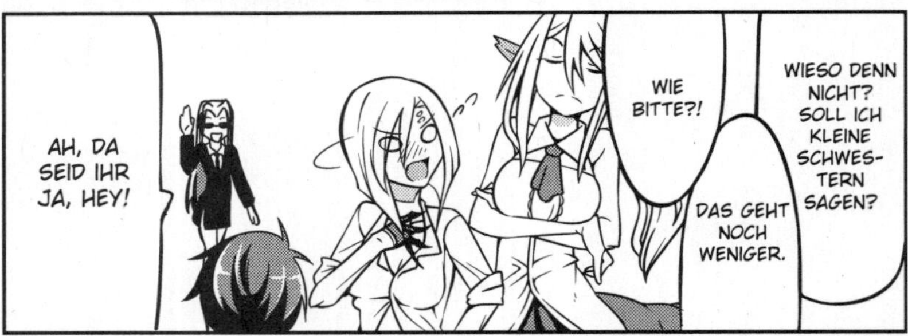

WIESO DENN NICHT? SOLL ICH KLEINE SCHWES-TERN SAGEN?
WIE BITTE?!
DAS GEHT NOCH WENIGER.
AH, DA SEID IHR JA, HEY!

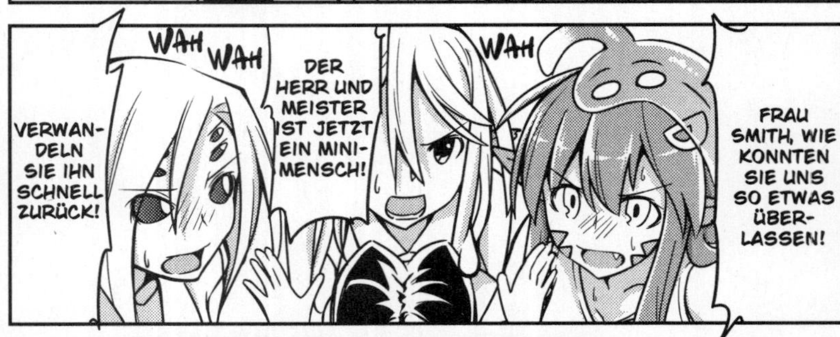

WAH
WAH
WAH
VERWAN-DELN SIE IHN SCHNELL ZURÜCK!
DER HERR UND MEISTER IST JETZT EIN MINI-MENSCH!
FRAU SMITH, WIE KONNTEN SIE UNS SO ETWAS ÜBER-LASSEN!

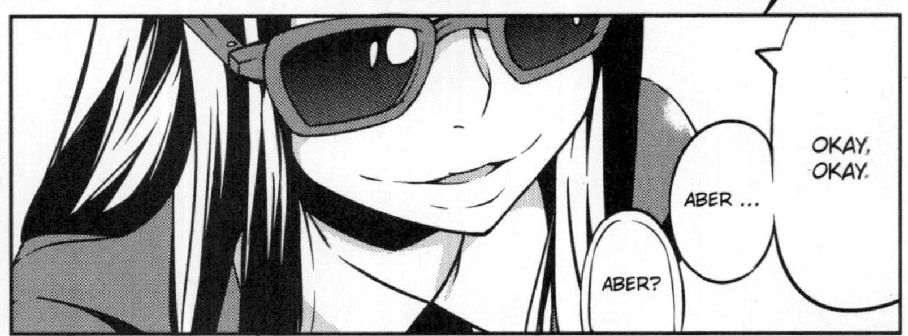

OKAY, OKAY.
ABER ...
ABER?

AUCH SIE, FRAU SMITH?

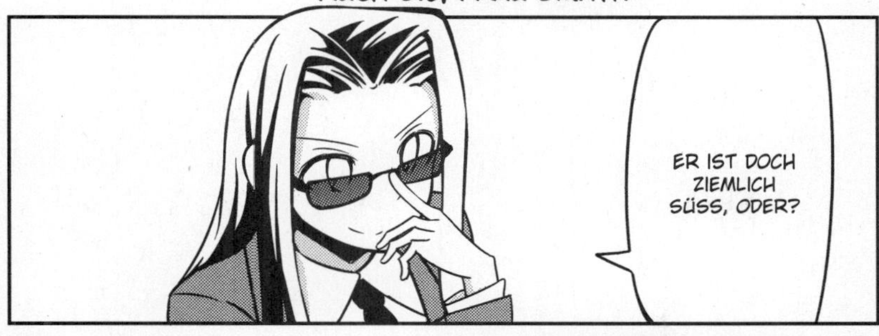
ER IST DOCH ZIEMLICH SÜSS, ODER?

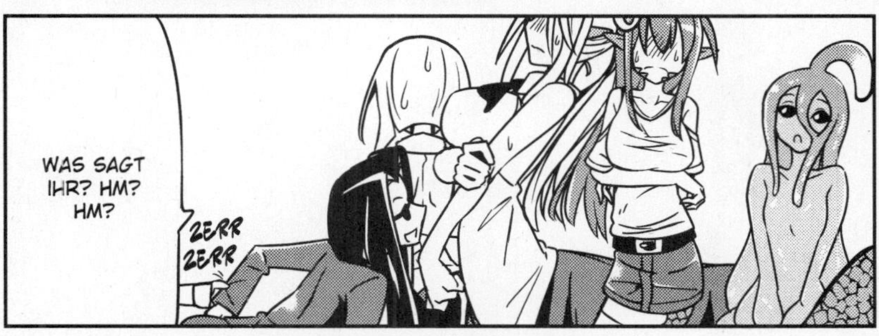
WAS SAGT IHR? HM? HM?
ZERR ZERR

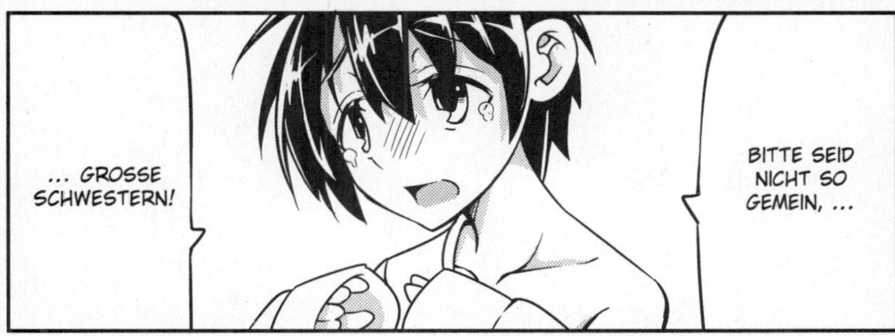
BITTE SEID NICHT SO GEMEIN, ...
... GROSSE SCHWESTERN!

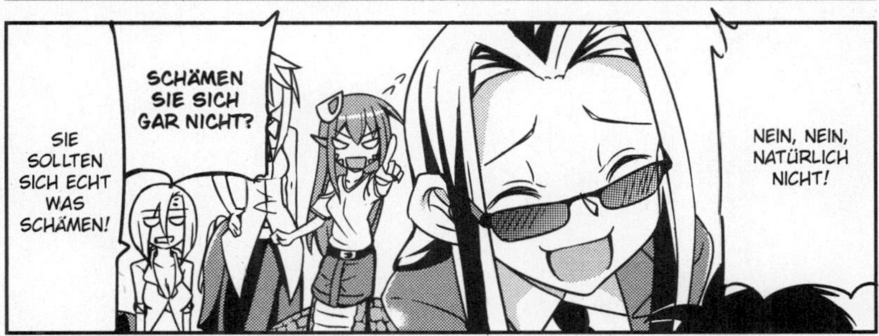
NEIN, NEIN, NATÜRLICH NICHT!
SCHÄMEN SIE SICH GAR NICHT?
SIE SOLLTEN SICH ECHT WAS SCHÄMEN!

VÖLLIG VERPASST ...

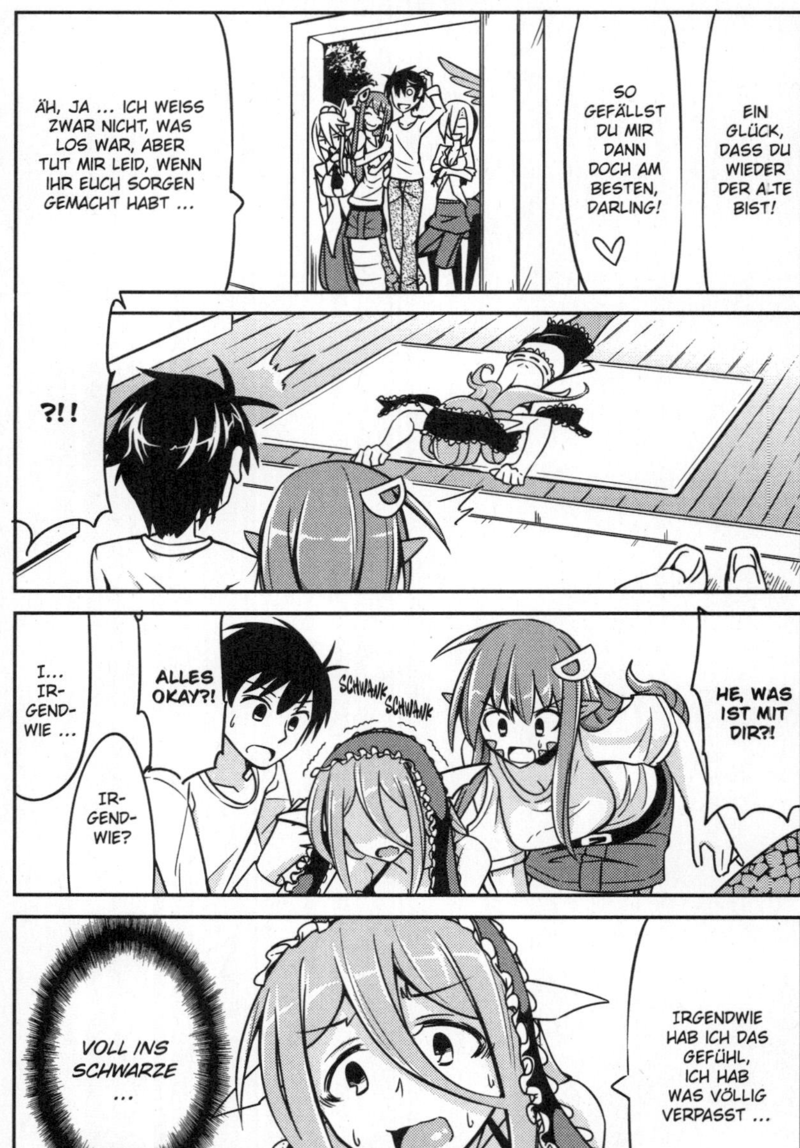

EIN GLÜCK, DASS DU WIEDER DER ALTE BIST!
SO GEFÄLLST DU MIR DANN DOCH AM BESTEN, DARLING! ♡
ÄH, JA ... ICH WEISS ZWAR NICHT, WAS LOS WAR, ABER TUT MIR LEID, WENN IHR EUCH SORGEN GEMACHT HABT ...
?!!
HE, WAS IST MIT DIR?!
ALLES OKAY?!
SCHWANK SCHWANK
I... IRGENDWIE ...
IRGENDWIE?
IRGENDWIE HAB ICH DAS GEFÜHL, ICH HAB WAS VÖLLIG VERPASST ...
VOLL INS SCHWARZE ...

Ende

Die Monster Mädchen Anthologie

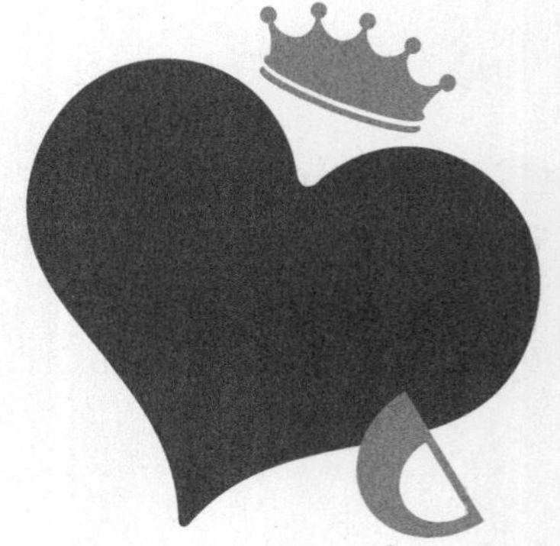

OBEN ÜPPIG, UNTEN SCHMAL

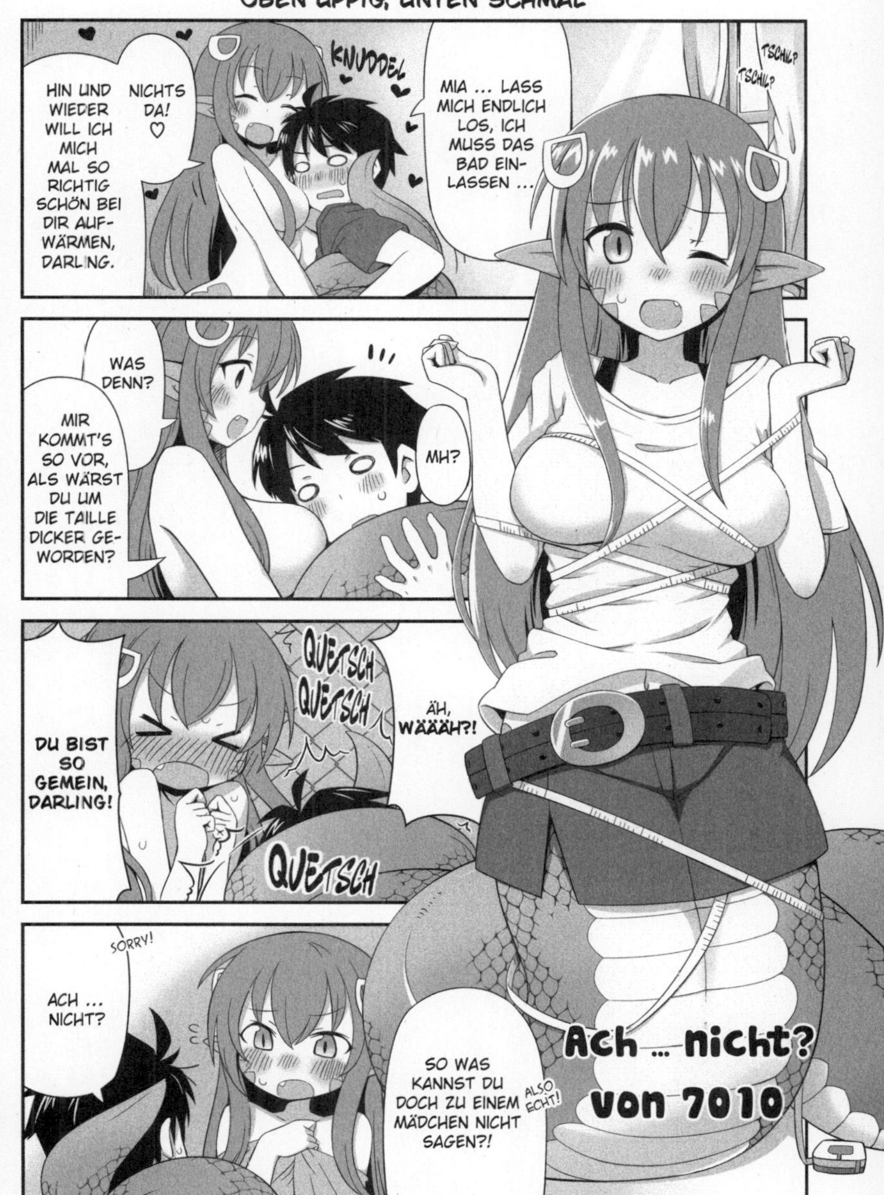
HIN UND WIEDER WILL ICH MICH MAL SO RICHTIG SCHÖN BEI DIR AUF-WÄRMEN, DARLING.
NICHTS DA! ♡
KNUDDEL
MIA ... LASS MICH ENDLICH LOS, ICH MUSS DAS BAD EIN-LASSEN ...
TSCHILP
TSCHILP
WAS DENN?
MIR KOMMT'S SO VOR, ALS WÄRST DU UM DIE TAILLE DICKER GE-WORDEN?
MH?
QUETSCH QUETSCH
ÄH, WÄÄÄH?!
DU BIST SO GEMEIN, DARLING!
QUETSCH
SORRY!
ACH ... NICHT?
SO WAS KANNST DU DOCH ZU EINEM MÄDCHEN NICHT SAGEN?!
ALSO ECHT!
Ach ... nicht?
von 7010

AUS DEN AUGEN, AUS DEM SINN

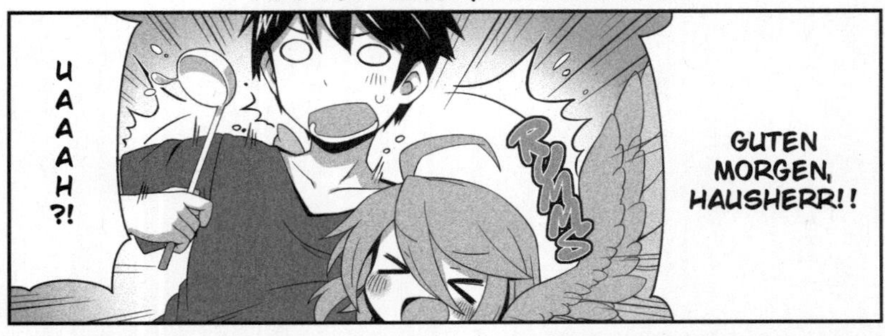
GUTEN MORGEN, HAUSHERR!!
RUMMS
UAAAAH?!

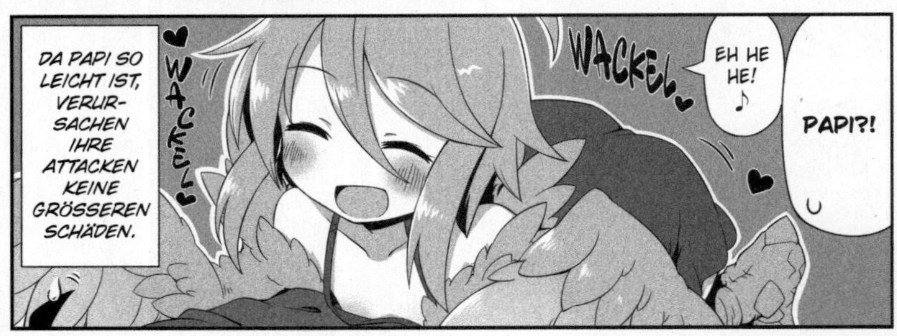
PAPI?!
EH HE HE! ♪
WACKEL
WACKEL
DA PAPI SO LEICHT IST, VERURSACHEN IHRE ATTACKEN KEINE GRÖSSEREN SCHÄDEN.

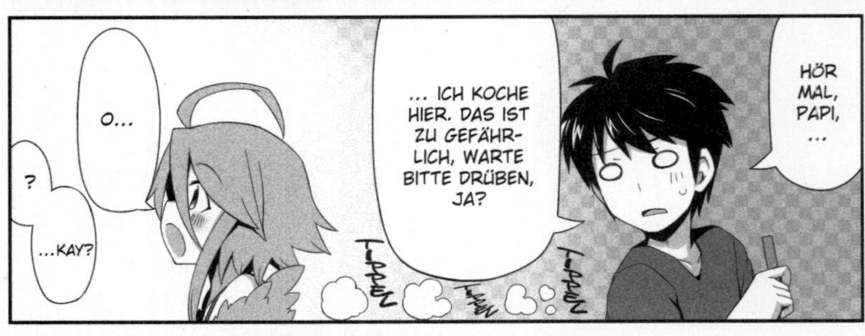
HÖR MAL, PAPI, …
… ICH KOCHE HIER. DAS IST ZU GEFÄHRLICH, WARTE BITTE DRÜBEN, JA?
TAPPEN
TAPPEN
TAPPEN
O…
?
…KAY?

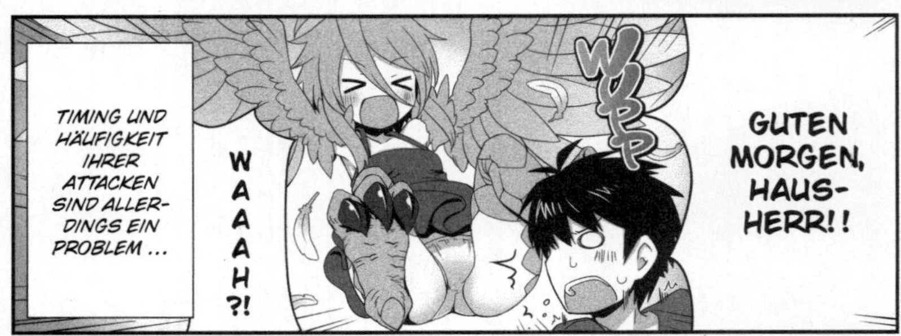
GUTEN MORGEN, HAUSHERR!!
WUPP
WAAAAH?!
TIMING UND HÄUFIGKEIT IHRER ATTACKEN SIND ALLERDINGS EIN PROBLEM …

WIE VIELE SCHRITTE?

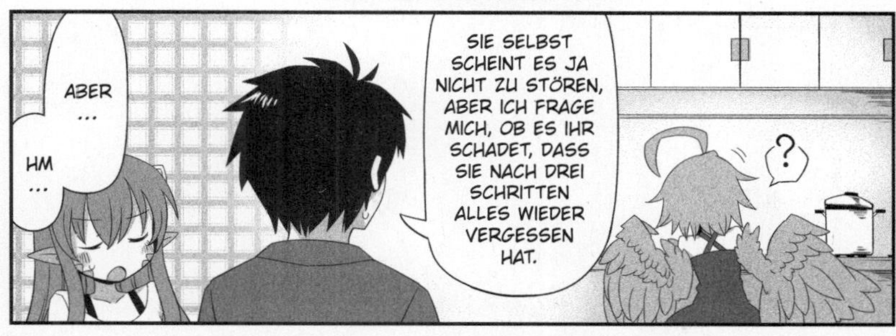
SIE SELBST SCHEINT ES JA NICHT ZU STÖREN, ABER ICH FRAGE MICH, OB ES IHR SCHADET, DASS SIE NACH DREI SCHRITTEN ALLES WIEDER VERGESSEN HAT.
?
ABER ... HM ...

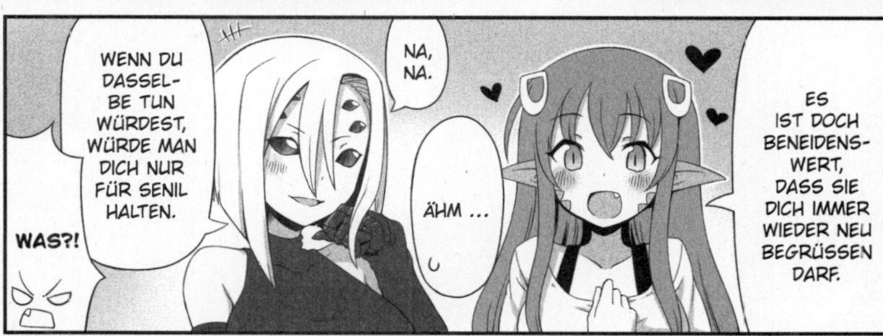
ES IST DOCH BENEIDENSWERT, DASS SIE DICH IMMER WIEDER NEU BEGRÜSSEN DARF.
ÄHM ...
NA, NA.
WENN DU DASSELBE TUN WÜRDEST, WÜRDE MAN DICH NUR FÜR SENIL HALTEN.
WAS?!

ICH KANN NIE IRGENDETWAS VERGESSEN, SCHLIESSLICH BIN ICH DEINE DIENERIN.
SO SEHR ZU LIEBEN UND ES JEDES MAL WIEDER ZU VERGESSEN ...
DAS WÄRE SO ROMANTISCH!

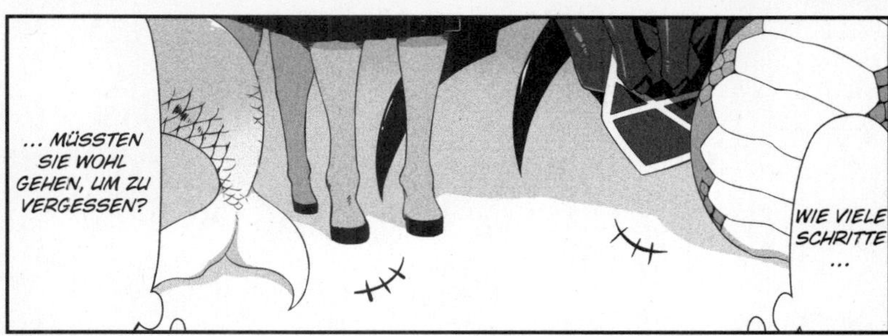
WIE VIELE SCHRITTE ...
... MÜSSTEN SIE WOHL GEHEN, UM ZU VERGESSEN?

ICH DACHTE, SIE IST TOT

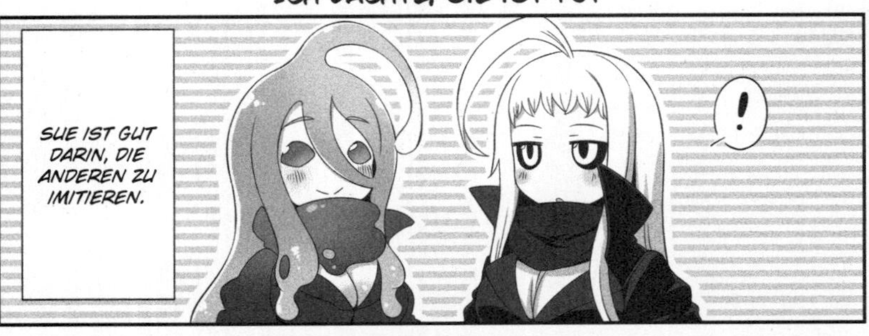
SUE IST GUT DARIN, DIE ANDEREN ZU IMITIEREN.
!

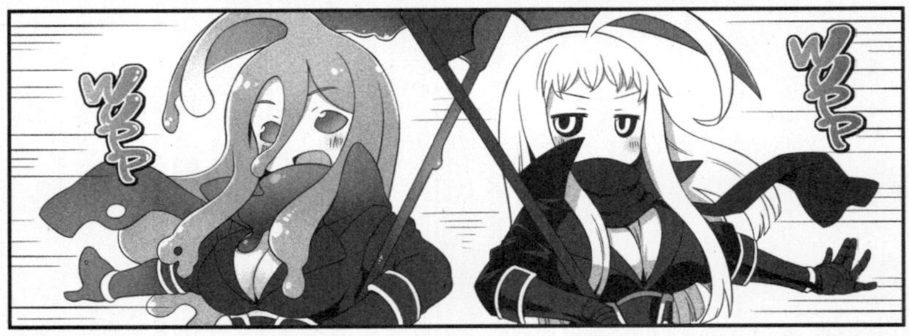
WUPP
WUPP

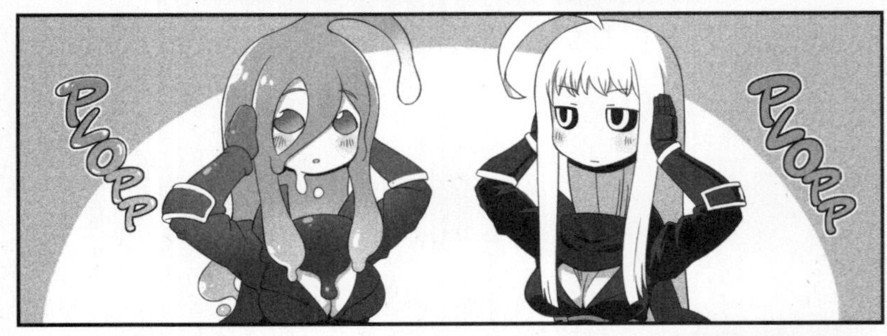
PLOPP
PLOPP

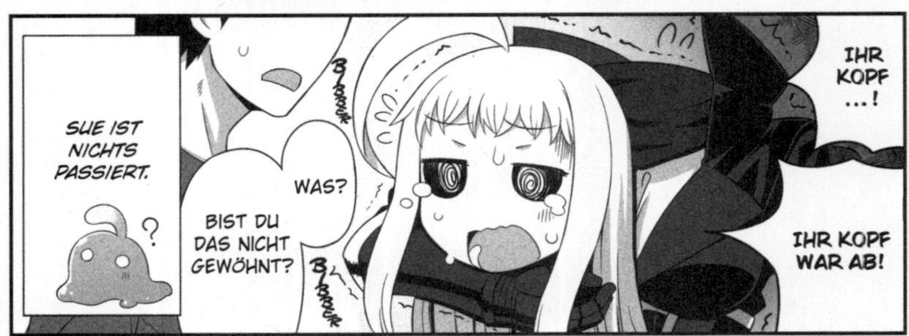
IHR KOPF ...!
IHR KOPF WAR AB!
WAS?
BIST DU DAS NICHT GEWÖHNT?
SUE IST NICHTS PASSIERT.
?

Die Monster Mädchen Anthologie

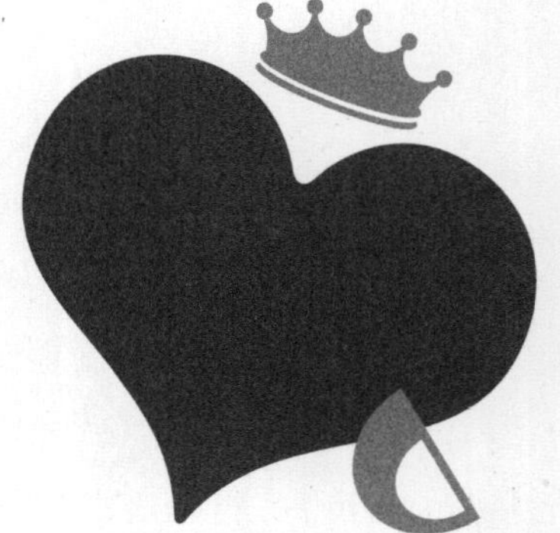

KNUSPRIGE BEINCHEN

Monster Mädchen Mahlzeit

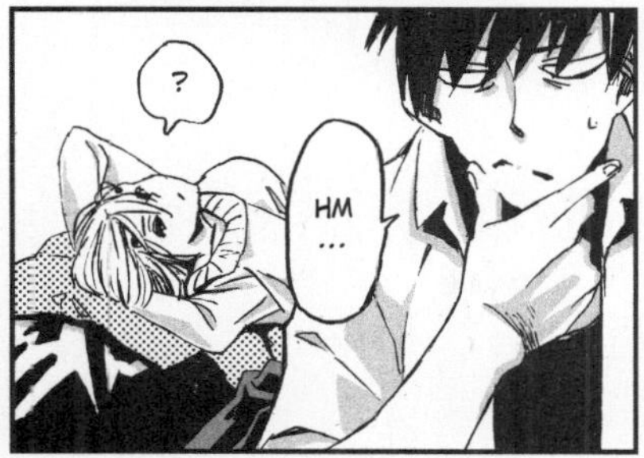
?
HM …

WAS IST?
ACH, …
… ICH ÜBERLEGE NUR, WAS ICH ZUM ABEND-ESSEN MACHEN SOLL.
HAST DU LUST AUF WAS BESTIMM-TES?

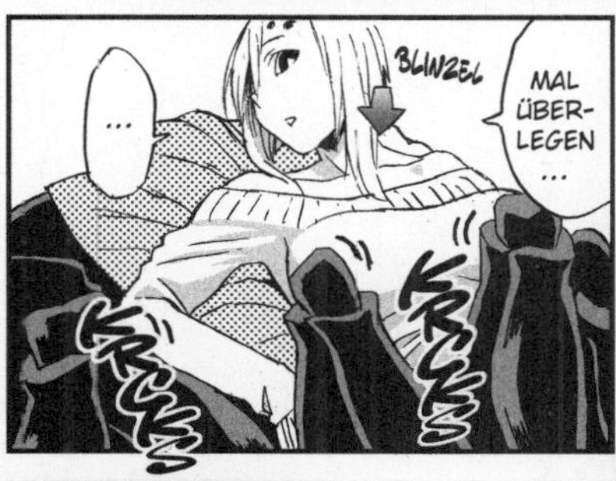
MAL ÜBER-LEGEN …
BLINZEL
…
KRCKS
KRCKS

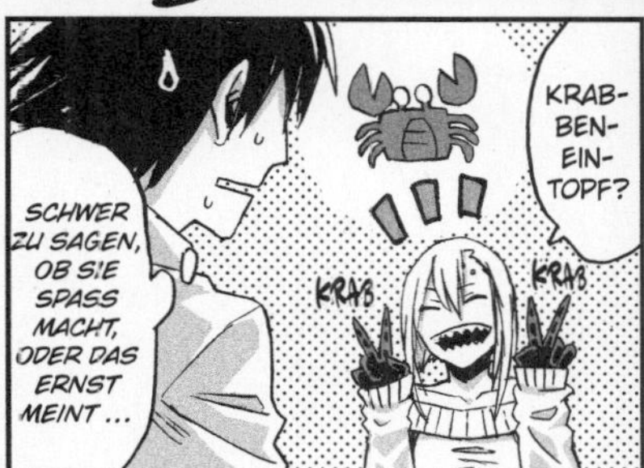
KRAB-BEN-EIN-TOPF?
KRAB
KRAB
SCHWER ZU SAGEN, OB SIE SPASS MACHT, ODER DAS ERNST MEINT …

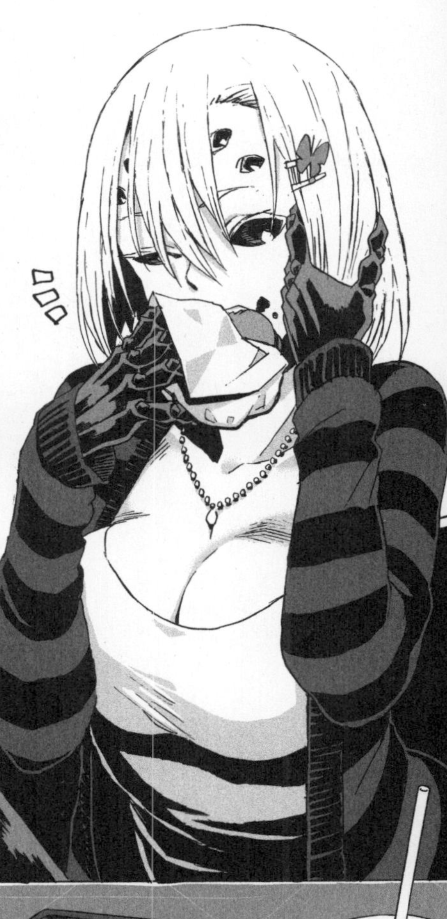

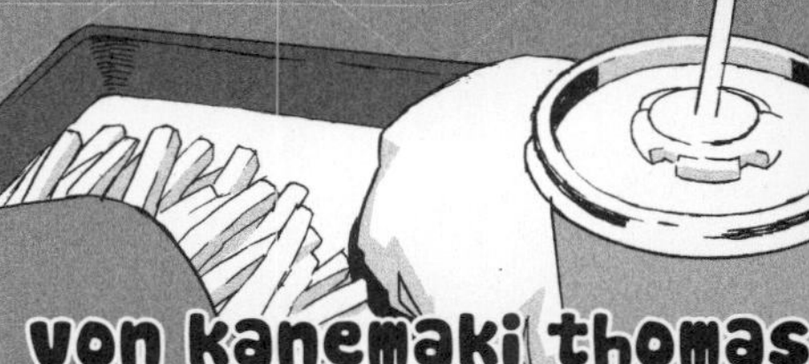
von kanemaki thomas

VORURTEILE

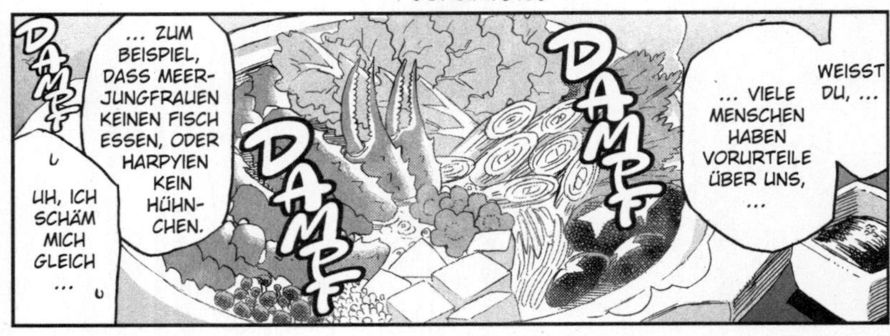
WEISST DU, …
… VIELE MENSCHEN HABEN VORURTEILE ÜBER UNS, …
DAMPF
DAMPF
… ZUM BEISPIEL, DASS MEERJUNGFRAUEN KEINEN FISCH ESSEN, ODER HARPYIEN KEIN HÜHNCHEN.
DAMPF
UH, ICH SCHÄM MICH GLEICH …

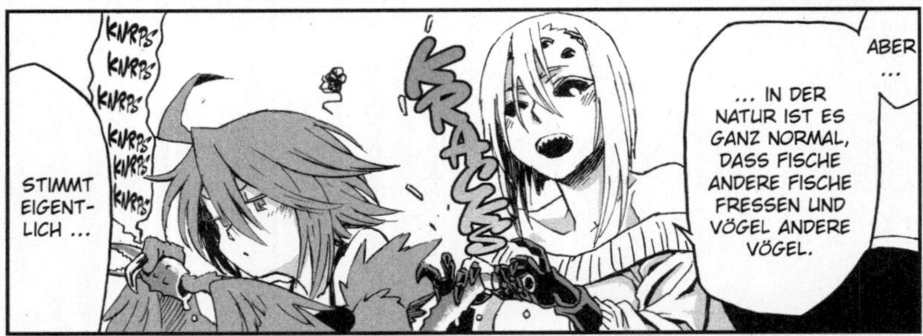
ABER …
… IN DER NATUR IST ES GANZ NORMAL, DASS FISCHE ANDERE FISCHE FRESSEN UND VÖGEL ANDERE VÖGEL.
KRACKS
KNRPS
KNRPS
KNRPS
KNRPS
KNRPS
KNRPS
STIMMT EIGENTLICH …

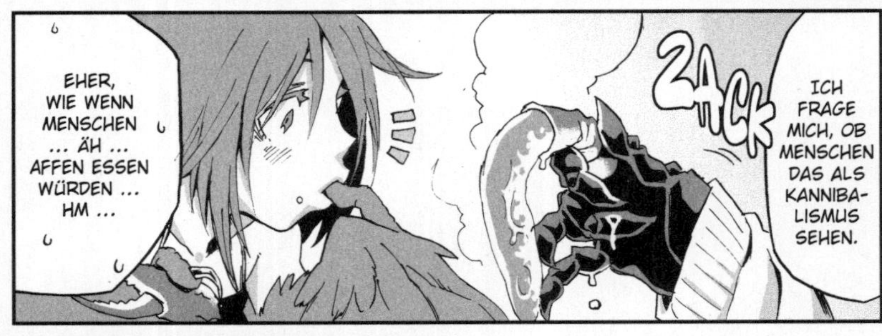
ICH FRAGE MICH, OB MENSCHEN DAS ALS KANNIBALISMUS SEHEN.
ZACK
EHER, WIE WENN MENSCHEN … ÄH … AFFEN ESSEN WÜRDEN … HM …

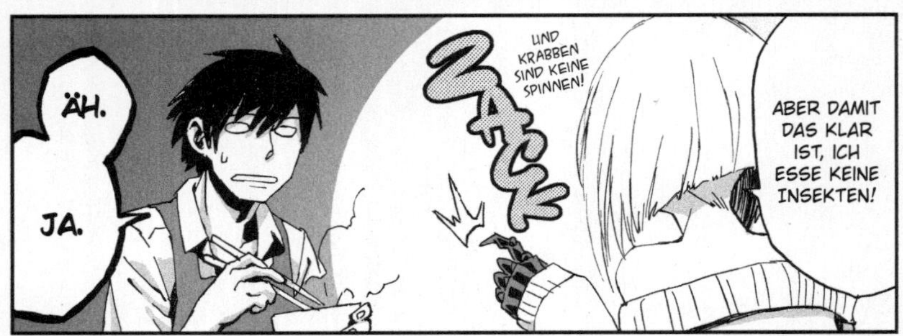
ABER DAMIT DAS KLAR IST, ICH ESSE KEINE INSEKTEN!
UND KRABBEN SIND KEINE SPINNEN!
ZACK
ÄH.
JA.

ÜBERFLUSS

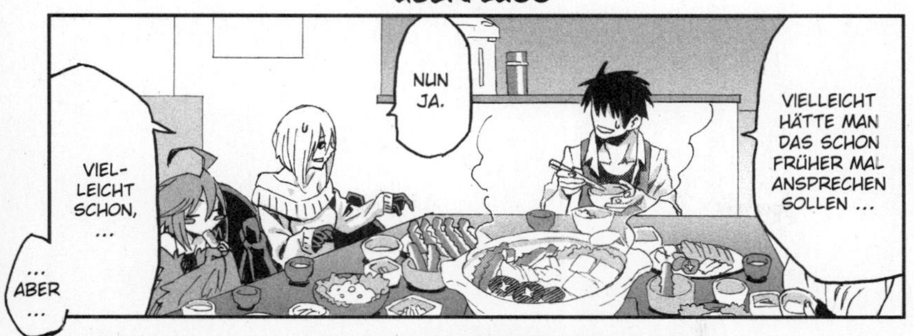
VIELLEICHT HÄTTE MAN DAS SCHON FRÜHER MAL ANSPRECHEN SOLLEN …
NUN JA.
VIEL-LEICHT SCHON, …
… ABER …

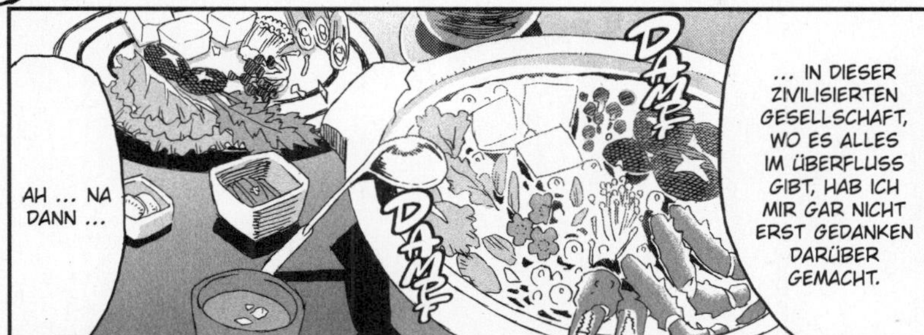
… IN DIESER ZIVILISIERTEN GESELLSCHAFT, WO ES ALLES IM ÜBERFLUSS GIBT, HAB ICH MIR GAR NICHT ERST GEDANKEN DARÜBER GEMACHT.
DAMPF
DAMPF
AH … NA DANN …

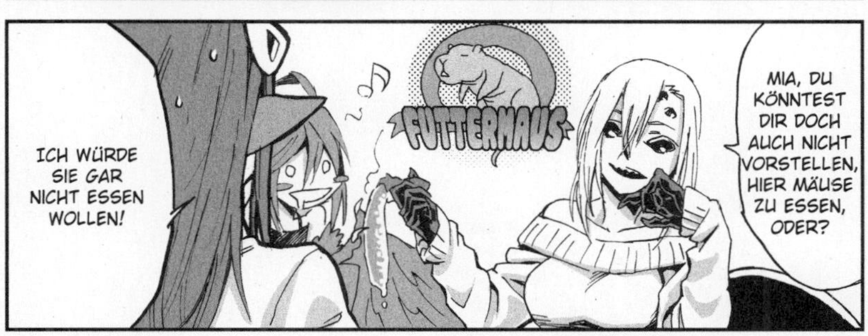
MIA, DU KÖNNTEST DIR DOCH AUCH NICHT VORSTELLEN, HIER MÄUSE ZU ESSEN, ODER?
FUTTERMAUS
ICH WÜRDE SIE GAR NICHT ESSEN WOLLEN!

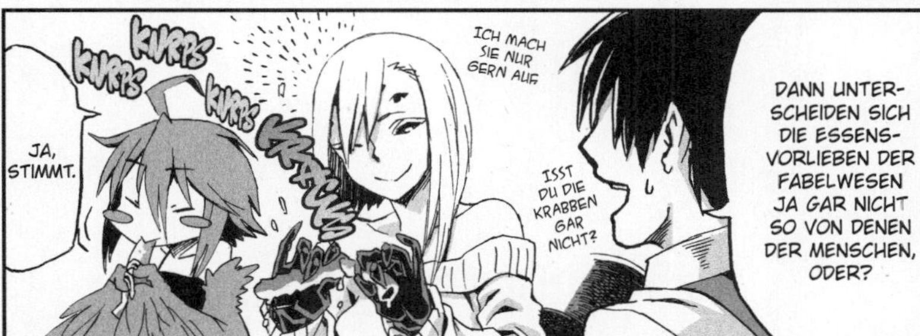
DANN UNTER-SCHEIDEN SICH DIE ESSENS-VORLIEBEN DER FABELWESEN JA GAR NICHT SO VON DENEN DER MENSCHEN, ODER?
ISST DU DIE KRABBEN GAR NICHT?
ICH MACH SIE NUR GERN AUF
KRACKS
KNRPS
KNRPS
KNRPS
JA, STIMMT.

UNFAIR?

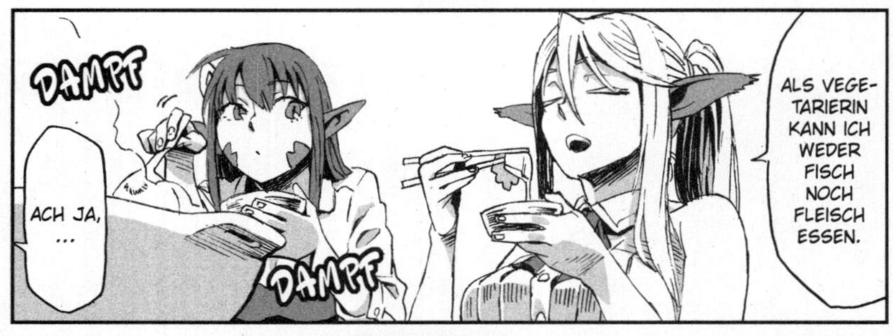
ALS VEGETARIERIN KANN ICH WEDER FISCH NOCH FLEISCH ESSEN.
DAMPF
ACH JA, ...
DAMPF

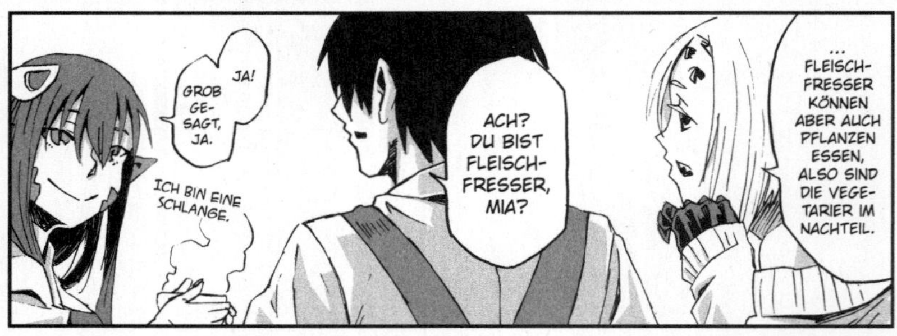
... FLEISCHFRESSER KÖNNEN ABER AUCH PFLANZEN ESSEN, ALSO SIND DIE VEGETARIER IM NACHTEIL.
ACH? DU BIST FLEISCHFRESSER, MIA?
JA! GROB GESAGT, JA.
ICH BIN EINE SCHLANGE.

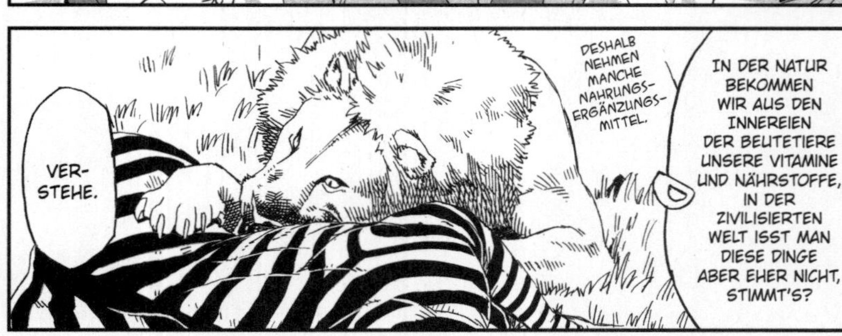
IN DER NATUR BEKOMMEN WIR AUS DEN INNEREIEN DER BEUTETIERE UNSERE VITAMINE UND NÄHRSTOFFE, IN DER ZIVILISIERTEN WELT ISST MAN DIESE DINGE ABER EHER NICHT, STIMMT'S?
DESHALB NEHMEN MANCHE NAHRUNGSERGÄNZUNGSMITTEL.
VERSTEHE.

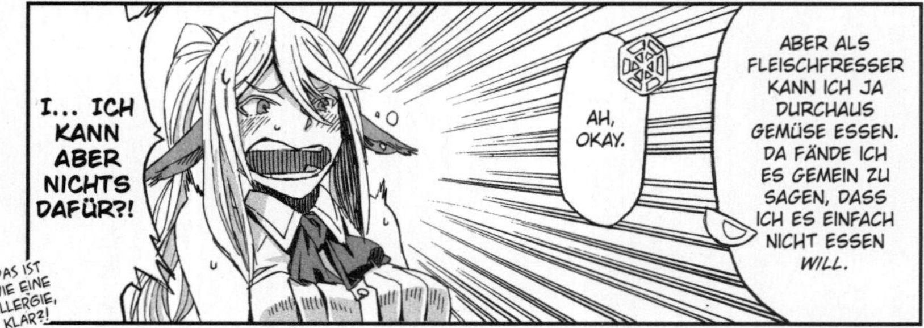
ABER ALS FLEISCHFRESSER KANN ICH JA DURCHAUS GEMÜSE ESSEN. DA FÄNDE ICH ES GEMEIN ZU SAGEN, DASS ICH ES EINFACH NICHT ESSEN *WILL*.
AH, OKAY.
I... ICH KANN ABER NICHTS DAFÜR?!
DAS IST WIE EINE ALLERGIE, KLAR?!

ISOLIERT BEIM ESSEN

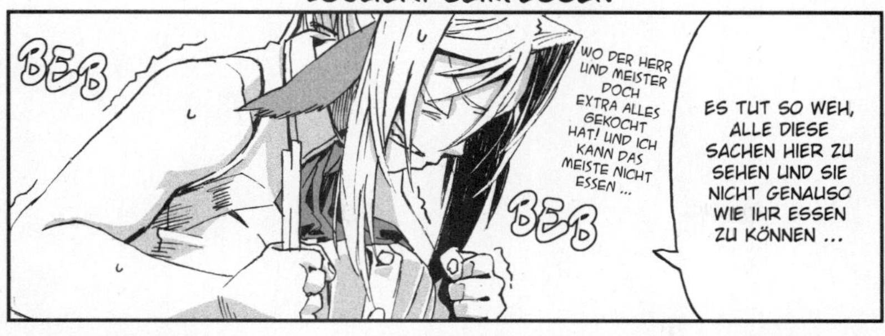
ES TUT SO WEH, ALLE DIESE SACHEN HIER ZU SEHEN UND SIE NICHT GENAUSO WIE IHR ESSEN ZU KÖNNEN …
WO DER HERR UND MEISTER DOCH EXTRA ALLES GEKOCHT HAT! UND ICH KANN DAS MEISTE NICHT ESSEN …
BEB
BEB

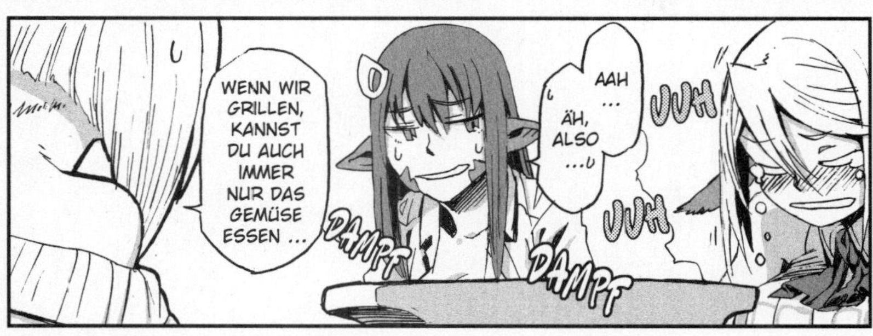
UUH
UUH
AAH … ÄH, ALSO …
WENN WIR GRILLEN, KANNST DU AUCH IMMER NUR DAS GEMÜSE ESSEN …
DAMPF
DAMPF

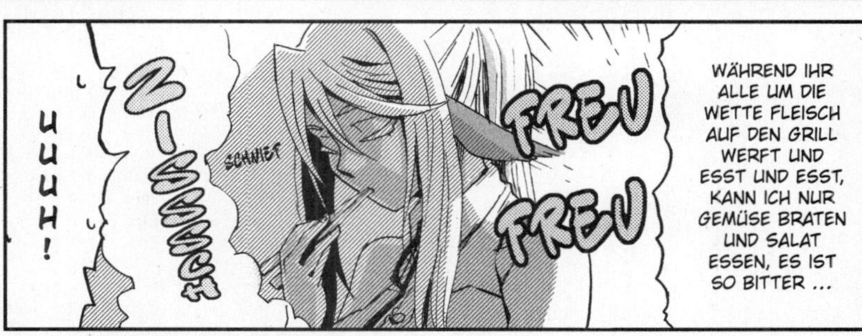
WÄHREND IHR ALLE UM DIE WETTE FLEISCH AUF DEN GRILL WERFT UND ESST UND ESST, KANN ICH NUR GEMÜSE BRATEN UND SALAT ESSEN, ES IST SO BITTER …
FREU
FREU
SCHNIEF
UUUH!

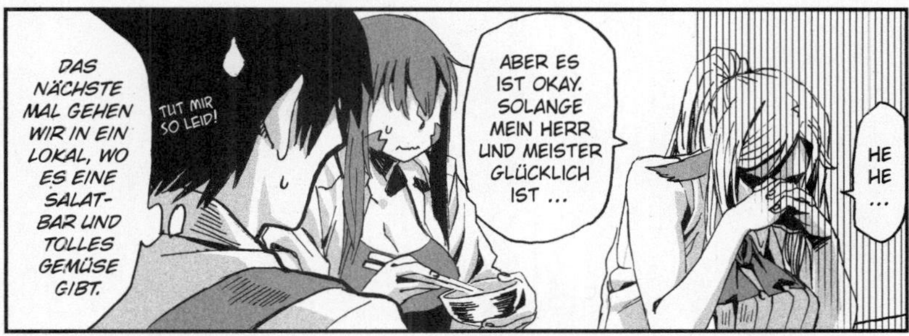
HE HE …
ABER ES IST OKAY. SOLANGE MEIN HERR UND MEISTER GLÜCKLICH IST …
TUT MIR SO LEID!
DAS NÄCHSTE MAL GEHEN WIR IN EIN LOKAL, WO ES EINE SALATBAR UND TOLLES GEMÜSE GIBT.

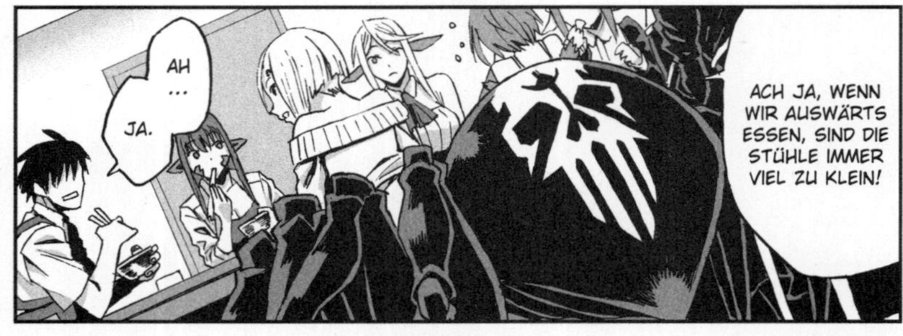
ACH JA, WENN WIR AUSWÄRTS ESSEN, SIND DIE STÜHLE IMMER VIEL ZU KLEIN!
AH …
JA.

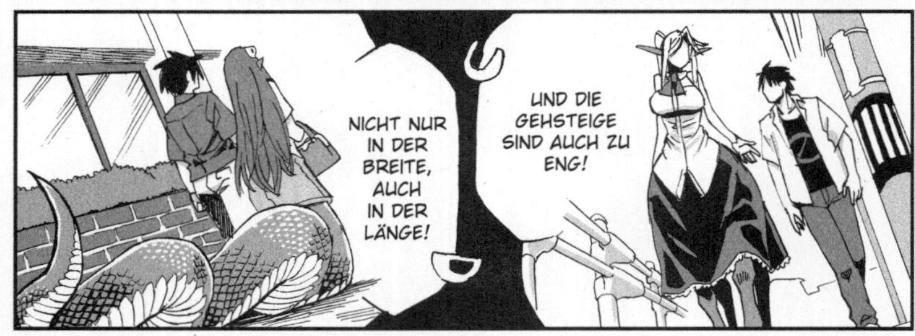
UND DIE GEHSTEIGE SIND AUCH ZU ENG!
NICHT NUR IN DER BREITE, AUCH IN DER LÄNGE!

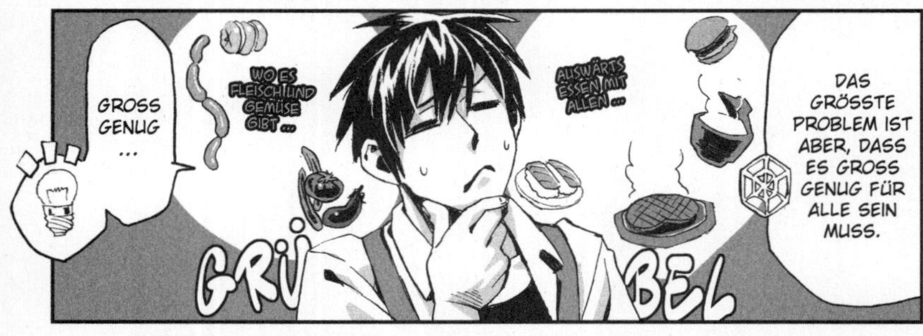
DAS GRÖSSTE PROBLEM IST ABER, DASS ES GROSS GENUG FÜR ALLE SEIN MUSS.
AUSWÄRTS ESSEN MIT ALLEN …
WO ES FLEISCH UND GEMÜSE GIBT …
GROSS GENUG …
GRÜ BEL

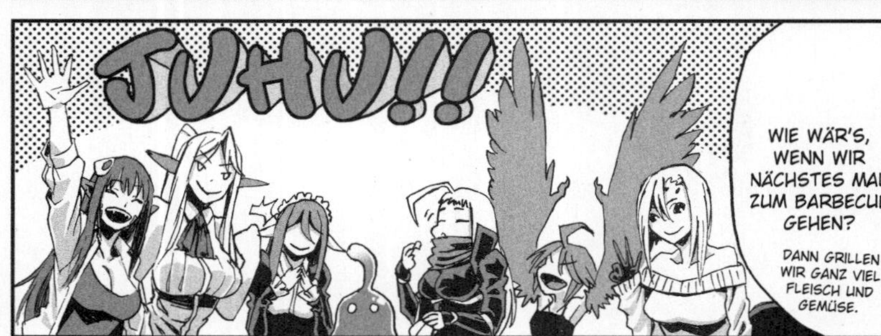
WIE WÄR'S, WENN WIR NÄCHSTES MAL ZUM BARBECUE GEHEN?
DANN GRILLEN WIR GANZ VIEL FLEISCH UND GEMÜSE.
JUHU!!

Die Monster Mädchen Anthologie

INTERKULTURELLES VERSTÄNDNIS (SINGLEPLAYER)

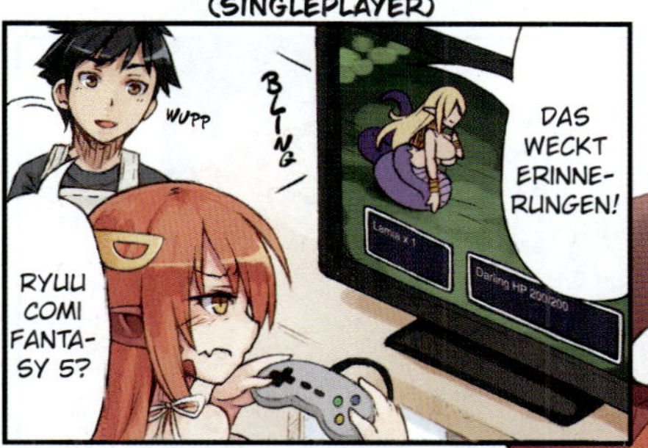
WUPP
BLING
RYUU COMI FANTASY 5?
DAS WECKT ERINNERUNGEN!
Lamia x 1
Darling HP 200/200

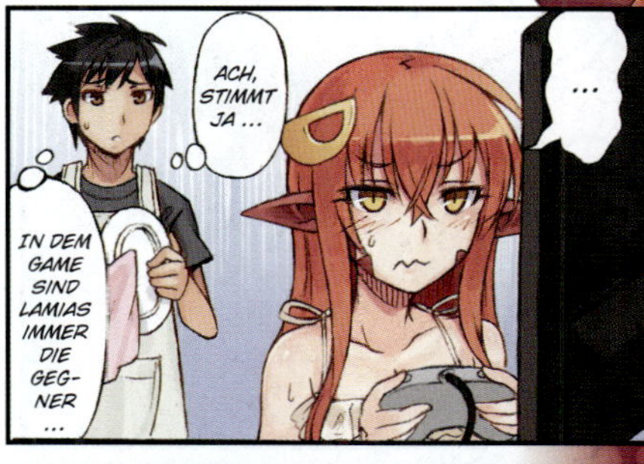
IN DEM GAME SIND LAMIAS IMMER DIE GEGNER ...
ACH, STIMMT JA ...
...

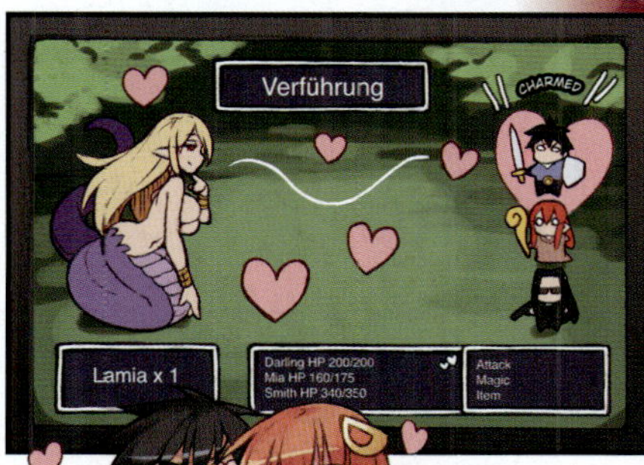
Verführung
CHARMED
Lamia x 1
Darling HP 200/200
Mia HP 160/175
Smith HP 340/350
Attack
Magic
Item

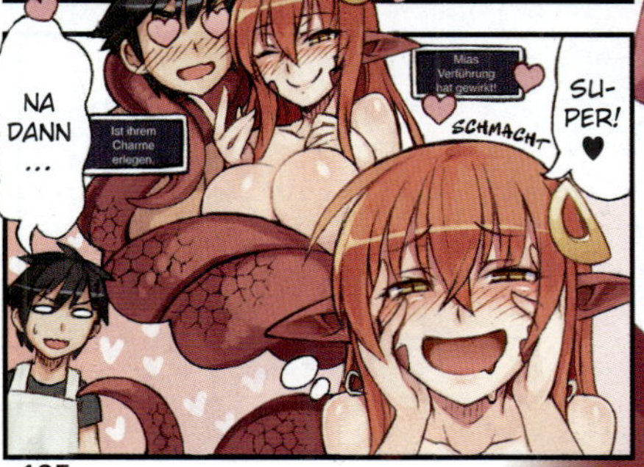
NA DANN ...
Ist ihrem Charme erlegen.
Mias Verführung hat gewirkt!
SCHMACHT
SUPER! ♥

Kulturaustausch (beim Zocken)

von kenkoucross

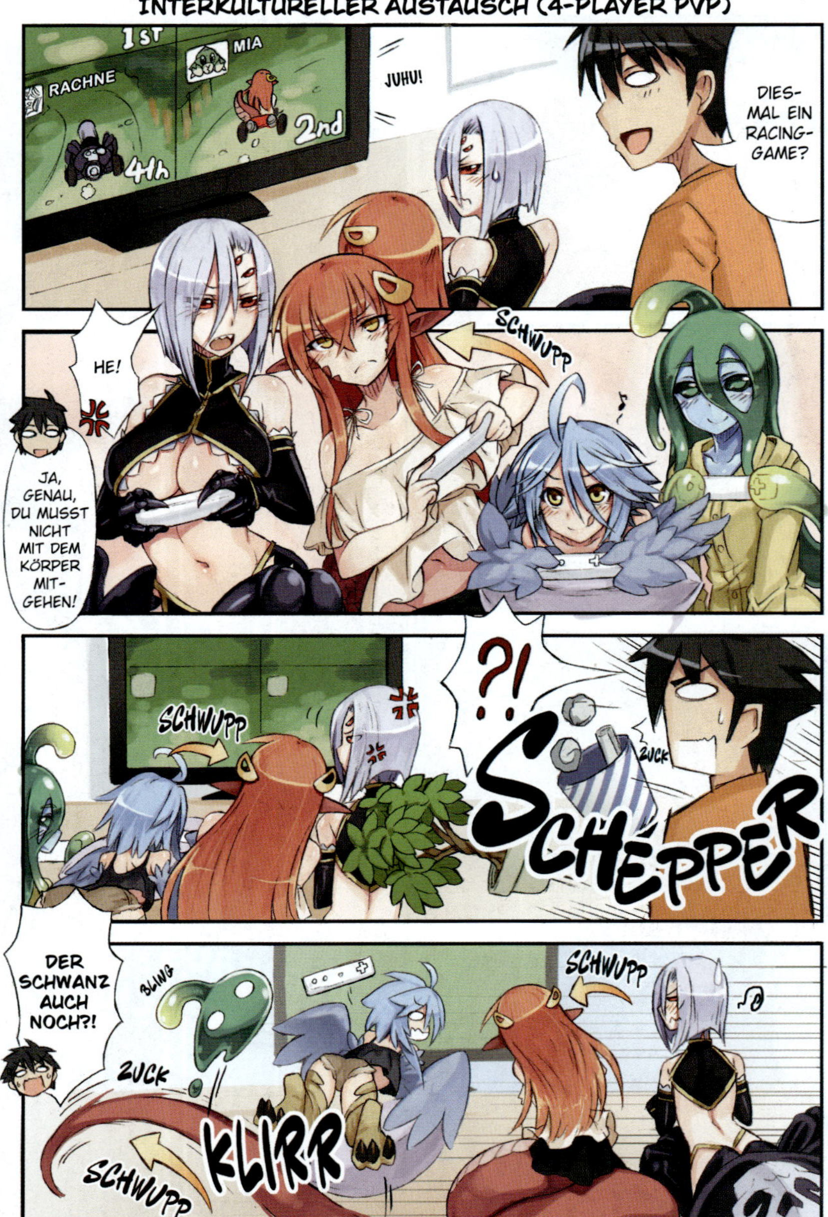
INTERKULTURELLER AUSTAUSCH (4-PLAYER PVP)
1ST
MIA
RACHNE
2nd
4th
JUHU!
DIES-MAL EIN RACING-GAME?
SCHWUPP
HE!
JA, GENAU, DU MUSST NICHT MIT DEM KÖRPER MIT-GEHEN!
?!
SCHWUPP
ZUCK
SCHEPPER
SCHWUPP
DER SCHWANZ AUCH NOCH?!
BLING
ZUCK
KLIRR
SCHWUPP

Die Monster Mädchen Anthologie

SO WAR DAS NICHT GEMEINT ...

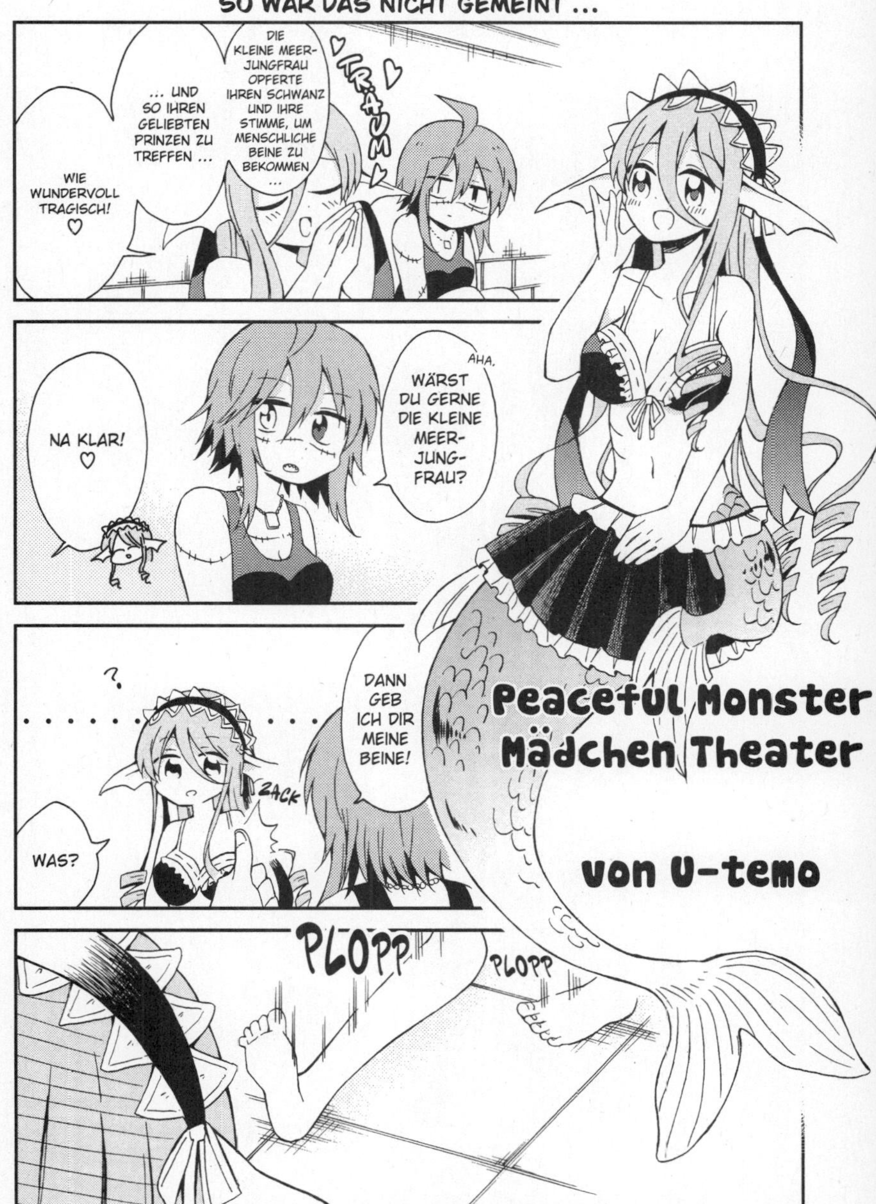
DIE KLEINE MEERJUNGFRAU OPFERTE IHREN SCHWANZ UND IHRE STIMME, UM MENSCHLICHE BEINE ZU BEKOMMEN ...
TRAUM
... UND SO IHREN GELIEBTEN PRINZEN ZU TREFFEN ...
WIE WUNDERVOLL TRAGISCH! ♡
AHA.
WÄRST DU GERNE DIE KLEINE MEERJUNGFRAU?
NA KLAR! ♡
DANN GEB ICH DIR MEINE BEINE!
ZACK
?
WAS?
PLOPP
PLOPP
Peaceful Monster Mädchen Theater
von U-temo

AUS EINS MACH ZWEI ♡

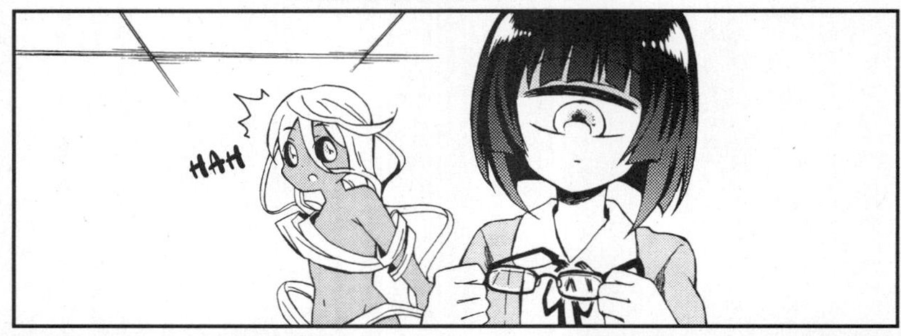
HAH

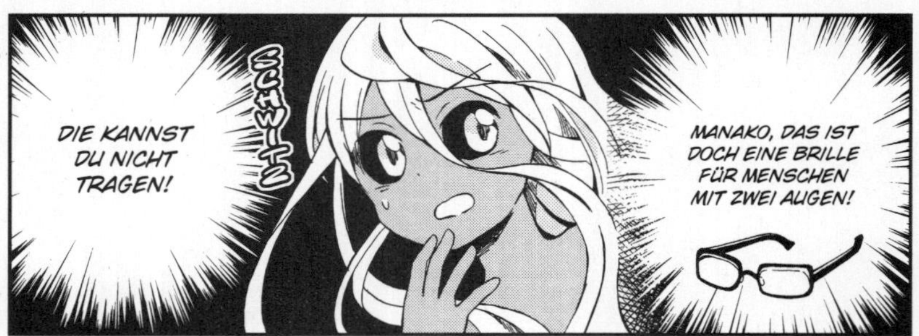
MANAKO, DAS IST DOCH EINE BRILLE FÜR MENSCHEN MIT ZWEI AUGEN!
SCHWITZ
DIE KANNST DU NICHT TRAGEN!

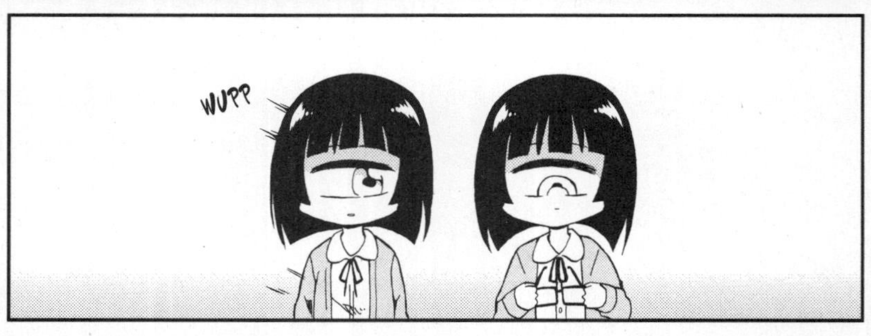
WUPP

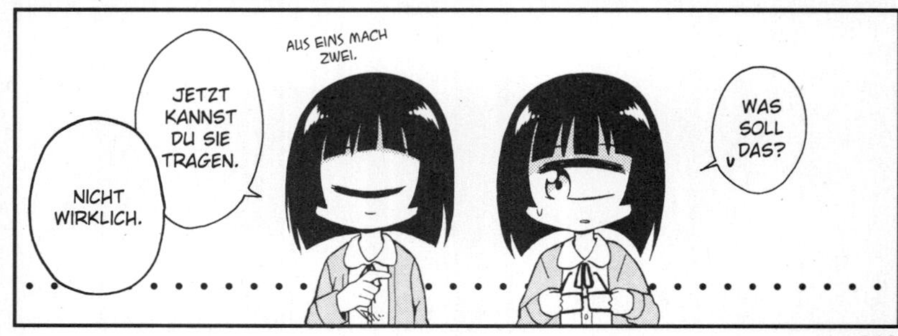
WAS SOLL DAS?
AUS EINS MACH ZWEI.
JETZT KANNST DU SIE TRAGEN.
NICHT WIRKLICH.

ES DAUERT

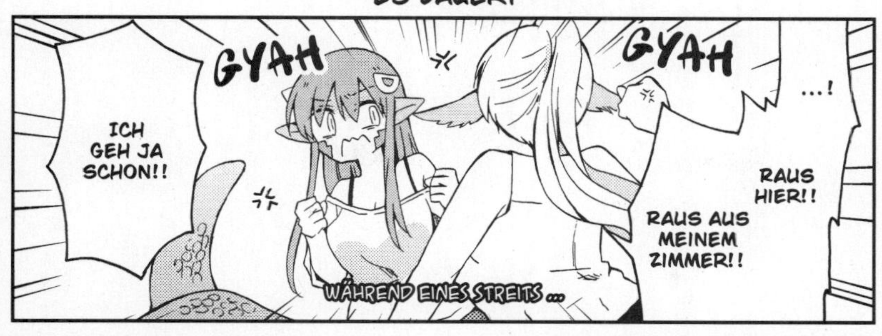
...!
GYAH
RAUS HIER!!
RAUS AUS MEINEM ZIMMER!!
GYAH
ICH GEH JA SCHON!!
WÄHREND EINES STREITS ...

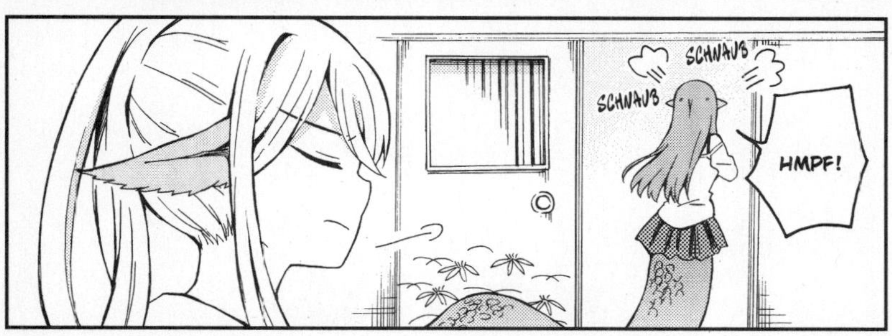
SCHNAUB
SCHNAUB
HMPF!

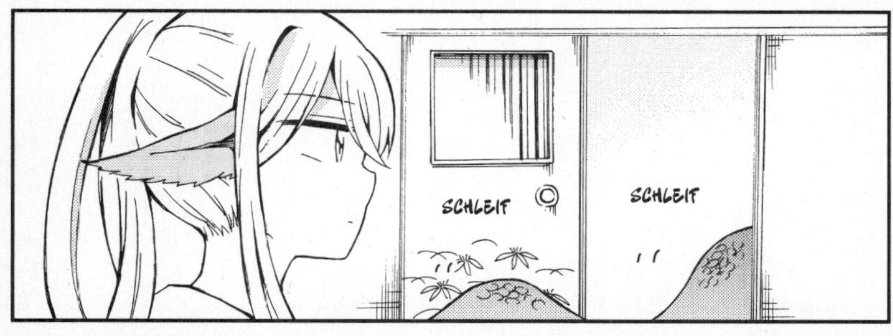
SCHLEIF
SCHLEIF

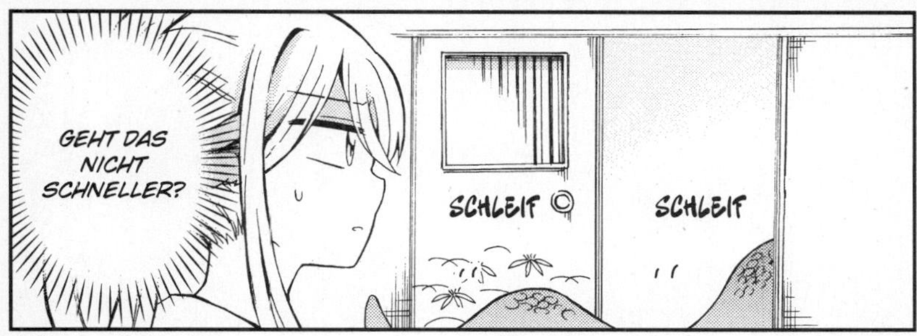
SCHLEIF
SCHLEIF
GEHT DAS NICHT SCHNELLER?

RACHNES WARMHERZIGE SEITE

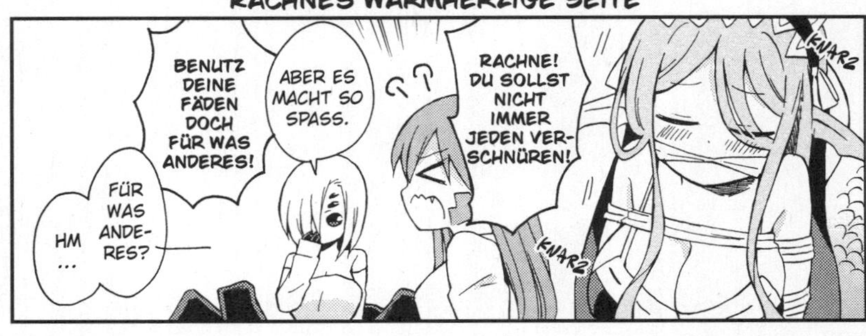
KNARZ
RACHNE! DU SOLLST NICHT IMMER JEDEN VERSCHNÜREN!
ABER ES MACHT SO SPASS.
BENUTZ DEINE FÄDEN DOCH FÜR WAS ANDERES!
FÜR WAS ANDERES?
HM ...
KNARZ

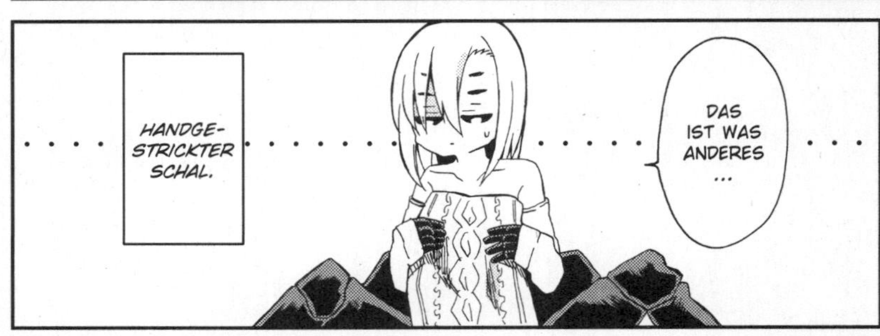
DAS IST WAS ANDERES ...
HANDGESTRICKTER SCHAL.

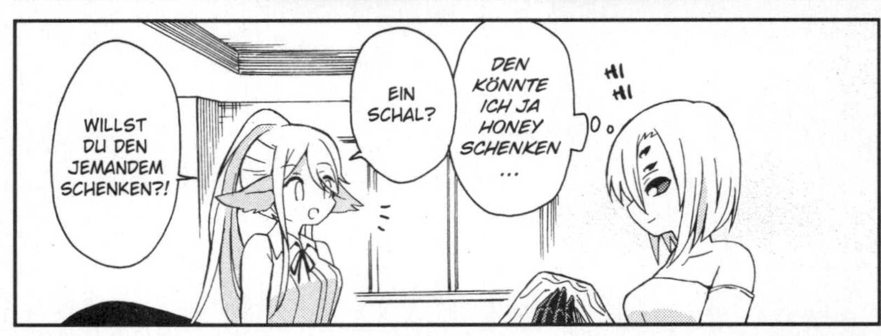
HI HI
DEN KÖNNTE ICH JA HONEY SCHENKEN ...
EIN SCHAL?
WILLST DU DEN JEMANDEM SCHENKEN?!

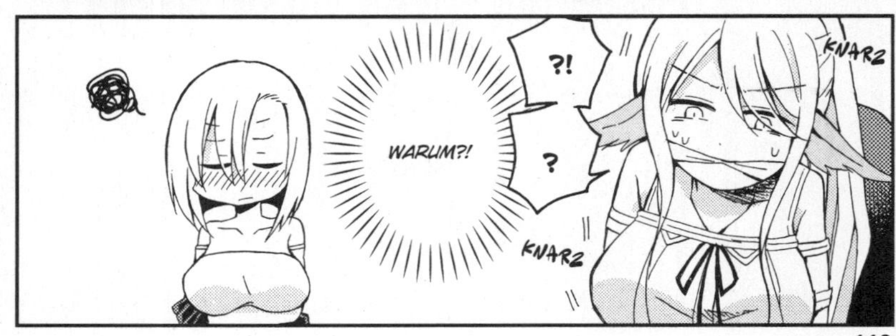
KNARZ
?!
?
WARUM?!
KNARZ

SCHLECHTER WITZ

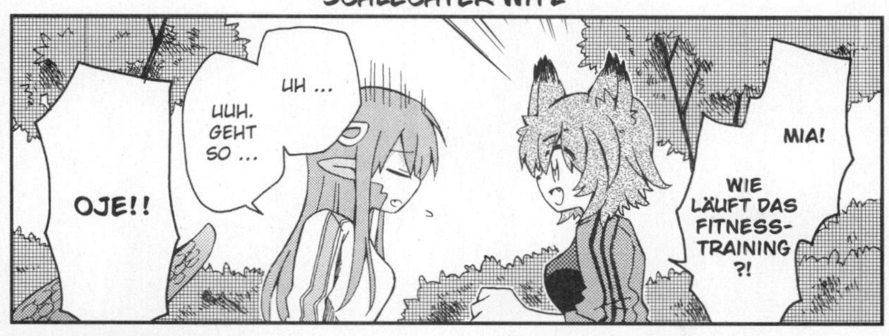
MIA!
WIE LÄUFT DAS FITNESS-TRAINING ?!
UH ...
UUH. GEHT SO ...
OJE!!

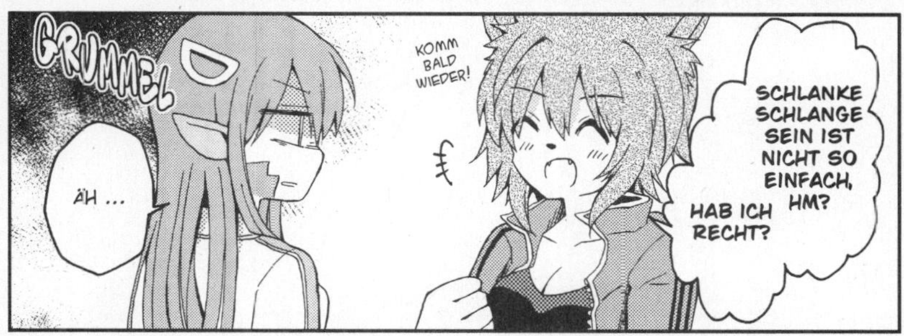
SCHLANKE SCHLANGE SEIN IST NICHT SO EINFACH, HM?
HAB ICH RECHT?
KOMM BALD WIEDER!
GRUMMEL
ÄH ...

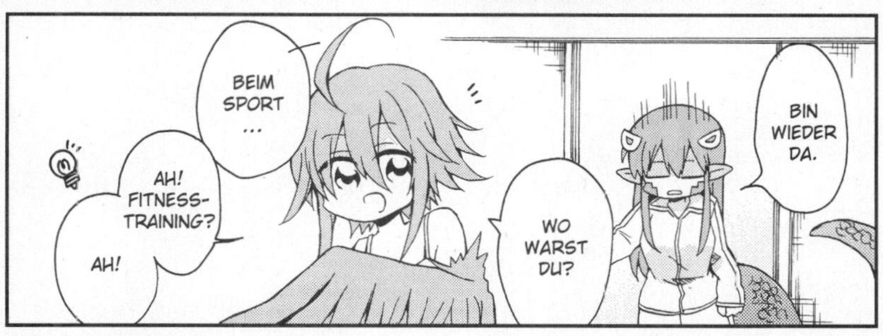
BIN WIEDER DA.
WO WARST DU?
BEIM SPORT ...
AH! FITNESS-TRAINING?
AH!

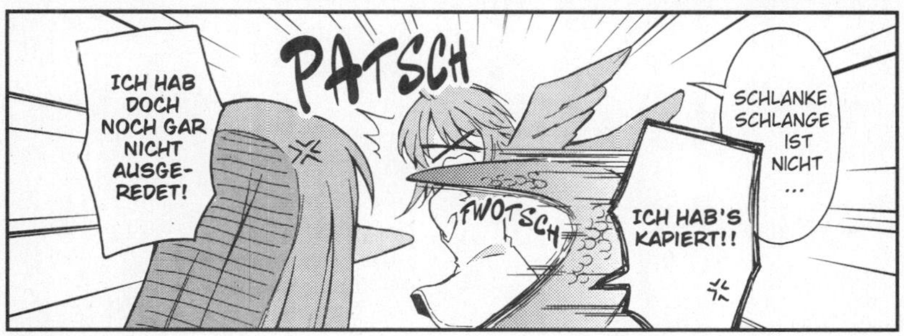
SCHLANKE SCHLANGE IST NICHT ...
ICH HAB'S KAPIERT!!
PATSCH
FWOTSCH
ICH HAB DOCH NOCH GAR NICHT AUSGE-REDET!

SO SCHWER

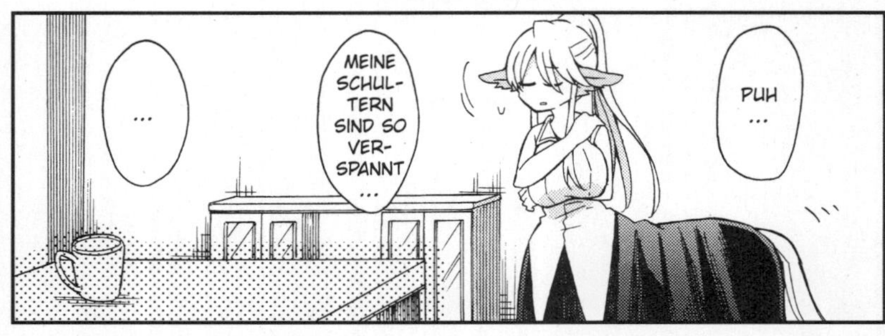
PUH …
MEINE SCHUL-TERN SIND SO VER-SPANNT …
…

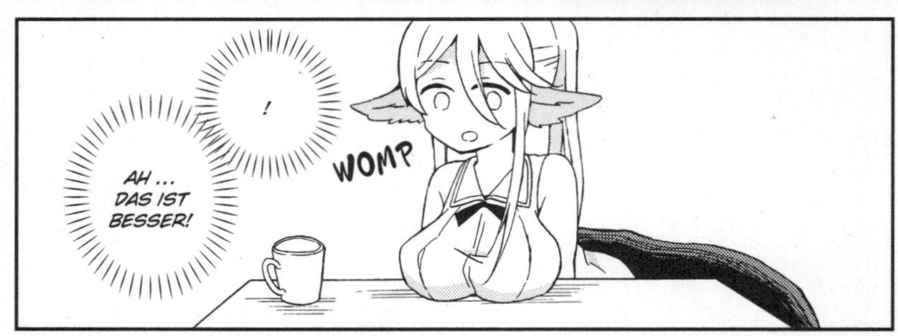
!
WOMP
AH … DAS IST BESSER!

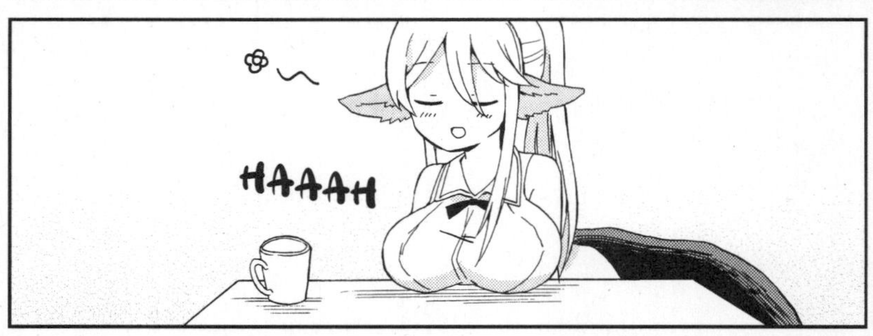
HAAAH

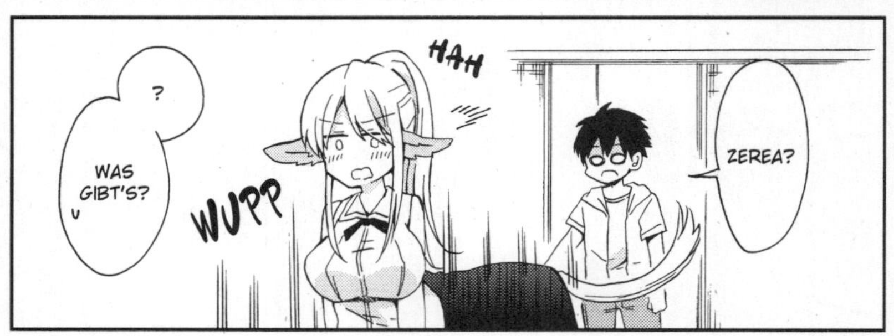
ZEREA?
HAH
WUPP
? WAS GIBT'S?

SUPERPRAKTISCH, SO EIN GUTES AUGE!

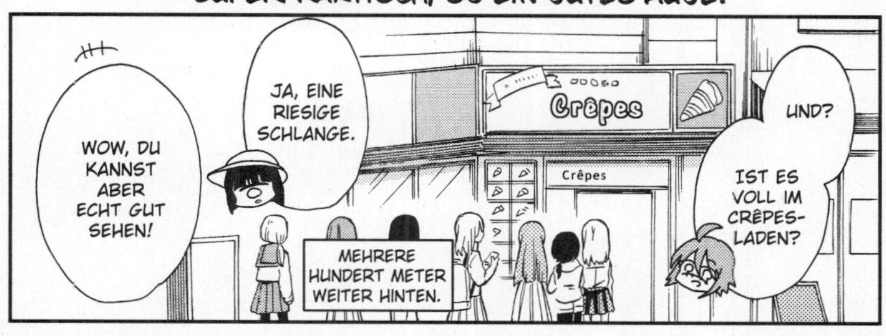
UND?
IST ES VOLL IM CRÊPESLADEN?
JA, EINE RIESIGE SCHLANGE.
WOW, DU KANNST ABER ECHT GUT SEHEN!
MEHRERE HUNDERT METER WEITER HINTEN.
Crêpes
Crêpes

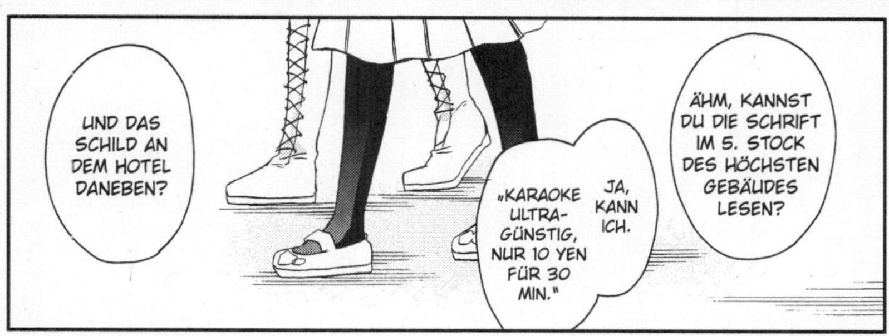
ÄHM, KANNST DU DIE SCHRIFT IM 5. STOCK DES HÖCHSTEN GEBÄUDES LESEN?
JA, KANN ICH.
„KARAOKE ULTRA-GÜNSTIG, NUR 10 YEN FÜR 30 MIN."
UND DAS SCHILD AN DEM HOTEL DANEBEN?

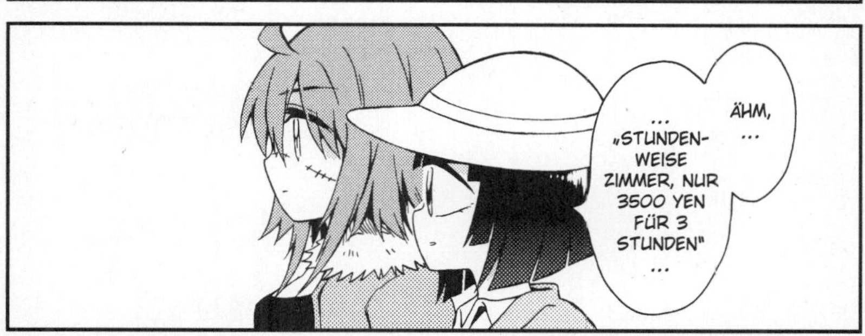
ÄHM, ...
... „STUNDENWEISE ZIMMER, NUR 3500 YEN FÜR 3 STUNDEN" ...

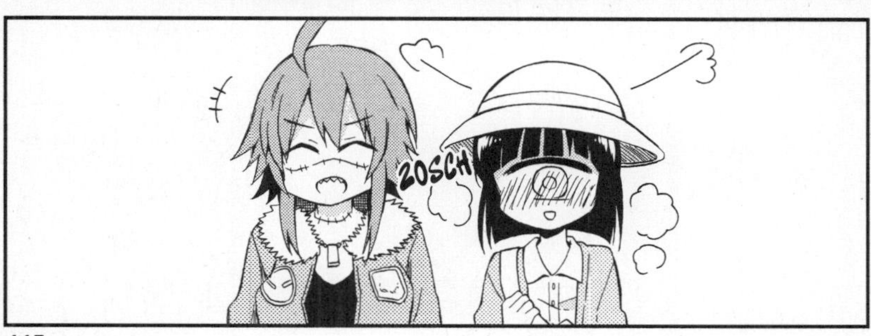
ZOSCH

IMMER DASSELBE

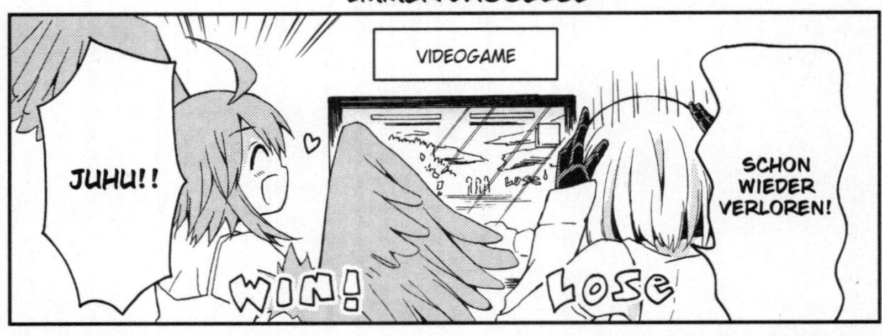
VIDEOGAME
SCHON WIEDER VERLOREN!
JUHU!!
WIN!
LOSE

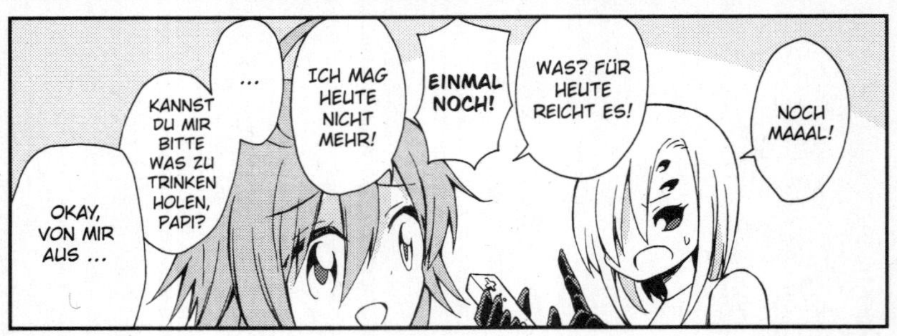
NOCH MAAAL!
WAS? FÜR HEUTE REICHT ES!
EINMAL NOCH!
ICH MAG HEUTE NICHT MEHR!
...
KANNST DU MIR BITTE WAS ZU TRINKEN HOLEN, PAPI?
OKAY, VON MIR AUS ...

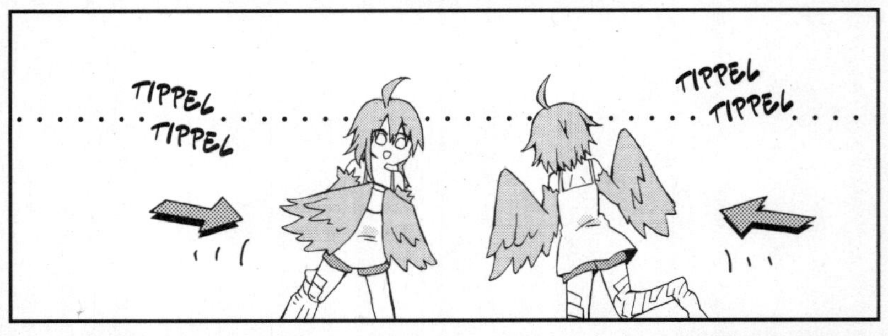
TIPPEL TIPPEL
TIPPEL TIPPEL

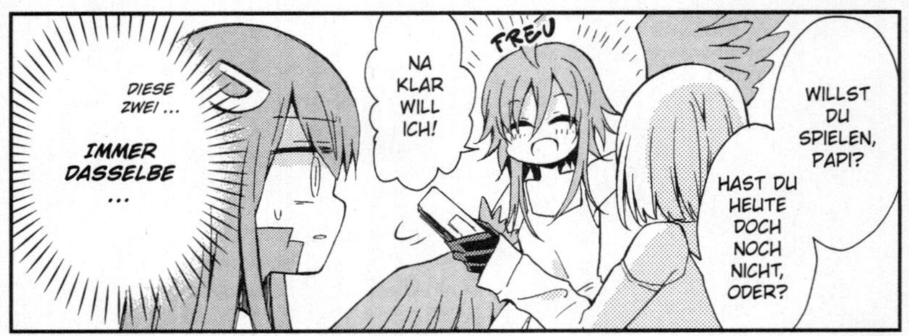
WILLST DU SPIELEN, PAPI?
HAST DU HEUTE DOCH NOCH NICHT, ODER?
FREU
NA KLAR WILL ICH!
DIESE ZWEI ...
IMMER DASSELBE ...

SKURRILER SCHERZ

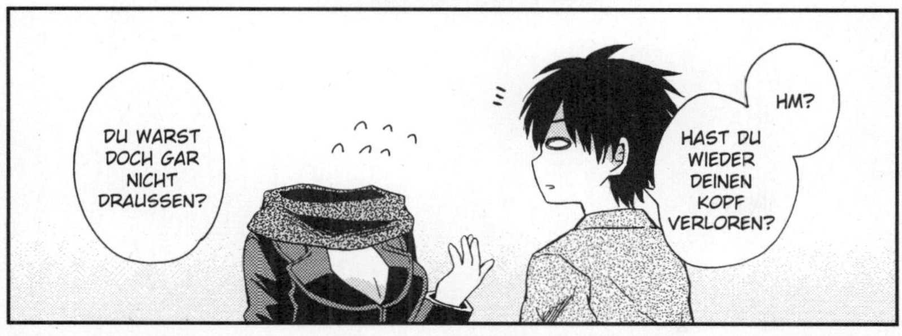
HM?
HAST DU WIEDER DEINEN KOPF VERLOREN?
DU WARST DOCH GAR NICHT DRAUSSEN?

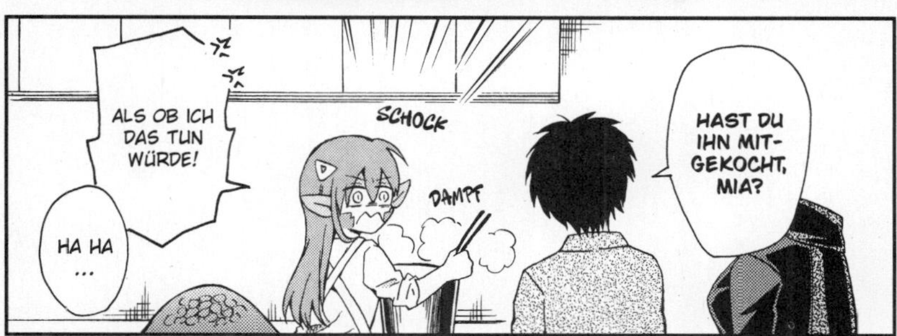
HAST DU IHN MIT-GEKOCHT, MIA?
SCHOCK
DAMPF
ALS OB ICH DAS TUN WÜRDE!
HA HA ...

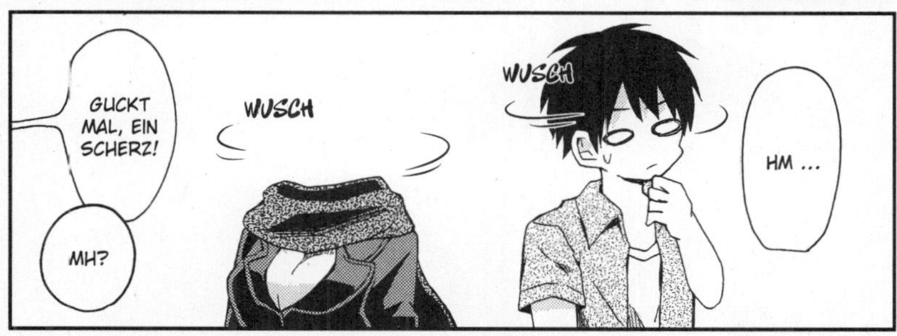
HM ...
WUSCH
WUSCH
GUCKT MAL, EIN SCHERZ!
MH?

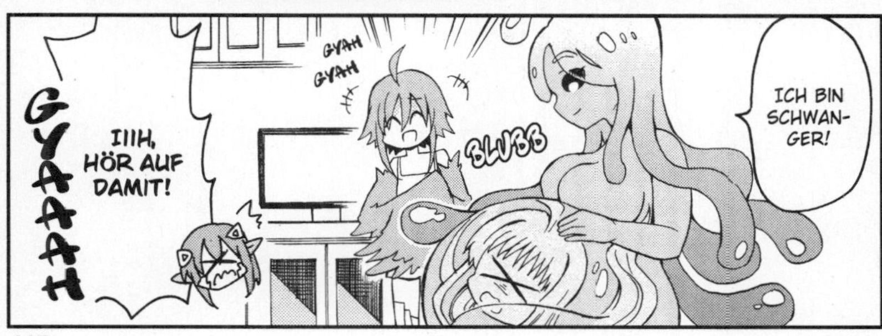
ICH BIN SCHWAN-GER!
BLUBB
GYAH GYAH
IIIH, HÖR AUF DAMIT!
GYAAAH

GENIALER PLAN!

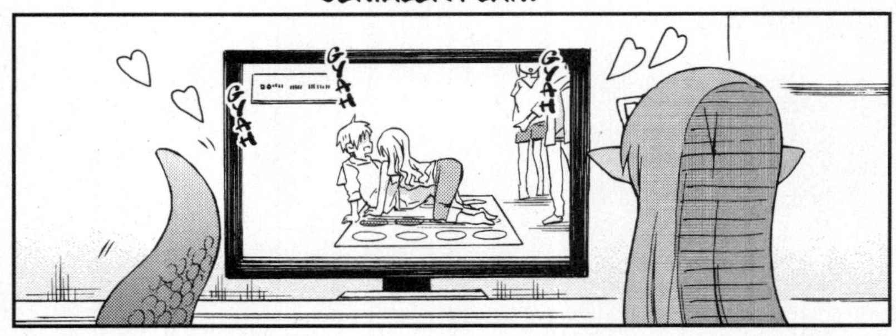
GYAH
GYAH
GYAH

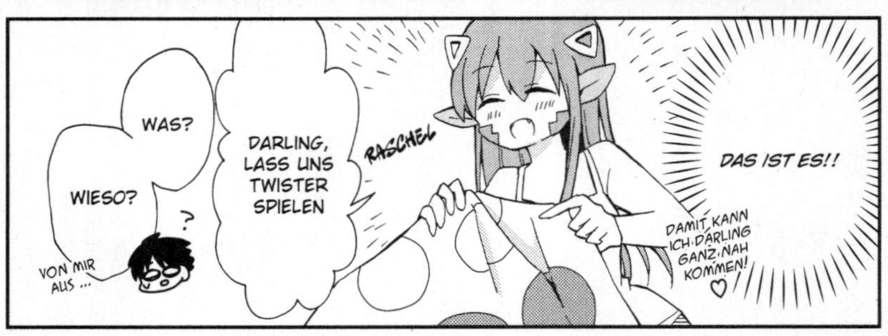
DAS IST ES!!
DAMIT KANN ICH DARLING GANZ NAH KOMMEN!
RASCHEL
DARLING, LASS UNS TWISTER SPIELEN
WAS?
WIESO?
VON MIR AUS ...

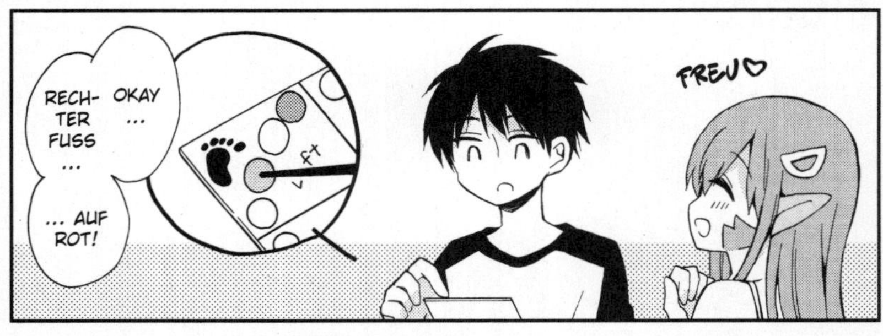
FREU
OKAY ...
RECHTER FUSS ...
... AUF ROT!

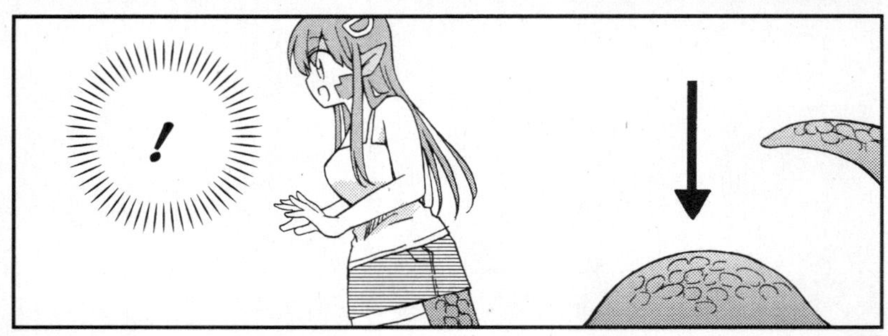
!

NICE JOB

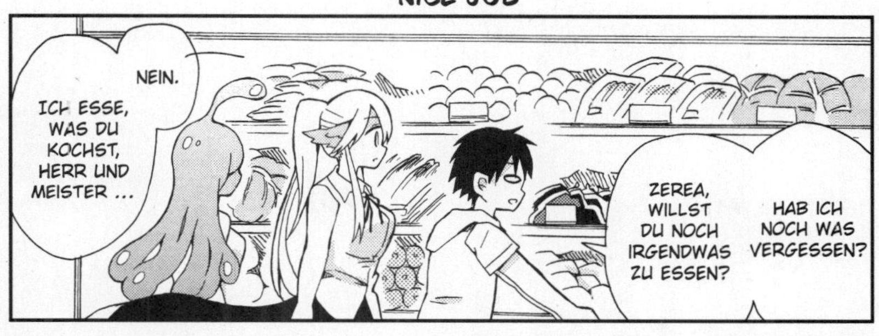
HAB ICH NOCH WAS VERGESSEN?
ZEREA, WILLST DU NOCH IRGENDWAS ZU ESSEN?
NEIN.
ICH ESSE, WAS DU KOCHST, HERR UND MEISTER …

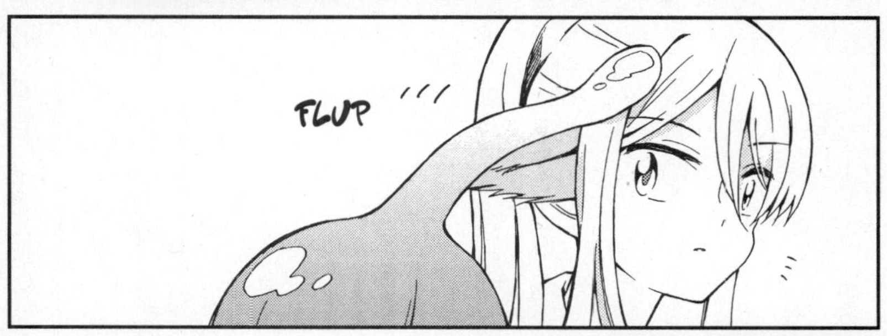
FLUP

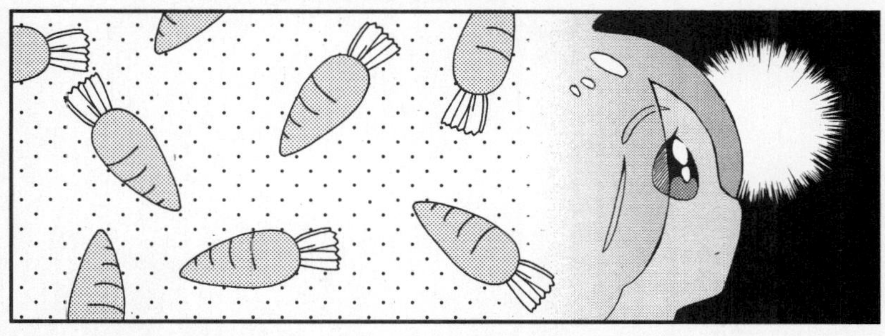

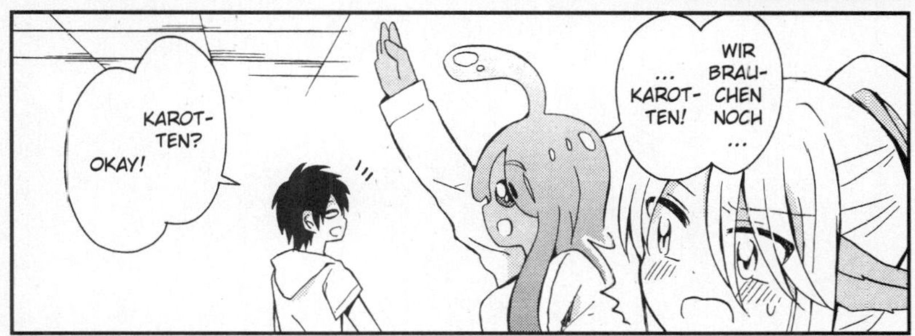
WIR BRAUCHEN NOCH …
… KAROTTEN!
KAROTTEN? OKAY!

BEIM FOTOGRAFIEREN BESSER AUFPASSEN

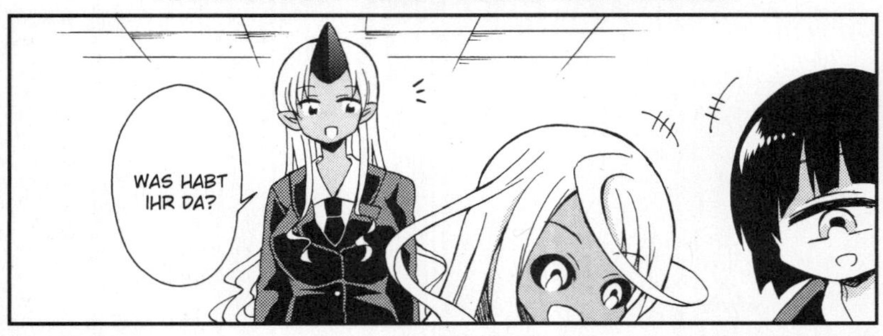
WAS HABT IHR DA?

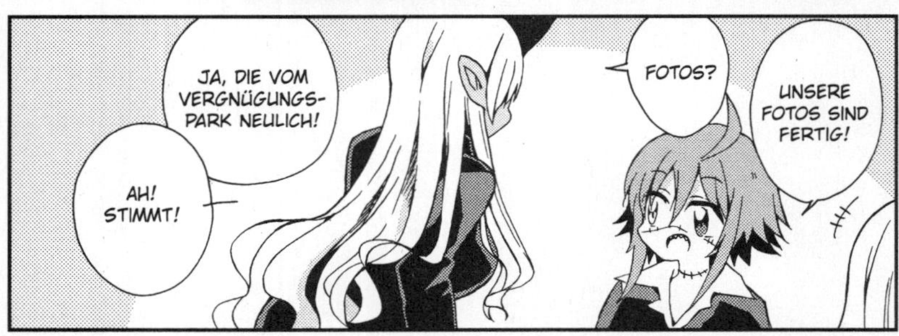
UNSERE FOTOS SIND FERTIG!
FOTOS?
JA, DIE VOM VERGNÜGUNGS-PARK NEULICH!
AH! STIMMT!

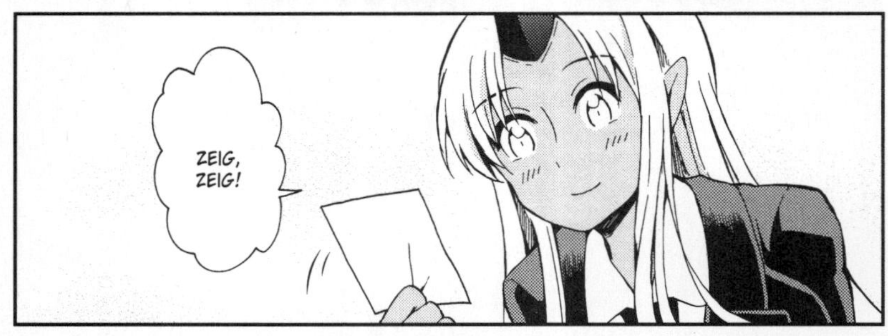
ZEIG, ZEIG!

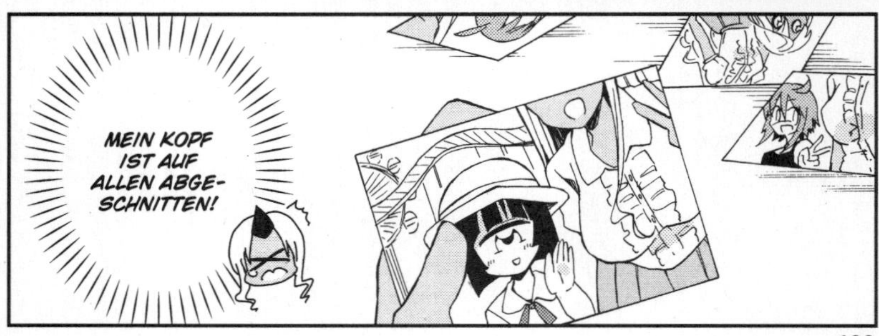
MEIN KOPF IST AUF ALLEN ABGE-SCHNITTEN!

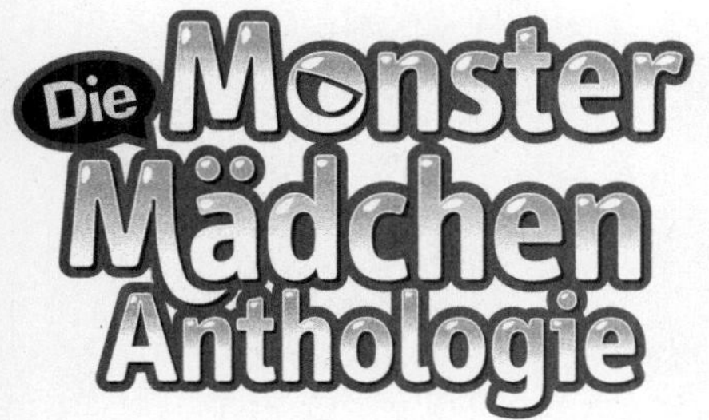
Die Monster Mädchen Anthologie

PARANORMALE ERSCHEINUNGEN

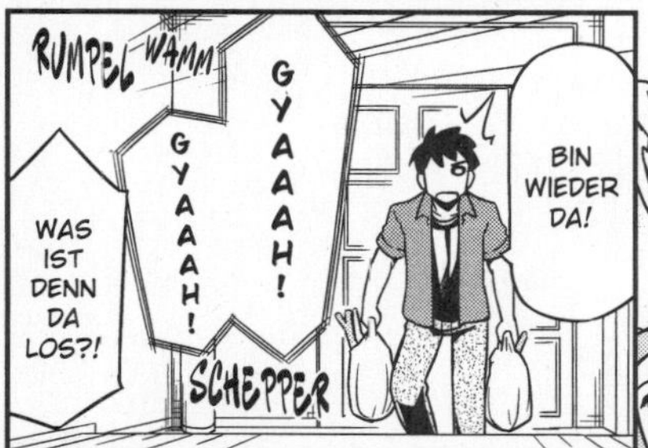
BIN WIEDER DA!
GYAAAH!
GYAAAH!
WAS IST DENN DA LOS?!
RUMPEL
WAMM
SCHEPPER

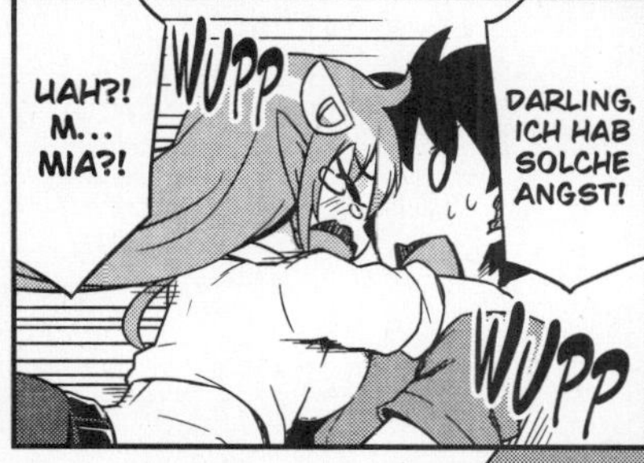
DARLING, ICH HAB SOLCHE ANGST!
UAH?! M... MIA?!
WUPP
WUPP

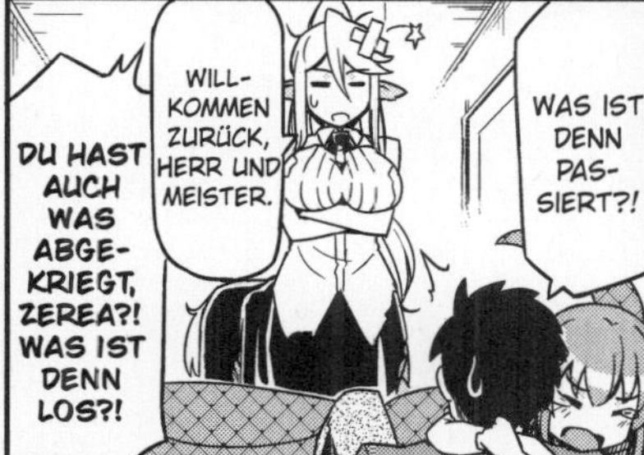
WAS IST DENN PAS-SIERT?!
WILL-KOMMEN ZURÜCK, HERR UND MEISTER.
DU HAST AUCH WAS ABGE-KRIEGT, ZEREA?! WAS IST DENN LOS?!

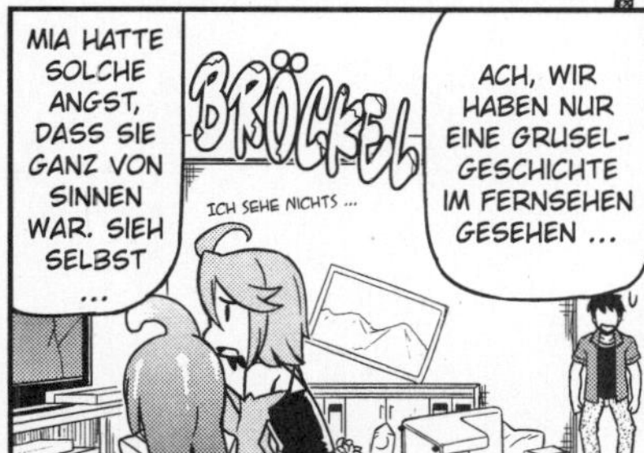
ACH, WIR HABEN NUR EINE GRUSEL-GESCHICHTE IM FERNSEHEN GESEHEN …
MIA HATTE SOLCHE ANGST, DASS SIE GANZ VON SINNEN WAR. SIEH SELBST …
BRÖCKEL
ICH SEHE NICHTS …

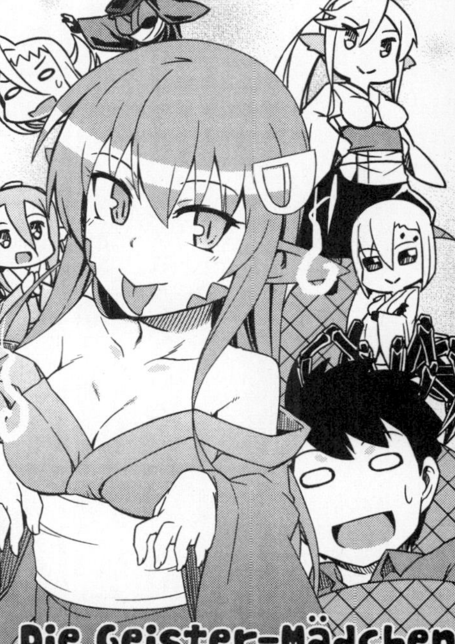

Die Geister-Mädchen

von jingaimodoki

RACHE

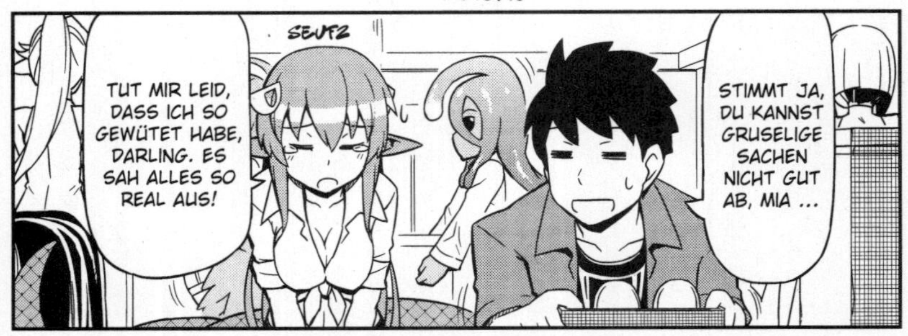

STIMMT JA, DU KANNST GRUSELIGE SACHEN NICHT GUT AB, MIA ...
SEUFZ
TUT MIR LEID, DASS ICH SO GEWÜTET HABE, DARLING. ES SAH ALLES SO REAL AUS!

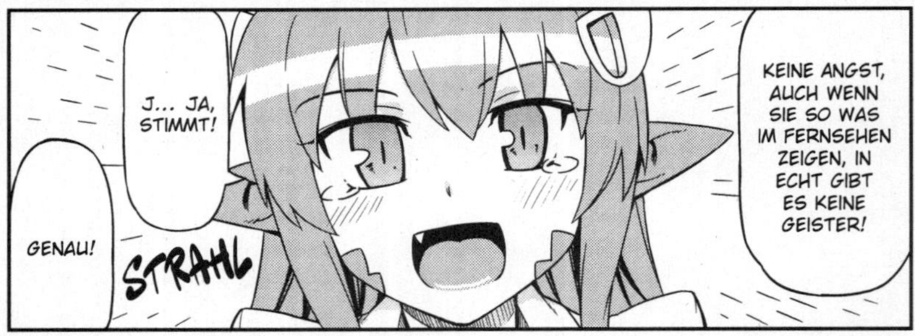

KEINE ANGST, AUCH WENN SIE SO WAS IM FERNSEHEN ZEIGEN, IN ECHT GIBT ES KEINE GEISTER!
J... JA, STIMMT!
STRAHL
GENAU!

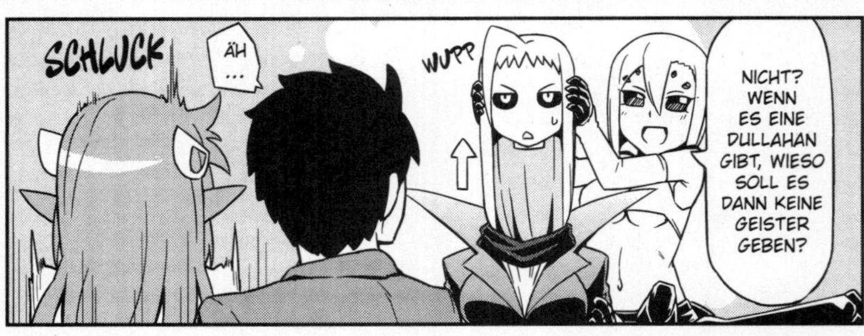

NICHT? WENN ES EINE DULLAHAN GIBT, WIESO SOLL ES DANN KEINE GEISTER GEBEN?
WUPP
ÄH ...
SCHLUCK

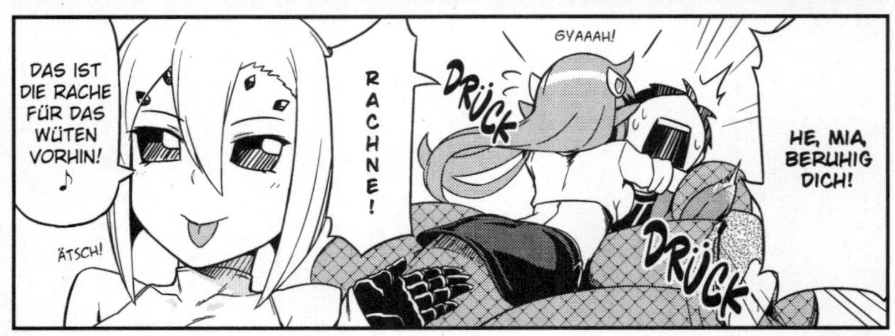

HE, MIA, BERUHIG DICH!
GYAAAH!
DRÜCK
DRÜCK
RACHNE!
DAS IST DIE RACHE FÜR DAS WÜTEN VORHIN! ♪
ÄTSCH!

ELEMENT-ATTACKE

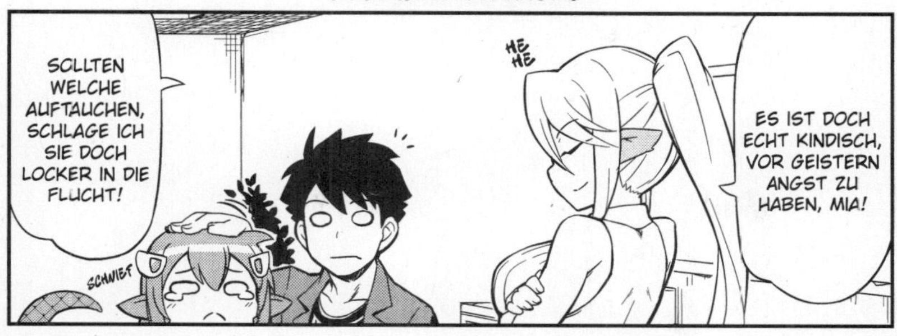
HE HE
ES IST DOCH ECHT KINDISCH, VOR GEISTERN ANGST ZU HABEN, MIA!
SOLLTEN WELCHE AUFTAUCHEN, SCHLAGE ICH SIE DOCH LOCKER IN DIE FLUCHT!
SCHNIEF

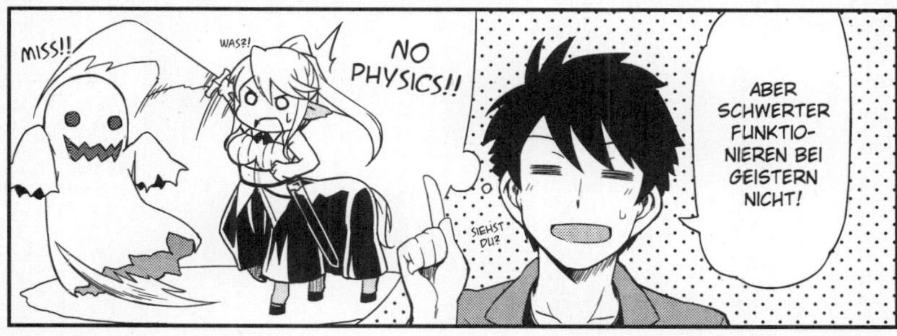
ABER SCHWERTER FUNKTIO-NIEREN BEI GEISTERN NICHT!
SIEHST DU?
NO PHYSICS!!
WAS?!
MISS!!

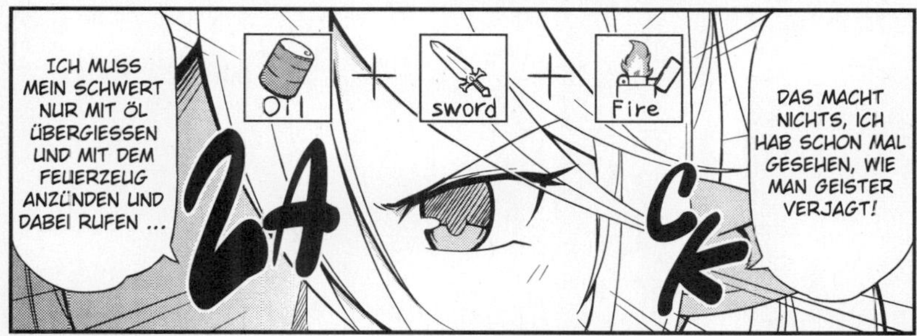
DAS MACHT NICHTS, ICH HAB SCHON MAL GESEHEN, WIE MAN GEISTER VERJAGT!
ZACK
Oil
sword
Fire
ICH MUSS MEIN SCHWERT NUR MIT ÖL ÜBERGIESSEN UND MIT DEM FEUERZEUG ANZÜNDEN UND DABEI RUFEN ...

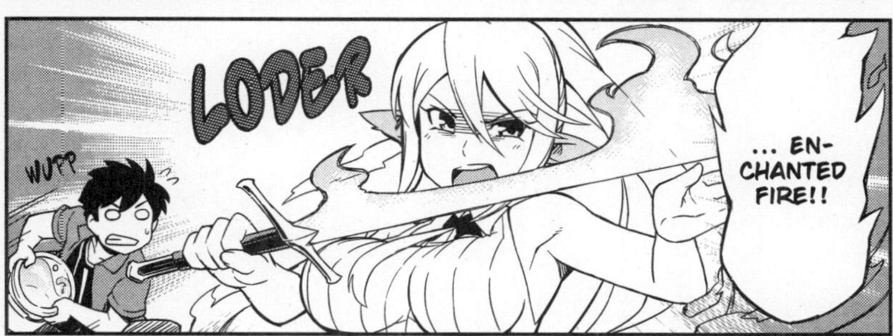
... EN-CHANTED FIRE!!
LODER
WUPP

YOU CAN FLY

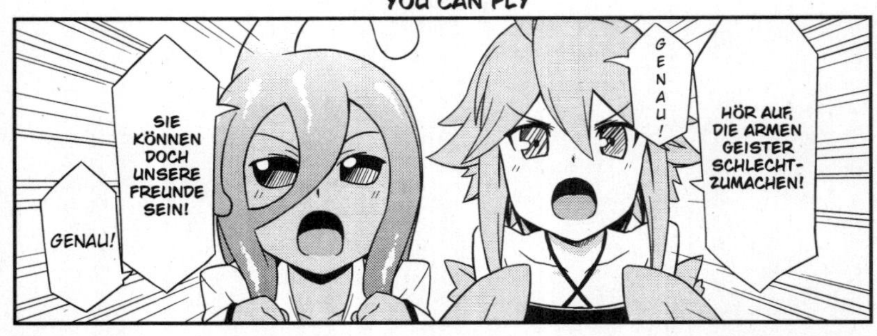

HÖR AUF, DIE ARMEN GEISTER SCHLECHT-ZUMACHEN!
GENAU!
SIE KÖNNEN DOCH UNSERE FREUNDE SEIN!
GENAU!

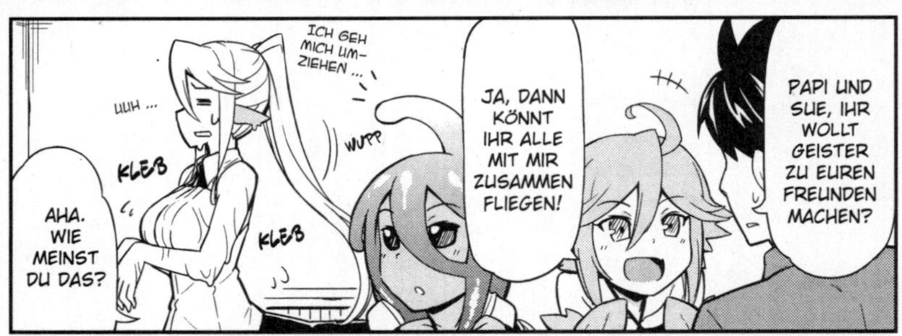

PAPI UND SUE, IHR WOLLT GEISTER ZU EUREN FREUNDEN MACHEN?
JA, DANN KÖNNT IHR ALLE MIT MIR ZUSAMMEN FLIEGEN!
ICH GEH MICH UM-ZIEHEN ...
WUPP
UUH ...
KLEB
KLEB
AHA. WIE MEINST DU DAS?

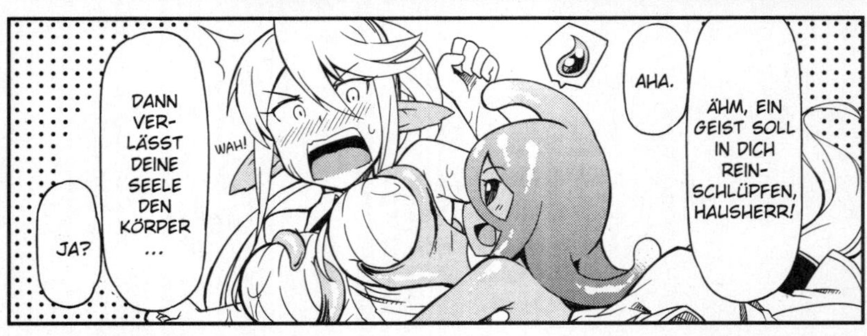

ÄHM, EIN GEIST SOLL IN DICH REIN-SCHLÜPFEN, HAUSHERR!
AHA.
WAH!
DANN VERLÄSST DEINE SEELE DEN KÖRPER ...
JA?

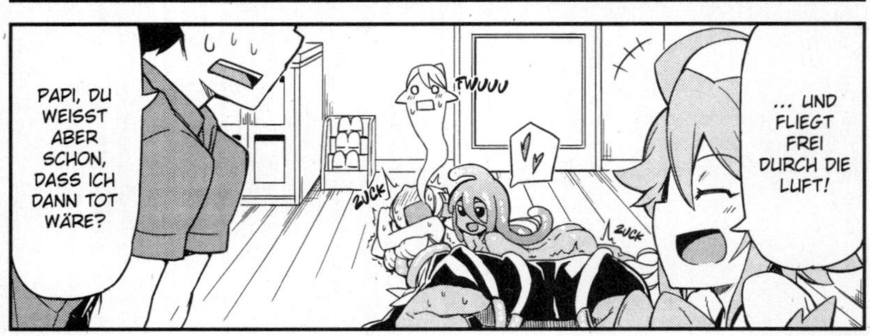

... UND FLIEGT FREI DURCH DIE LUFT!
FWUUUU
ZUCK
ZUCK
PAPI, DU WEISST ABER SCHON, DASS ICH DANN TOT WÄRE?

KEIN BONDAGE MIT GEISTERN

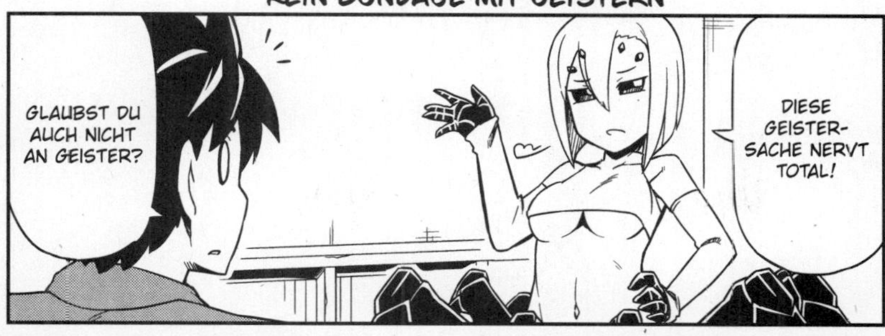
DIESE GEISTER-SACHE NERVT TOTAL!
GLAUBST DU AUCH NICHT AN GEISTER?

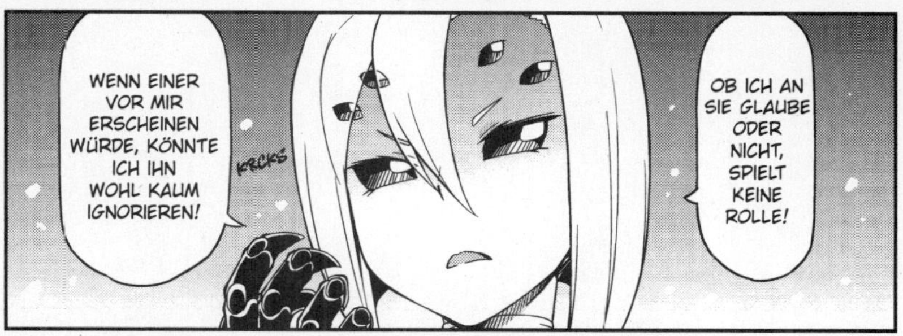
OB ICH AN SIE GLAUBE ODER NICHT, SPIELT KEINE ROLLE!
KRCKS
WENN EINER VOR MIR ERSCHEINEN WÜRDE, KÖNNTE ICH IHN WOHL KAUM IGNORIEREN!

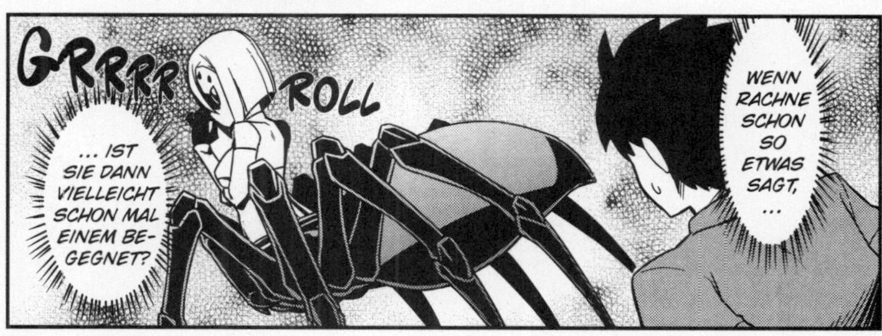
WENN RACHNE SCHON SO ETWAS SAGT, …
GRRRRR ROLL
… IST SIE DANN VIELLEICHT SCHON MAL EINEM BE-GEGNET?

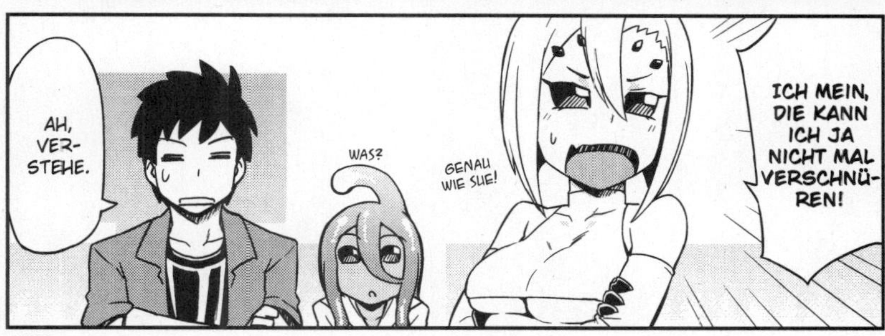
ICH MEIN, DIE KANN ICH JA NICHT MAL VERSCHNÜ-REN!
GENAU WIE SUE!
WAS?
AH, VER-STEHE.

IN EINER ANDEREN WELT

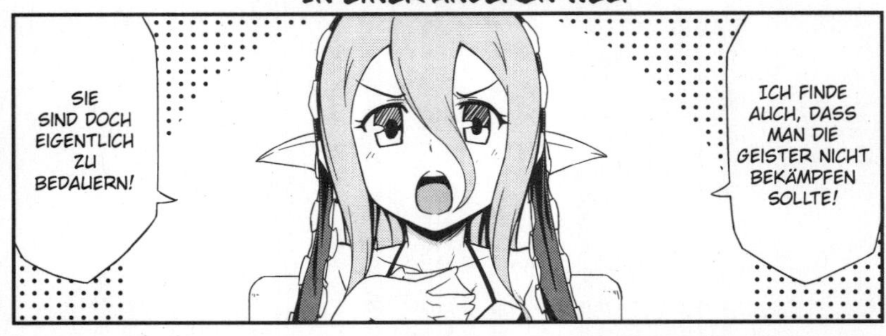
ICH FINDE AUCH, DASS MAN DIE GEISTER NICHT BEKÄMPFEN SOLLTE!
SIE SIND DOCH EIGENTLICH ZU BEDAUERN!

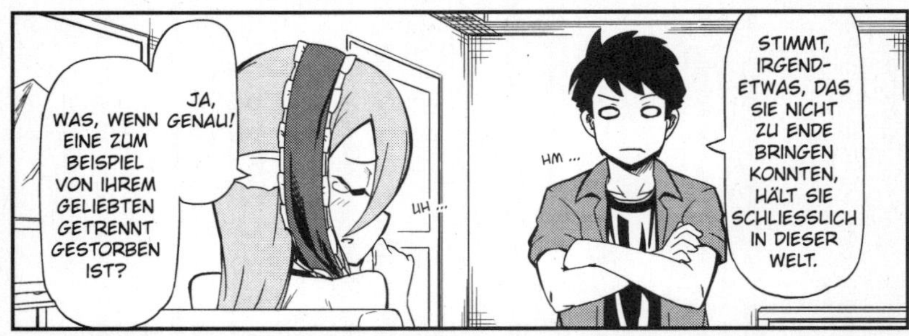
STIMMT, IRGEND-ETWAS, DAS SIE NICHT ZU ENDE BRINGEN KONNTEN, HÄLT SIE SCHLIESSLICH IN DIESER WELT.
HM ...
JA, GENAU!
UH ...
WAS, WENN EINE ZUM BEISPIEL VON IHREM GELIEBTEN GETRENNT GESTORBEN IST?

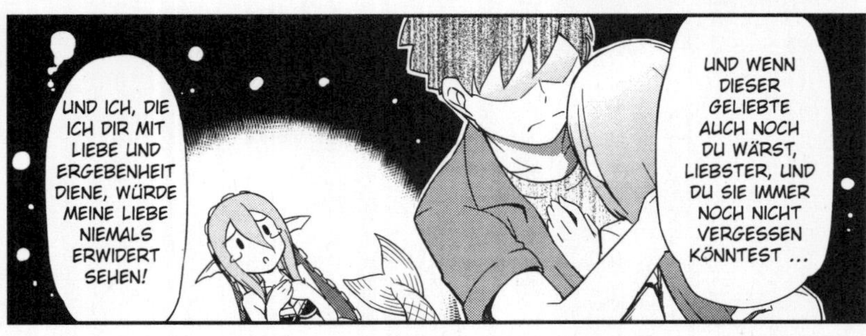
UND WENN DIESER GELIEBTE AUCH NOCH DU WÄRST, LIEBSTER, UND DU SIE IMMER NOCH NICHT VERGESSEN KÖNNTEST ...
UND ICH, DIE ICH DIR MIT LIEBE UND ERGEBENHEIT DIENE, WÜRDE MEINE LIEBE NIEMALS ERWIDERT SEHEN!

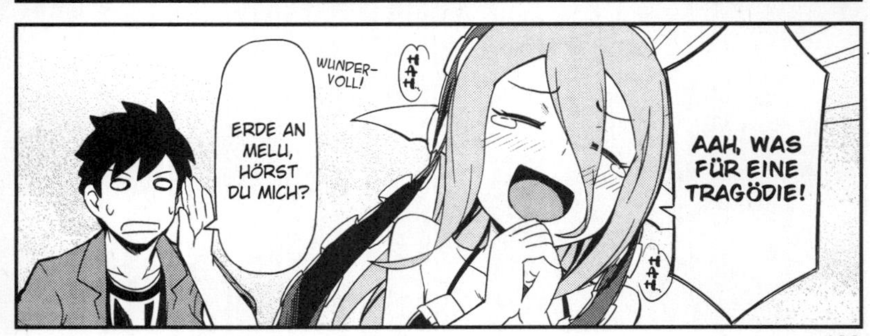
AAH, WAS FÜR EINE TRAGÖDIE!
HAH
WUNDER-VOLL!
ERDE AN MELU, HÖRST DU MICH?
HAH

DER WANDELNDE KÖRPER

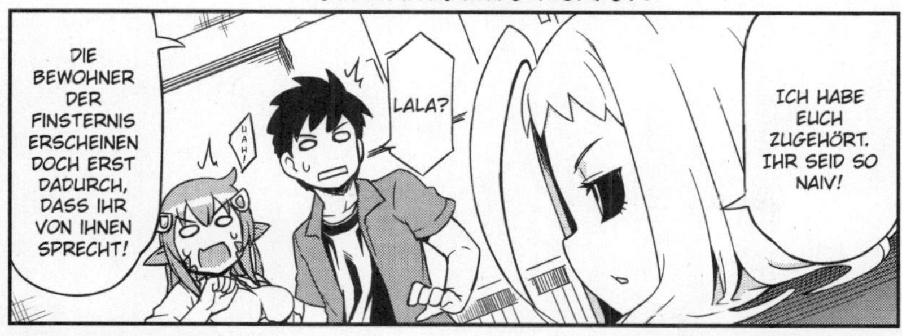
ICH HABE EUCH ZUGEHÖRT. IHR SEID SO NAIV!
LALA?
UAH!
DIE BEWOHNER DER FINSTERNIS ERSCHEINEN DOCH ERST DADURCH, DASS IHR VON IHNEN SPRECHT!

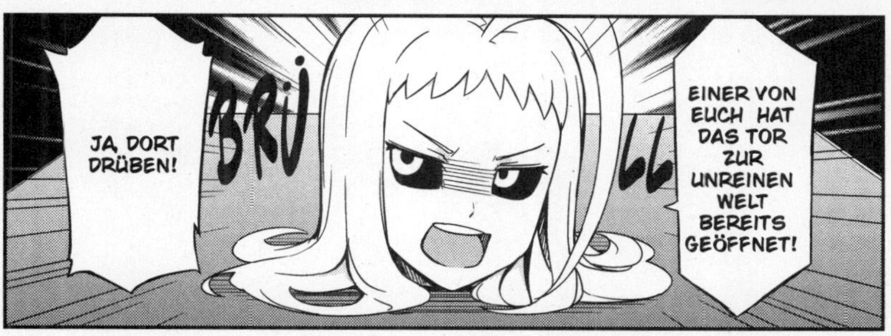
EINER VON EUCH HAT DAS TOR ZUR UNREINEN WELT BEREITS GEÖFFNET!
BRÜ
LL
JA, DORT DRÜBEN!

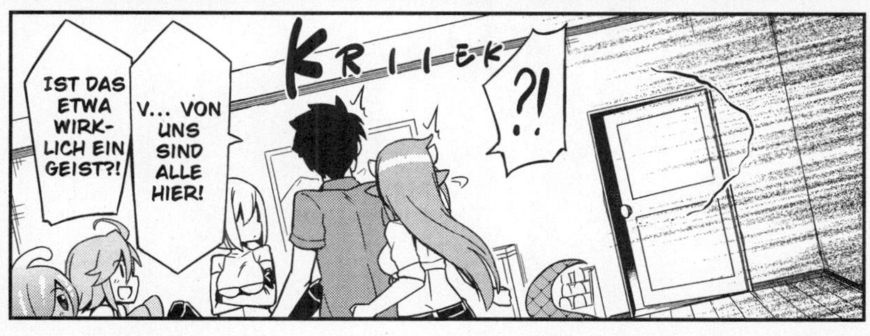
?!
KRIIEK
V... VON UNS SIND ALLE HIER!
IST DAS ETWA WIRKLICH EIN GEIST?!

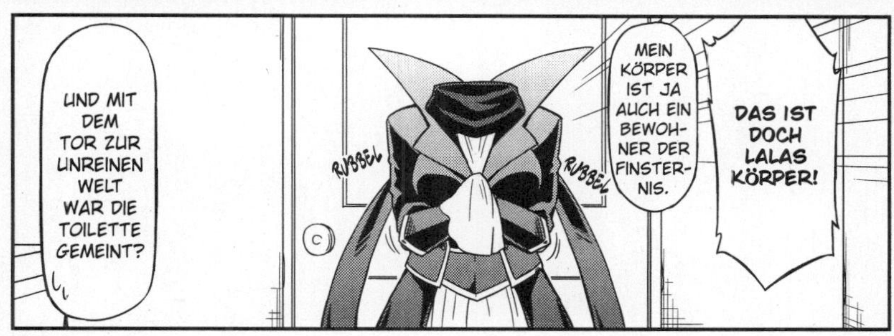
DAS IST DOCH LALAS KÖRPER!
MEIN KÖRPER IST JA AUCH EIN BEWOHNER DER FINSTERNIS.
RUBBEL
RUBBEL
UND MIT DEM TOR ZUR UNREINEN WELT WAR DIE TOILETTE GEMEINT?

GUCK, GUCK!

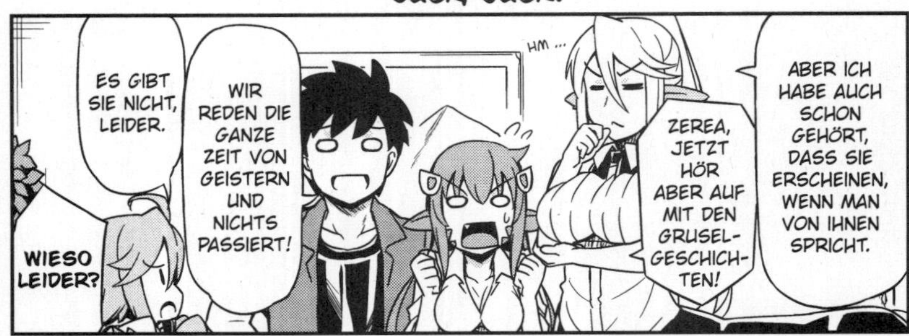
HM ...
ABER ICH HABE AUCH SCHON GEHÖRT, DASS SIE ERSCHEINEN, WENN MAN VON IHNEN SPRICHT.
ZEREA, JETZT HÖR ABER AUF MIT DEN GRUSEL-GESCHICHTEN!
WIR REDEN DIE GANZE ZEIT VON GEISTERN UND NICHTS PASSIERT!
ES GIBT SIE NICHT, LEIDER.
WIESO LEIDER?

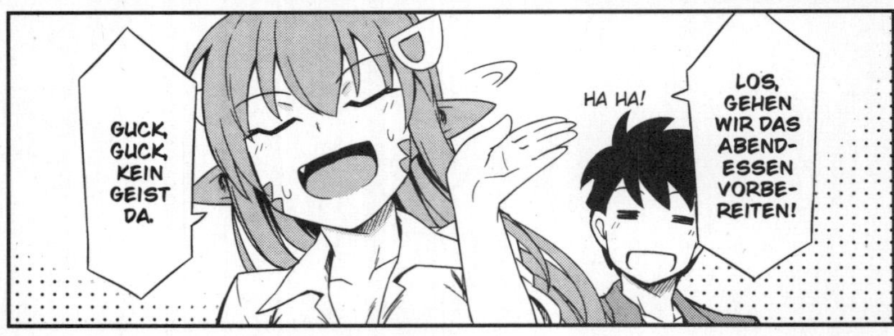
HA HA!
LOS, GEHEN WIR DAS ABEND-ESSEN VORBE-REITEN!
GUCK, GUCK, KEIN GEIST DA.

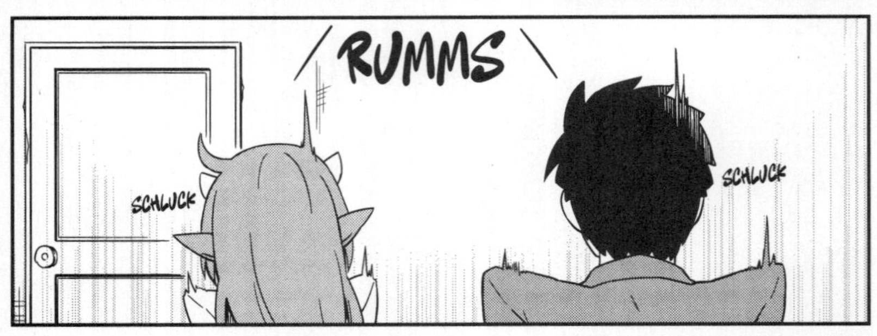
RUMMS
SCHLUCK
SCHLUCK

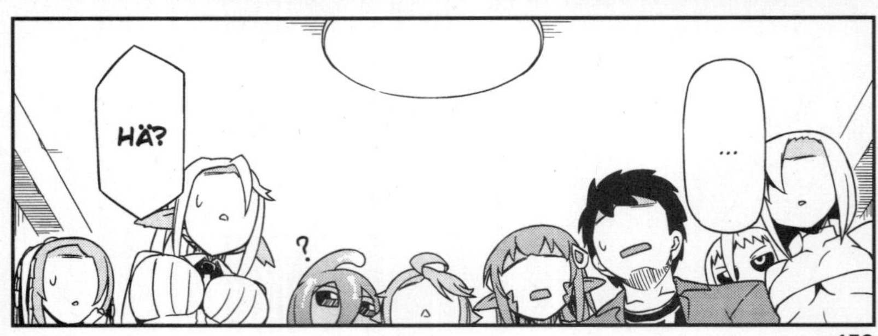
...
?
HÄ?

I CAN FLY

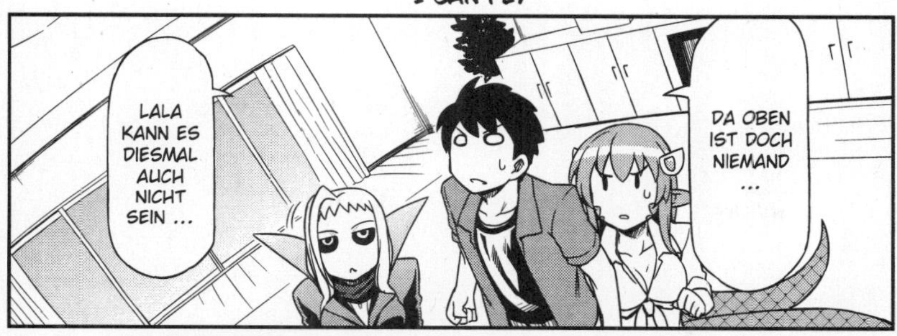

DA OBEN IST DOCH NIEMAND …
LALA KANN ES DIESMAL AUCH NICHT SEIN …

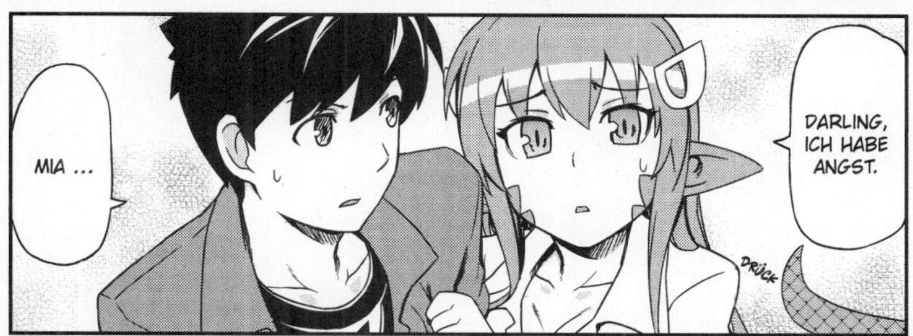

DARLING, ICH HABE ANGST.
DRÜCK
MIA …

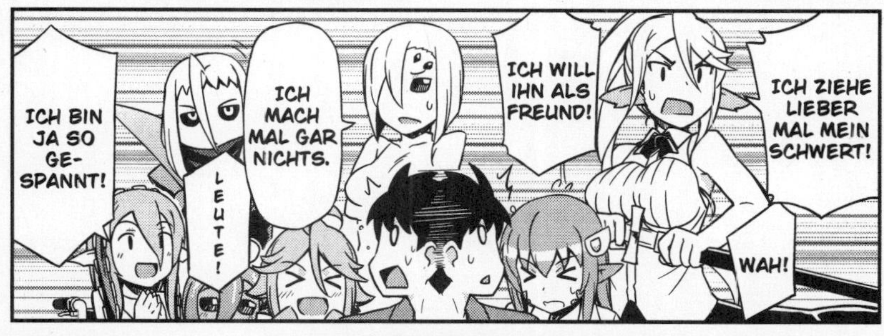

ICH ZIEHE LIEBER MAL MEIN SCHWERT!
WAH!
ICH WILL IHN ALS FREUND!
ICH MACH MAL GAR NICHTS.
LEUTE!
ICH BIN JA SO GE-SPANNT!

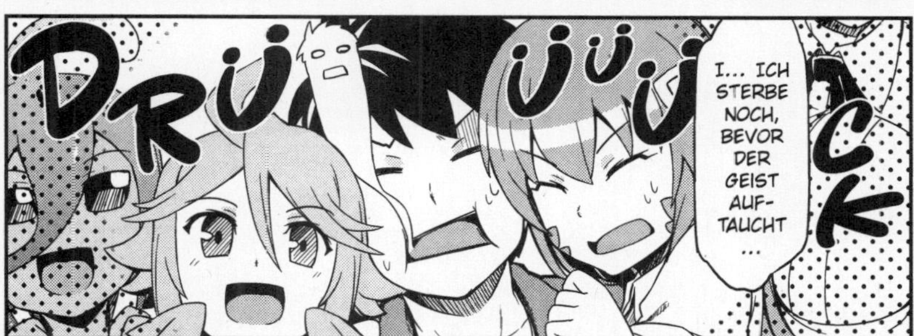

I… ICH STERBE NOCH, BEVOR DER GEIST AUF-TAUCHT …
DRÜÜÜÜCK

IMMER DASSELBE

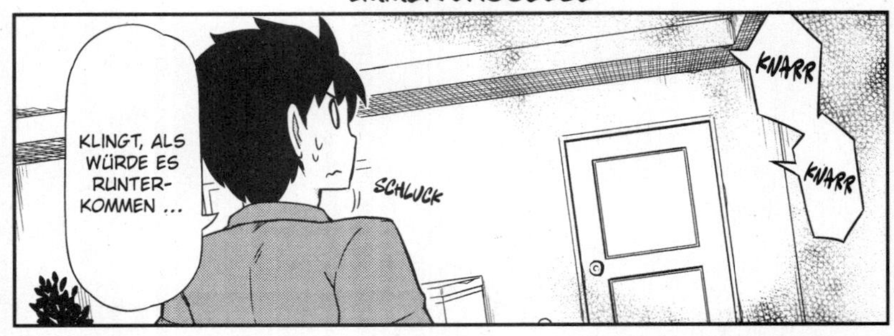
KNARR
KNARR
SCHLUCK
KLINGT, ALS WÜRDE ES RUNTER-KOMMEN …

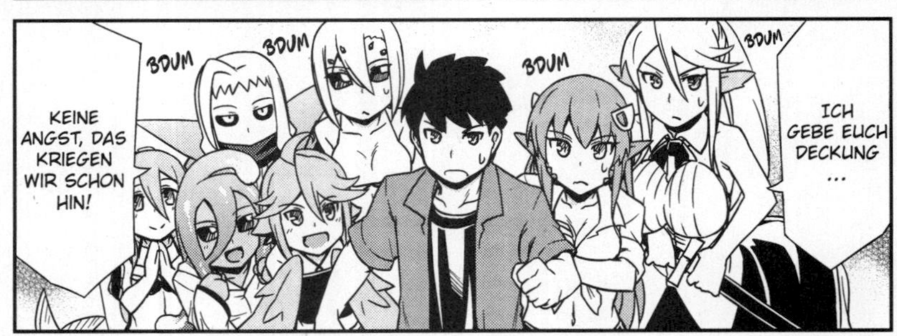
BDUM
BDUM
ICH GEBE EUCH DECKUNG …
BDUM
BDUM
KEINE ANGST, DAS KRIEGEN WIR SCHON HIN!

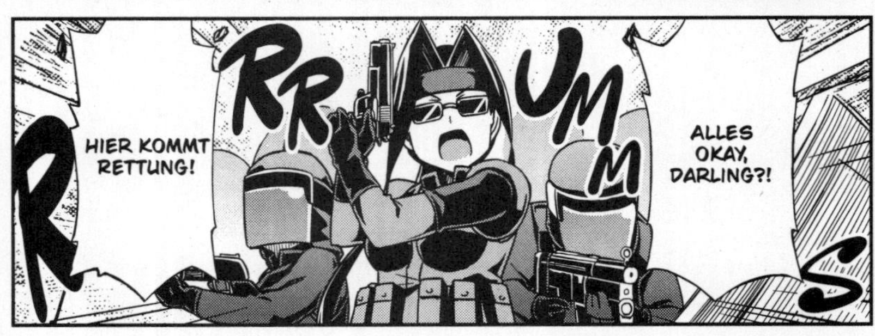
RRUMMS
ALLES OKAY, DARLING?!
HIER KOMMT RETTUNG!

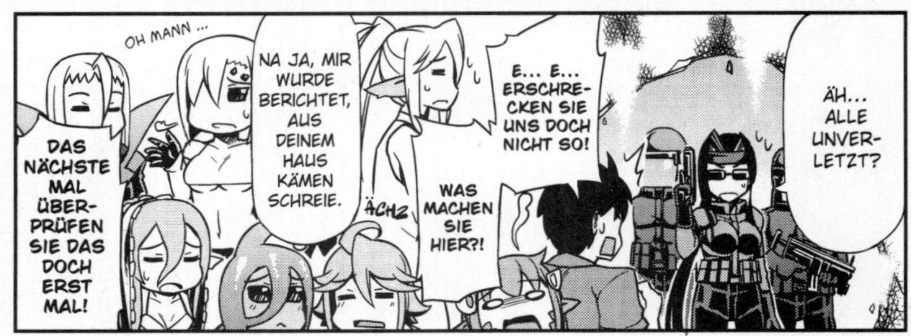
ÄH… ALLE UNVER-LETZT?
E… E… ERSCHRE-CKEN SIE UNS DOCH NICHT SO!
WAS MACHEN SIE HIER?!
NA JA, MIR WURDE BERICHTET, AUS DEINEM HAUS KÄMEN SCHREIE.
ÄCHZ
OH MANN …
DAS NÄCHSTE MAL ÜBER-PRÜFEN SIE DAS DOCH ERST MAL!

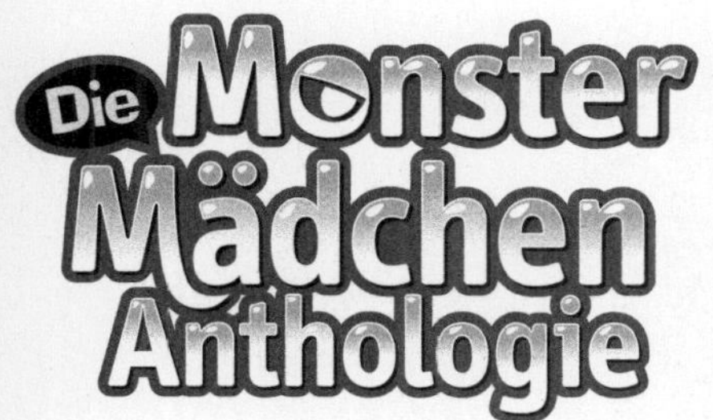
Die Monster Mädchen Anthologie

♡ NACHWORT ♡

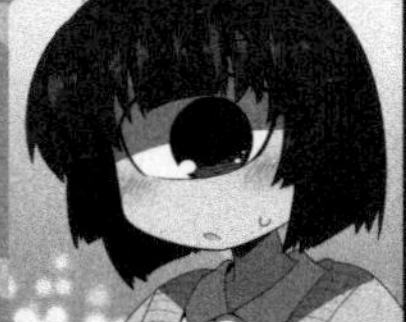

S.003 221 (TWOTWOICHI)

AKTIV IM ZIRKEL „CALIBANISM" BEI DOUJINSHI-CONVENTIONS UND IN LIVE-SENDUNGEN BEI „NIKO-NIKO". REPRÄSENTATIVES WERK: „MAKO-SAN TO HACHISU-KA-KUN" (MICRO MAGAZIN)

„ICH BIN GLÜCKLICH, DASS ICH MANAKO WEINEND UND ERRÖTEND ZEICHNEN KONNTE."

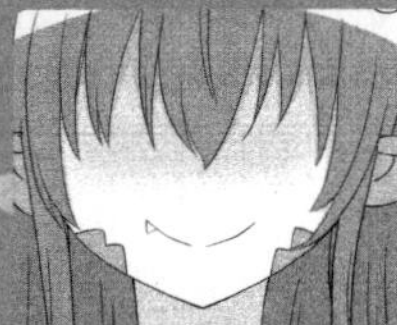

S.019 COOLKYOUSINNJYA

SCHICKTE EINEN MANGA BEI EINER WEBSITE EIN, DIESER WURDE ANGENOMMEN UND ALS TASCHENBUCH VERÖFFENTLICHT. DANACH HATTE ER MEHRERE SERIENVERÖFFENT-LICHUNGEN IN HANDELSMAGAZINEN. REPRÄ-SENTATIVES WERK: „KOBAYASHI-SANCHI NO MAIDRAGON" (FUTABASHA)

„ICH HABE EINEN MONSTER-MÄDCHEN-MANGA MIT RELATIV WENIGEN MONSTER MÄDCHEN GEZEICHNET. ICH FREUE MICH, DASS ICH DABEI SEIN DURFTE. ES HATTE ETWAS VON FREIHEIT, MIT DEN MONSTER MÄDCHEN ZU ARBEITEN, WEIL MAN SIE SO GROSS MACHEN KONNTE, WIE MAN WILL."

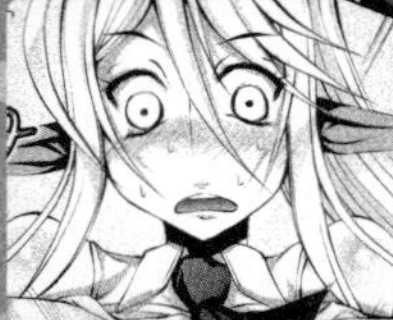

S.027 ENNOREI

SEIT DER SOMMER-COMIC-CON 2013 BEKANNT ALS CHISATO REIRI. AB DER SOMMER-COMIC-CON 2014 UNTER DEM NAMEN ENNO REI IM ZIRKEL „MASOCHIST HIGH" BEKANNT GEWORDEN.

„ICH HÄTTE NIE GEDACHT, DASS ICH EINMAL FÜR DIESE SERIE ZEICHNEN DARF. EHRLICH GESAGT, WAR ICH ZIEMLICH NERVÖS. ES FÜHLT SICH ECHT SELTSAM AN, WEIL ICH DIESEN MANGA SCHON AUS DEN WEB-ZEITEN KENNE."

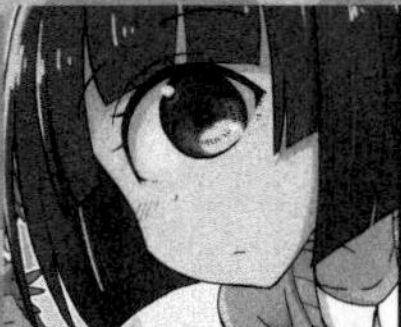

S.037 TOTTORI-SAQ

IM „KIMYOUDOU"-ZIRKEL BEI DOUJINSHI-CONVENTIONS AKTIV. REPRÄSENTATIVES WERK: „OUKOKUCHOU SORASORE" (KADOKAWA SHOTEN)

„PAPI UND MANAKO SIND WUNDERVOLL FLACHBUSIGE CHARAKTERE!"

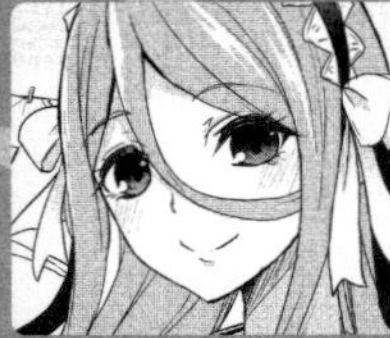

S.051 KUROKAWA OTOGI

VERÖFFENTLICHT SERIEN IN SEINEN-MANGA-MAGAZINEN UND NIMMT MIT DEM ZIRKEL „OTOGI NO KUNO NO SOAPLAND" AN DOUJINSHI-CONVENTIONS TEIL.

„HALLO, ICH BIN KUROKAWA OTOGI! ICH MAG DIE MEERJUNGFRAU BEI DEN MONSTER MÄDCHEN BESONDERS. ICH MÖCHTE GERNE MAL WIEDER EINE MEERJUNGFRAU FÜR MEINE ARBEIT ZEICHNEN."

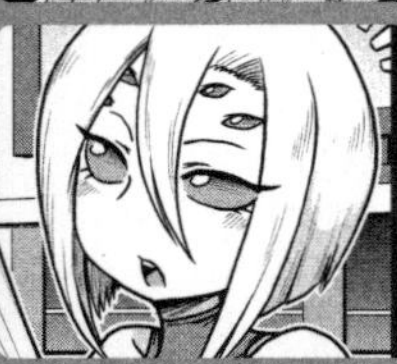

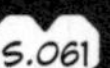

S.061 ARUSE YUUSHI

MIT DEM „CHAPEDIZO2"-ZIRKEL BEI DOUJINSHI-CONVENTIONS AKTIV.

„ES WAR TOLL, SO VIELE UNTERSCHIEDLICHE ARTEN VON MONSTER MÄDCHEN ZU ZEICHNEN. ICH FREUE MICH WIRKLICH, AN DEM EINZIGARTIGEN MONSTER-MÄDCHEN-BOOM TEILZUHABEN, DER MIT DER ANIME-SERIE SEINEN ANFANG NAHM! VIELEN DANK FÜR DIE EINLADUNG!"

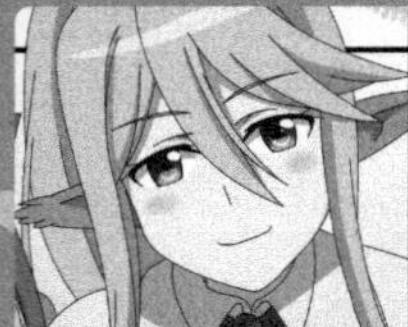

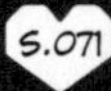

S.071 SHIRAHA MATO

VERÖFFENTLICHT IN SEINEN-MAGAZI-NEN UND IST MIT DEM ZIRKEL „HAGA-NE NO TSURUGI" BEI DOUJINSHI-CON-VENTIONS AKTIV. REPRÄSENTATIVES WERK: „LOVERAUNE - IDOL MONSTER GIRLS - (KILL TIME COMMUNICATION)"

„MONSTER MÄDCHEN? MONSTER MÄDCHEN COMIC STRIPS? DAS IST ... NEU!!"

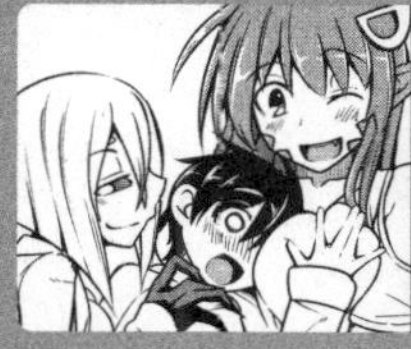

S.081 STEALTH KAIGYOU

MIT DEM „SLAPSTICK STRIKE"-ZIRKEL BEI DOUJINSHI-CONVENTIONS AKTIV.

„ES IST EINE RIESIGE EHRE FÜR MICH, EIN TEIL DIESES MEISTERWERKS DER MONSTER-MÄDCHEN-MANGAS ZU SEIN! NICHT NUR, DASS DIE CHARAKTERE ALLE MONSTER SIND, SIE HABEN AUCH NOCH ALLE EINE EINZIGARTIGE PERSÖNLICHKEIT. DAS ZEICHNEN MACHT TOTAL SPASS! ICH BIN ÜBRIGENS EIN RACHNE-FAN. ICH WÜRDE MICH JEDERZEIT VON IHR VERSCHNÜREN LASSEN!"

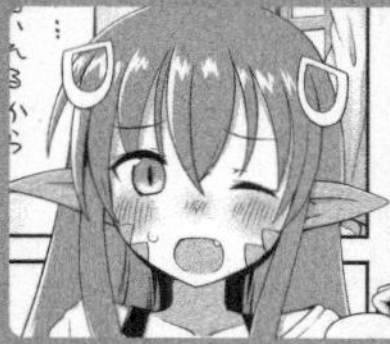

S.091 7010 (NAOTO)

IST ALS ILLUSTRATOR FÜR LIGHT NOVELS UND CARD GAMES AKTIV.

„ICH WOLLTE DIE MONSTER MÄDCHEN IN TRICKY ALLTAGSSITUATIONEN ZEIGEN! WIRKLICH BENEIDENSWERT, WIE GROSS DIE MONSTER-MÄDCHEN-FAMILIE GEWORDEN IST UND IN WELCH UNZÄHLIGEN KOMBINATIONEN UND SITUATIONEN OKAYADO SIE ZEIGEN KANN."

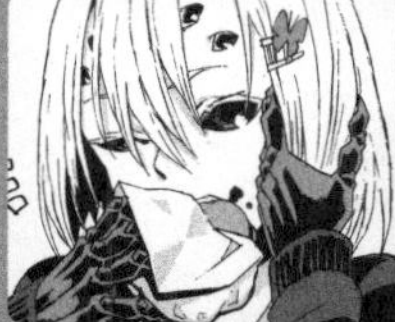

S.097 KANEMAKI THOMAS

VERÖFFENTLICHT MANGAS IN EINEM SEINEN-MAGAZIN UND NIMMT MIT DEM ZIRKEL „NIKU DRILL" AN DOUJINSHI-CONVENTIONS TEIL.

„HALLO, ICH BIN KANEMAKI THOMAS! ICH HAB EIN ETWAS ERNSTERES THEMA FÜR MEINEN COMIC-STRIP GEWÄHLT. ICH HOFFE, IHR HATTET TROTZDEM SPASS DAMIT. EHRLICH GESAGT, MAG ICH KRABBEN-EINTOPF GAR NICHT SO SEHR."

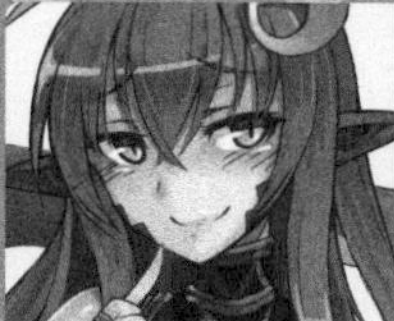

S.105 KENKOUCROSS

ZEICHNET COVER FÜR ANTHOLOGIEN UND ILLUSTRIERT ROMANE. HAT EINE MONSTER-ENZYKLOPÄDIE GEZEICHNET, DIE AUF IHRER WEBSITE „KUROBINEGA" ZU FINDEN IST.

„ICH FAND DIE KLEIDUNG, DIE MIAS MUTTER IN BAND 7 TRUG UND DIE KLEIDUNG DER ANDEREN LAMIA SO TOLL, DASS ICH MIA IN IHRER VOLKSTRACHT (?) ZEICHNEN WOLLTE! ES IST SO WAHNSINNIG SÜSS ZU SEHEN, WIE MIA AUF KIMIHITO LOSGEHT, IM ANIME, WIE IM MANGA!"

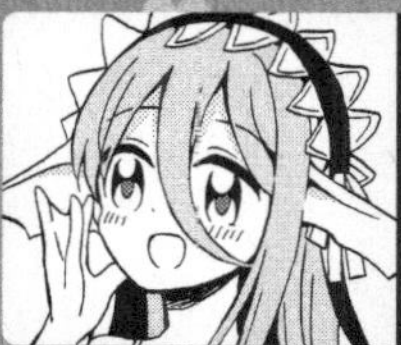

S.109 U-TEMO

MIT DEM „TECHNOSTRESS"-ZIRKEL AUF DOUJINSHI-CONVENTIONS AKTIV. REPRÄSENTATIVES WERK: „MONONOKESOU NO NEET-DOMO".

„MEINE SORGE WAR, DASS DIE FANS DER ECHTEN MONSTER-MÄDCHEN-SERIE SAUER SIND, DASS MEINE STORY ZU SOFT IST, ABER ICH HOFFE, SIE HAT EUCH GEFALLEN! DANKE, DASS ICH DABEI SEIN DURFTE!"

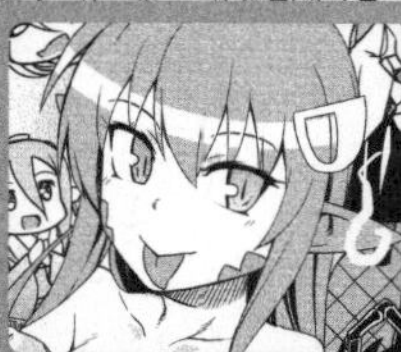

S.123 JINGAIMODOKI

ZEICHNET FÜR VERSCHIEDENE HANDELSMAGAZINE UND MACHT CLIP ART FÜR TASCHENBÜCHER. ZEICHNET AUSSERDEM CHARAKTERE FÜR DOUJINSHI GAMES.

„HALLO, ICH BIN JINGAIMODOKI! ICH VEREHRE DIE MONSTER-MÄDCHEN-SERIE TOTAL. ICH WOLLTE ALLE CHARAKTERE VERWENDEN, WENN ICH SCHON MAL DIE GELEGENHEIT HABE. ABER DAS WAR EINE FALLE, WEIL SIE UNMÖGLICH ALLE IN EINEN COMIC-STRIP PASSEN! SO IST DAS MIT DEN MONSTER MÄDCHEN! SIE SIND GROSS! UND SÜSS! MEIN PERSÖNLICHER LIEBLINGSCHARAKTER IST MANAKO. ICH KÖNNTE DIE GANZE ZEIT IN IHR AUGE SCHAUEN.

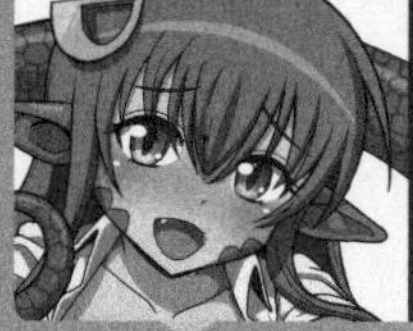

S.??? SHAKE-O

ZEICHNET DIE SERIE „HITOMI-SENSEI NO HOKENSHITSU" IM MONATSMAGAZIN „COMIC RYUU" UND IST MIT DEM „SHAKE KOUJOL"-ZIRKEL BEI DOUJINSHI-CONVENTIONS AKTIV.

„ICH DURFTE DAS COVER ZEICHNEN! ICH LIEBE MIA SEHR, ABER ICH WAR AUCH BEGEISTERT DARÜBER, DASS ES SO VIELE MANAKO-STORIES IN DIESEM BAND GIBT."

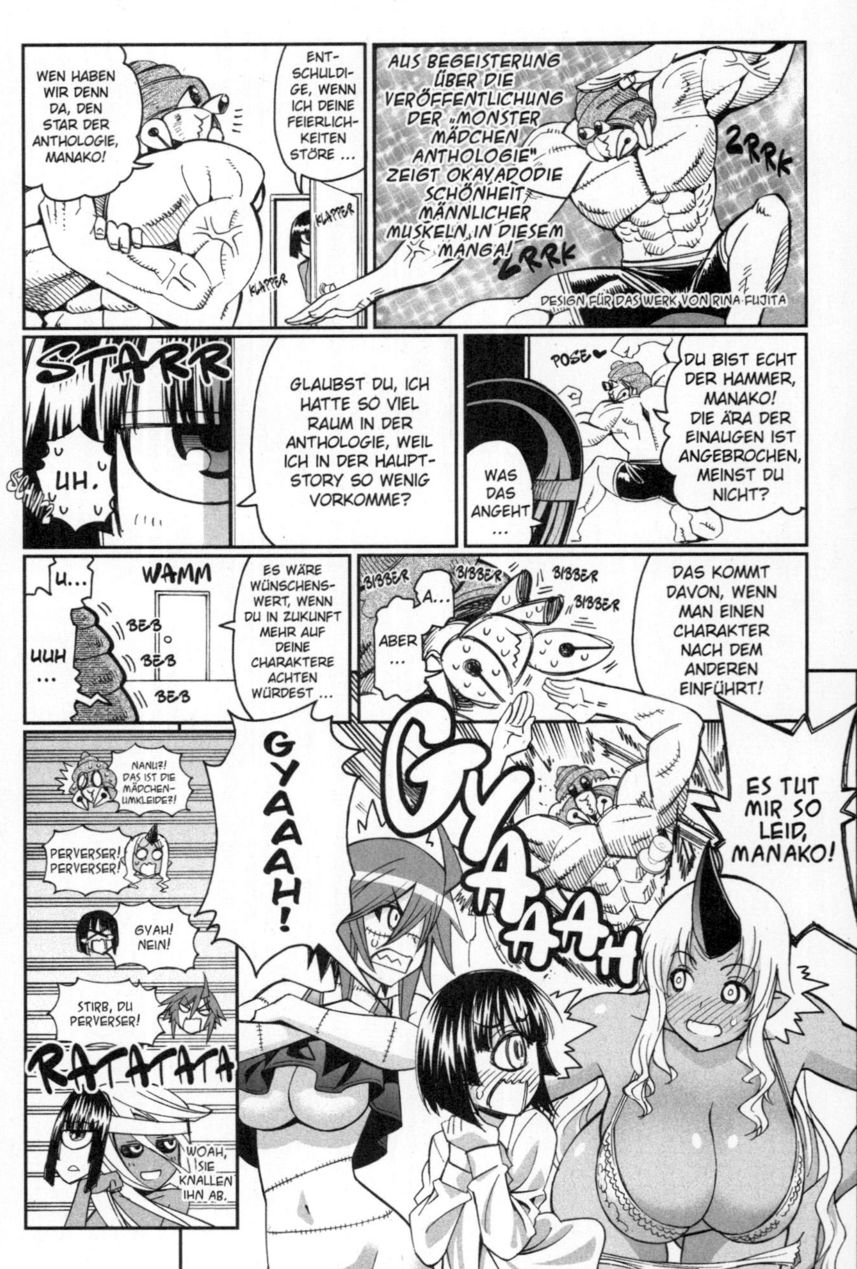
AUS BEGEISTERUNG ÜBER DIE VERÖFFENTLICHUNG DER „MONSTER MÄDCHEN ANTHOLOGIE" ZEIGT OKAYADO DIE SCHÖNHEIT MÄNNLICHER MUSKELN IN DIESEM MANGA!
ZRRK
ZRRK
DESIGN FÜR DAS WERK VON RINA FUJITA
ENT-SCHULDIGE, WENN ICH DEINE FEIERLICH-KEITEN STÖRE ...
KLAPPER
KLAPPER
WEN HABEN WIR DENN DA, DEN STAR DER ANTHOLOGIE, MANAKO!
POSE
DU BIST ECHT DER HAMMER, MANAKO! DIE ÄRA DER EINAUGEN IST ANGEBROCHEN, MEINST DU NICHT?
WAS DAS ANGEHT ...
GLAUBST DU, ICH HATTE SO VIEL RAUM IN DER ANTHOLOGIE, WEIL ICH IN DER HAUPT-STORY SO WENIG VORKOMME?
STARR
UH.
DAS KOMMT DAVON, WENN MAN EINEN CHARAKTER NACH DEM ANDEREN EINFÜHRT!
BIBBER
BIBBER
BIBBER
BIBBER
A...
ABER ...
ES WÄRE WÜNSCHENS-WERT, WENN DU IN ZUKUNFT MEHR AUF DEINE CHARAKTERE ACHTEN WÜRDEST ...
WAMM
U...
UUH ...
BEB
BEB
BEB
ES TUT MIR SO LEID, MANAKO!
GYAAAH
GYAAAH!
NANU?! DAS IST DIE MÄDCHEN-UMKLEIDE?!
PERVERSER! PERVERSER!
GYAH! NEIN!
STIRB, DU PERVERSER!
RATATATA
WOAH, SIE KNALLEN IHN AB.

Die Monster Mädchen Anthologie

EINE SO SCHÖNE STIMME SO VERSCHWENDET

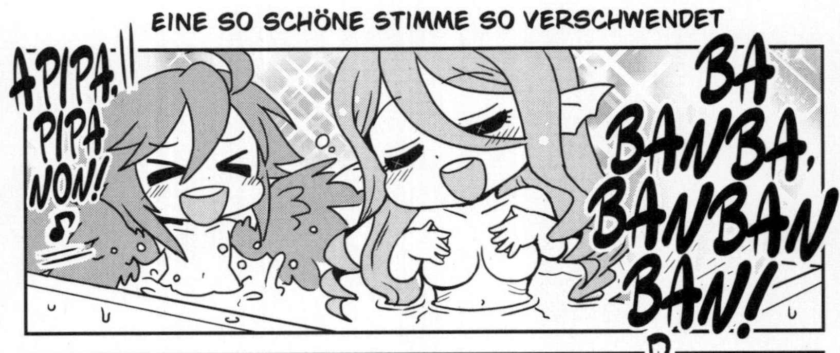
BA BANBA, BANBAN BAN! ♪
APIPA, PIPA NON! ♪

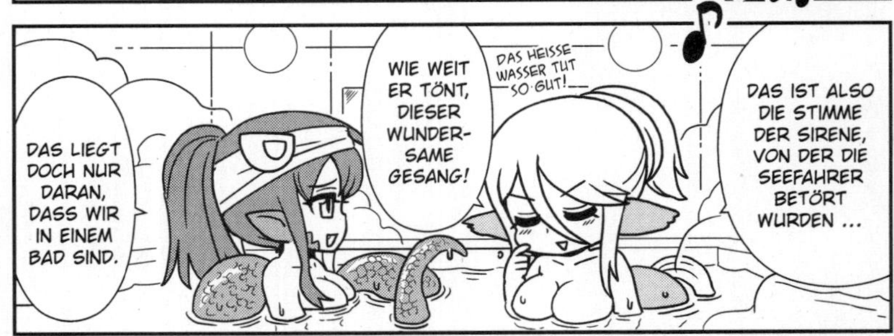
DAS IST ALSO DIE STIMME DER SIRENE, VON DER DIE SEEFAHRER BETÖRT WURDEN ...
DAS HEISSE WASSER TUT SO GUT!
WIE WEIT ER TÖNT, DIESER WUNDERSAME GESANG!
DAS LIEGT DOCH NUR DARAN, DASS WIR IN EINEM BAD SIND.

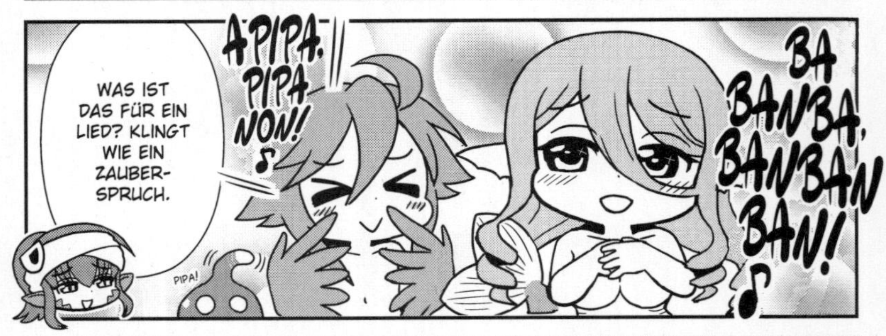
BA BANBA, BANBAN BAN! ♪
APIPA, PIPA NON! ♪
PIPA!
WAS IST DAS FÜR EIN LIED? KLINGT WIE EIN ZAUBERSPRUCH.

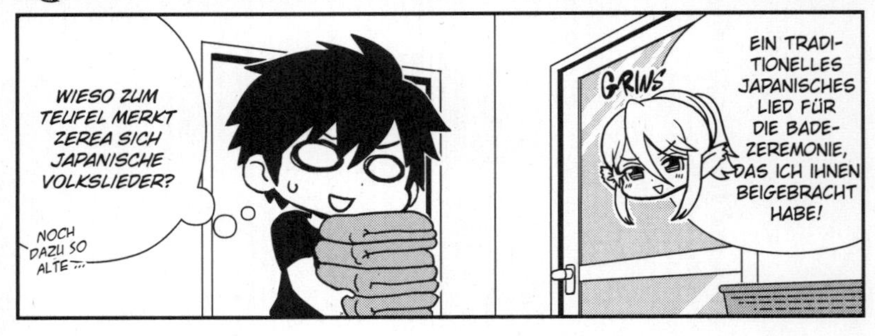
EIN TRADITIONELLES JAPANISCHES LIED FÜR DIE BADEZEREMONIE, DAS ICH IHNEN BEIGEBRACHT HABE!
GRINS
WIESO ZUM TEUFEL MERKT ZEREA SICH JAPANISCHE VOLKSLIEDER?
NOCH DAZU SO ALTE ...

ICH WEISS, WARUM DU DAS TUST

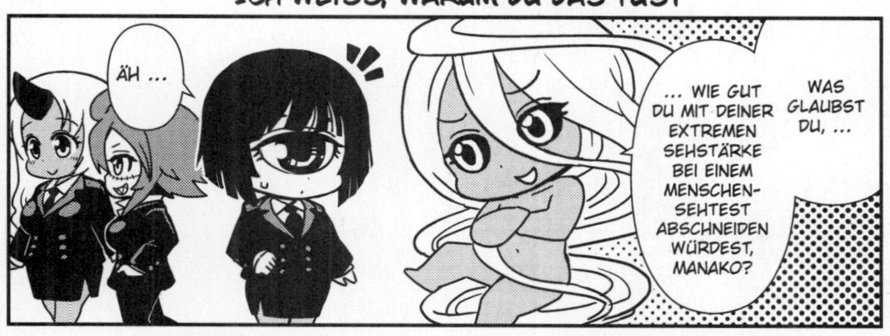
WAS GLAUBST DU, ...
... WIE GUT DU MIT DEINER EXTREMEN SEHSTÄRKE BEI EINEM MENSCHEN-SEHTEST ABSCHNEIDEN WÜRDEST, MANAKO?
ÄH ...

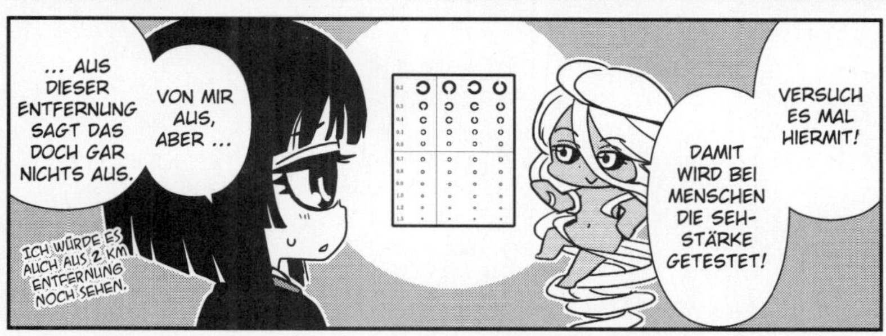
VERSUCH ES MAL HIERMIT!
DAMIT WIRD BEI MENSCHEN DIE SEH-STÄRKE GETESTET!
VON MIR AUS, ABER ...
... AUS DIESER ENTFERNUNG SAGT DAS DOCH GAR NICHTS AUS.
ICH WÜRDE ES AUCH AUS 2 KM ENTFERNUNG NOCH SEHEN.

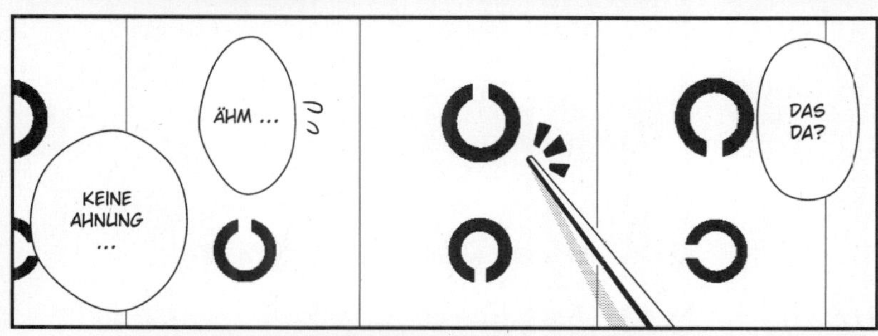
DAS DA?
ÄHM ...
KEINE AHNUNG ...

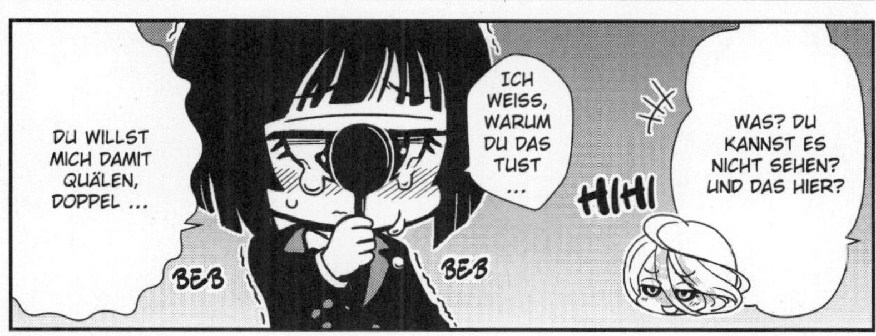
WAS? DU KANNST ES NICHT SEHEN? UND DAS HIER?
HIHI
ICH WEISS, WARUM DU DAS TUST ...
DU WILLST MICH DAMIT QUÄLEN, DOPPEL ...
BEB
BEB

Die Monster Mädchen Anthologie

MONSTER MUSUME NO IRU NICHIJO
4KOMA ANTHOLOGY volume 1

First published by Tokuma Shoten Publishing Co., Ltd. in Japan.
German language translation rights arranged with Tokuma Shoten Publishing Co., Ltd., Tokyo through Tuttle-Mori Agency, Inc., Tokyo

Aus dem Japanischen von Dorothea Überall

Verantwortlicher Redakteur: Patrick Peltsch

Redaktion: Christin Tewes

Produktion: Dorothea Styra

Lettering: Paolo Gattone, Chiara Antonelli, Alessio Ravazzani

Druck und Bindung: GGP Media GmbH, Pößneck

ISBN: 978-2-88921-928-5

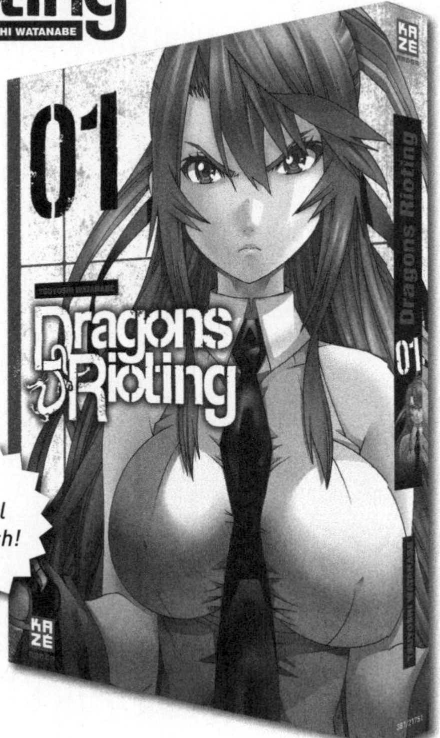

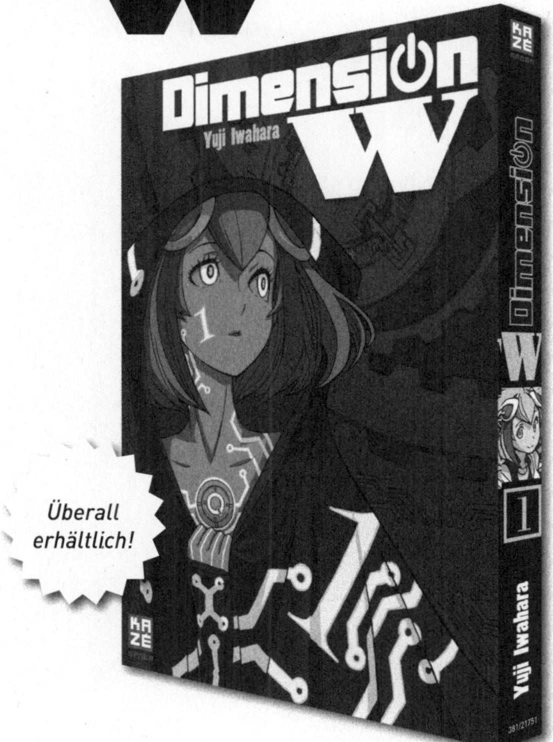